Andrea Haus
Classroom Experiments

ÖKONOMIE UND BILDUNG

Andrea Haus

Classroom Experiments

Ökonomische Experimente
als Unterrichtsmethode

Bibliografische Information Der Deutschen Bibliothek

Die Deutsche Bibliothek verzeichnet diese Publikation in der Deutschen Nationalbibliografie; detaillierte bibliografische Daten sind im Internet unter http://dnb.ddb.de abrufbar.

© by WOCHENSCHAU Verlag,
Schwalbach/Ts. 2009

Die Reihe „Ökonomie und Bildung" wird herausgegeben von Thomas Retzmann, Günther Seeber und Birgit Weber.

www.wochenschau-verlag.de

Alle Rechte vorbehalten. Kein Teil dieses Buches darf in irgendeiner Form (Druck, Fotokopie oder einem anderen Verfahren) ohne schriftliche Genehmigung des Verlages reproduziert oder unter Verwendung elektronischer Systeme verarbeitet werden.

Umschlaggestaltung: Ohl Design
Gedruckt auf chlorfrei gebleichtem Papier
Gesamtherstellung: Wochenschau Verlag
ISBN 978-3-89974535-1

Inhalt

Vorwort der Reihenherausgeber 7
Geleitwort 8

Vorwort 10
1   Einführung 12
1.1   Problemstellung und Zielsetzung 12
1.2   Vorgehensweise und Methode 13

2   Classroom Experiments –
      Eine Entwicklung in den Wirtschaftswissenschaften 16
2.1   Ökonomische Experimente als Forschungs- und Lehrmethode ... 16
2.2   Das Selbstverständnis der Wirtschaftswissenschaften 18
2.2.1 Historische Entwicklung der Wirtschaftswissenschaften 18
2.2.2 Der Modellbegriff in den Wirtschaftswissenschaften 27
2.2.3 Experimente innerhalb wirtschaftswissenschaftlicher
      Forschungsmethoden 31
2.3   Laboratory Experiments – Ökonomische Experimente
      als Forschungsmethode 33
2.3.1 Definition und historische Entwicklung
      von Forschungsexperimenten 33
2.3.2 Die experimentelle Methode in Laborexperimenten 37
2.3.3 Die experimentelle Technik in Laborexperimenten 43
2.3.4 Leistungen und Grenzen der experimentellen
      Wirtschaftsforschung 46
2.4   Classroom Experiments –
      Ökonomische Experimente als Lehrmethode 48
2.4.1 Definition und Entwicklung von Classroom Experiments 48
2.4.2 Inhalt von Classroom Experiments 51
2.4.3 Die experimentelle Methode in Classroom Experiments 55
2.4.4 Die experimentelle Technik in Classroom Experiments 62
2.4.5 Stand der Diskussion zum Einsatz von Classroom Experiments
      als Lehrmethode 64
2.5   Schlussfolgerungen 73

3   Classroom Experiments –
      Eine Methode für den Schulunterricht? 76
3.1   Untersuchungsrelevante Aspekte des Wirtschaftsunterrichts 76
3.1.1 Unterrichtsgestaltung nach Unterrichtsprinzipien 76

3.1.2	Fachliche und methodische Kompetenz von Lehrkräften	80
3.1.3	Ökonomische Bildung an Schulen – Bestandsaufnahme in Rheinland-Pfalz	83
3.2	Ziel und Konzeption der eigenen Erhebung	87
3.3	Expertenbefragung	90
3.3.1	Methode und Hypothesen	90
3.3.2	Ergebnisse der Expertenbefragung I	95
3.3.3	Ergebnisse der Expertenbefragung II	101
3.4	Schulversuche	105
3.4.1	Methode und Hypothesen der Schulversuche	105
3.4.2	Ergebnisse des Pretests	115
3.4.3	Ergebnisse der Schulversuche	118
3.5	Schlussfolgerungen	170
3.6	Kritische Betrachtung der eigenen Erhebung	174

| 4 | Zusammenfassung und Ausblick | 178 |

Literaturverzeichnis 184

Anhang 194
    Anhang 1: Instrumentarium 194
    Anhang 2: Unterrichtsmaterialien (Beispiele) 204

Ökonomie und Bildung – Wissenschaft
Vorwort der Reihenherausgeber

Ökonomischer Bildung wird an Deutschlands Schulen zum Teil ein eigenes Fach, mindestens aber ein eigener Stellenwert mit Stundenkontingenten, Kompetenzzielen und Inhaltsvorgaben in den Lehr- und Bildungsplänen eingeräumt. Parallel zu einer Bedeutungszunahme des Themas Wirtschaft hat sich – sowohl über Verlagspublikationen, als auch über das Internet – eine Vielzahl von Textangeboten entwickelt, die Lehrende an Schulen und Seminaren mit methodischen Hilfestellungen und Unterrichtsbausteinen versorgen. Sie berufen sich auf Ergebnisse fachdidaktischer Forschung. Neben der Methodik erforscht eine Fachdidaktik aber auch Lernvoraussetzungen und -folgen von Wirtschaftsunterricht sowie Ziele und Inhalte des Fachgebiets.

Die neue Reihe „Ökonomie und Bildung – Wissenschaft" ist eine Plattform für die Verbreitung von Erkenntnissen forschender Wissenschaft zu diesen Fragestellungen. Die Herausgeber der Reihe wollen interessierten Leserinnen und Lesern aus der Wissenschaft, der Bildungspolitik und -administration und der Schulpraxis einen Zugriff auf grundlegende, auf aktuelle und auf zukunftsweisende Publikationen der ökonomischen Bildung erlauben. Die Reihe „Ökonomie und Bildung – Wissenschaft" bietet deshalb Platz für Handbücher und Kompendien sowie thematisch einschlägige Monographien und Sammelbände. Die Herausgeber wollen nicht zuletzt Nachwuchswissenschaftlern eine Chance eröffnen, ihre Arbeiten in einem einschlägigen Umfeld zu veröffentlichen.

Alle eingereichten Manuskripte unterliegen einer Qualitätskontrolle durch das Herausgebergremium. Es handelt sich hierbei um drei Wissenschaftler, die aktuell alle Vorstandmitglieder der Deutschen Gesellschaft für ökonomische Bildung sind. Sie wollen den Autorinnen und Autoren kompetente und verlässliche Partner sein und den Leserinnen und Lesern Qualität signalisieren.

Die Reihe „Ökonomie und Bildung – Wissenschaft" wird mit diesem Band eröffnet. Die Herausgeber wünschen sich eine dynamische Entwicklung nicht nur der Reihe, sondern auch der fachdidaktischen Forschung und der ökonomischen Bildung.

Mai 2009
Thomas Retzmann, Günther Seeber, Birgit Weber

Geleitwort

Die von Andrea Haus an der Universität Bonn vorgelegte Dissertation zu Classroom Experiments steht prototypisch für die Einordnung der Fachdidaktik zwischen Fachwissenschaft und allgemeiner Didaktik. Sie ist in zweierlei Hinsicht gut geeignet, die neue Reihe „Ökonomie und Bildung – Wissenschaft" zu eröffnen.

Zum einen greift sie mit ökonomischen Experimenten ein Verfahren auf, das in der Fachwissenschaft gerade in den letzten Jahren immense Bedeutung erlangt und zu neuen Erkenntnissen geführt hat. Die so genannte experimentelle Ökonomie arbeitet intensiv mit Labormethoden, wie sie in den Naturwissenschaften oder der Psychologie gang und gäbe sind, erst seit den 1980er Jahren. Im Zentrum des Erkenntnisinteresses steht das menschliche Entscheidungsverhalten. Über Fachkreise hinaus bekannt wurden Experimente, die zeigten, dass die Annahme, Menschen verhielten sich in ökonomisch relevanten Situationen eigennutzmaximierend (Homo oeconomicus), häufig eben nicht geeignet ist, das Verhalten vorherzusagen.

Zum anderen lässt sich mit Experimenten, wie mit den in diesem Buch näher betrachteten Auktionen, erleben, dass das Verhalten von Probanden genau jene Ergebnisse hervorbringt, die das Lehrbuchwissen über Märkte und das Zustandekommen eines Gleichgewichtspreises bestätigen. Auf diese Weise, nämlich als Lehrmethode mit Stärken und Schwächen, rücken Experimente nun gerade in das Blickfeld des Didaktikers.

Zunächst fand die Methode relativ schnell Eingang in die Hochschullehre[1] und wird mittlerweile auch im Schulunterricht verwendet. Hier setzt die Untersuchung von Andrea Haus an. Nach einer Einordnung der Methode in den Forschungsstand liegt ihr Hauptaugenmerk auf der Untersuchung von Classroom Experiments, also der Unterrichtsmethode. Sie erkundet einmal die Einstellung von Lehrerinnen und Lehrern zu dieser Methode. Außerdem fragt sie nach dem Lernerfolg und den Motivationslagen der Schülerinnen und Schüler. Sie führte zu diesem Zweck sowohl eine Expertenbefragung von Lehrkräften, als auch eine Befragung von 250 Schülerinnen und Schülern – ergänzt durch Unterrichtsbeobachtungen und Interviews mit den Lehrenden – durch.

Diese Herangehensweise ist ein dritter Grund, weshalb die Eröffnung der neuen Reihe mit dem vorliegenden Band begrüßenswert ist: Die Autorin belegt ihre Forschungsergebnisse empirisch. Empirische Wirtschaftsdidaktik steckt aber – wie die empirische Didaktik in den Sozialwissenschaf-

---

1 Siehe z. B. H.-J. Schlösser, Experimentelle Ökonomie und Wirtschaftsunterricht, in: Forschungsfelder der Wirtschaftsdidaktik, hrsg. v. G. Seeber, Wochenschau Verlag: Schwalbach/Ts. 2009, S. 113-121

ten überhaupt – noch in den Kinderschuhen. Dieses Buch ist ein Beleg für die Bereicherung der Didaktik der ökonomischen Bildung als Wissenschaft durch die Empirie. Es zeigt, dass Classroom Experiments geeignet sind, sowohl fachliche, als auch motivationale Zielsetzungen zu fördern. So verwundert es nicht, dass die befragten Lehrkräfte sich auch mehr Zeit zur Durchführung von Experimenten wünschen.

Lahr, im Mai 2009
Günther Seeber

Vorwort

Ursprünglich war es die Idee der Arbeit, Classroom Experiments, die zu diesem Zeitpunkt nur für den Bereich der Hochschullehre als Lehrmethode evaluiert wurden, vergleichbar für den Schulunterricht zu untersuchen. Während der Konzeption und der Durchführung der Versuche zeigte sich, dass erhebliche begriffliche Differenzierungen vonnöten waren. Aus diesem Grund wurde diese Arbeit um eine bildungstheoretische Perspektive erweitert. So entstand eine „mehrperspektivische Eignungsprüfung" von Classroom Experiments: eine Untersuchung aus forschungsmethodischer und unterrichtsmethodischer Perspektive, aus Sicht der Lehrkräfte und der Schülerinnen und Schüler.

Interdisziplinäres Arbeiten stellt Autoren vor die Herausforderung, die jeweils fachimmanenten authetischen Diskurse in Verbindung zueinander zu bringen. Zum Beispiel verwenden Autoren aus dem Bereich der wirtschaftswissenschaftlichen Hochschullehre in den in meiner Arbeit zitierten Studien die Begriffe Unterrichtsmethode und Lehrmethode synonym, während im Bereich der Didaktik, wie ich später zeigen werde, eine Vielzahl von verschiedenen Definitionen für diese Begriffe vorliegen. In der folgenden Arbeit werde ich mich aus diesem Grund bemühen, alle für das „gegenseitige Verständnis" notwendigen Begriffe jeweils fachbezogen zu definieren, Grundlegendes zu beschreiben und auf komplexe Zusammenhänge zu verweisen. Das Fach „Wirtschaft" steht in dieser Arbeit stellvertretend für Fächer mit überwiegend wirtschaftswissenschaftlichen Inhalten in Rheinland-Pfalz, welches ich für diese Untersuchung ausgewählt habe[1].

Zusammenfassend lässt sich sagen, dass den Leser eine interdisziplinäre Arbeit erwartet, die aus mehreren Perspektiven die Eignung von Classroom Experiments als Methode für den Wirtschaftsunterricht an Schulen untersucht. Dabei können sowohl die theoretische Auseinandersetzung mit Classroom Experiments als auch die dokumentierten umfangreichen „Berührungspunkte" mit der Schulpraxis im Untersuchungszeitraum zeigen, dass diese Methode zu einer Berücksichtigung im Schulunterricht mehr als empfehlenswert ist.

Herrn Professor Dr. Volker Ladenthin danke ich für die Bereicherung meiner Arbeit durch seinen Lernbegriff, für sein offenes Ohr zu jeder Zeit und für die richtigen Worte, wo sie nötig waren. Herrn Professor Dr. Björn Frank danke ich dafür, dass er der engagierteste und zuverlässigste 2. Betreu-

---

1 Dies ist notwendig, da wir leider in Deutschland, zusätzlich erschwert durch die Bildungshoheit der Länder, nach wie vor eine ermüdende Diskussion über die Notwendigkeit der Verankerung eines Faches „Wirtschaft" an allen allgemein bildenden Schulen führen.

er war, den man sich wünschen kann. Ebenso herzlich wie meinen beiden Betreuern danke ich Frau Birgit Otte für das Korrekturlesen und den grossartigen „Katastrophenschutz" rund um die Uhr.

Aus dem Bereich der schulischen Lehre danke ich für die hervorragende Zusammenarbeit: Joachim Dörr, Claudia Hock, Karl-Heinz König, Elfi Schneider, Andrea Schramm, Dirk Siering, Jens Uhrig und Wolfgang Wilhelm und den Schülerinnen und Schülern und Schulleitungen der an meiner Untersuchung teilnehmenden Schulen sowie stellvertretend aus dem rheinland-pfälzischen Bildungsministerium, dem IFB in Speyer und dem 2. Kurs der Lehrerfortbildung „Ökonomische Bildung Online – Wirtschaft in die Schule!" Alfons Axmann, Elisabeth Bittner, Frauke Mosbach, Manfred Scherer und allen beteiligten Lehrkräften.

Aus dem Bereich der Experimentellen Ökonomik haben mit hilfreichen Anregungen, Literaturangaben und Diskussionen unterstützt: Professor Dr. Simon Gächter, Dr. Heike Henning-Schmitt, Professor Dr. Georg Kirchsteiger, Professor Dr. Andreas Ortmann, PD Dr. Michael Pickardt und Professor Dr. Armin Rott. Zudem danke ich Herrn Professor Max Albert für seine Bemühungen und hilfreichen Anregungen aus der Perspektive der Volkswirtschaftslehre und die tolle Betreuung im ersten Forschungsabschnitt dieser Arbeit sowie Herrn Professor Dr. Michael-Burkhard Piorkowsky für die Bereicherung meiner Arbeit durch den Bereich der Haushalts- und Konsumökonomik und viele Diskussionen und Gespräche um dieses Thema.

Aus dem Bereich der sozialwissenschaftlichen Forschung danke ich vor allem Frau Caroline Dangel und Frau Stéphanie Fritz für ihre tolle Unterstützung bei der Vorbereitung und Auswertung des empirischen Teils dieser Arbeit. Ermöglicht wurde diese Arbeit nicht zuletzt durch die freundliche Unterstützung der Landesgraduiertenförderung der Universität Koblenz-Landau und der Promotionsförderung des Cusanuswerks, bischöfliche Studienförderung. Vielen Dank!

1 Einführung

1.1 Problemstellung und Zielsetzung

Innerhalb der Wirtschaftswissenschaften hat sich seit den 60er Jahren ein Forschungsbereich etabliert, welcher sich sowohl mit der experimentellen Überprüfung, als auch mit der Generierung wissenschaftlicher Theorien und Hypothesen durch experimentell gewonnene Daten beschäftigt. Diese ökonomischen Experimente, sog. Laboratory Experiments, gelten international zudem unter Wirtschaftswissenschaftlern im Hochschulunterricht, unter dem Begriff Classroom Experiments, als hervorragend geeignete Methode zur Erklärung wirtschaftswissenschaftlicher Sachverhalte, wie z.B. der Demonstration der Preisbildung in oligopolistischen Märkten oder der Allmende-Problematik[2]. Dies belegen u.a. eine große Anzahl umfangreicher Materialien, Literatur- und Internetquellen mit Beschreibungen zu ökonomischen Experimenten, welche für den Einsatz in der Lehre vorliegen[3]. Zudem sind für den Bereich der Hochschullehre international einige Studien verfügbar, welche den Lernerfolg und den positiven Einfluss auf die Motivation der Studierenden der Lehrmethode „Ökonomisches Experiment" belegen[4].

Für den Einsatz an Schulen wird von einem vergleichbaren Vorteil ausgegangen, da nicht zuletzt im naturwissenschaftlichen Unterricht das Experiment eine etablierte Unterrichtsmethode darstellt. Jedoch gibt es derzeit im internationalen Feld nach meinem Kenntnisstand keine Studie, die dies belegen könnte. Dabei lässt die experimentelle Methode in den Wirtschaftswissenschaften einen ähnlichen Vorteil wie in den Naturwissenschaften erwarten, denn bereits der Ablauf ist diesen ähnlich: eine zu überprüfende Aussage, Theorie oder Hypothese, eine klare Versuchsanordnung, die Durchführung, Beobachtung und Dokumentation des Experiments. Das Ergebnis eines Classroom Experiments ist die Bestätigung oder Widerlegung einer theoretischen Aussage. Der Unterschied zu einem naturwissenschaftlichen Experiment liegt darin, dass bei ökonomischen Experimenten die Schülerinnern und Schüler stärker involviert sind, denn schließlich sind

---

2   Vgl. hierzu Hertwig/Ortmann (2001), Jost/Renner (2000), Frank (1997).
3   Vgl. hierzu Bergstrom/Miller (1997), Delemeester/Neral (1995), Geisenberger/Nagel (2002), Rott (2001a).
4   In der Literatur wird teilweise unterschieden zwischen „Lehrmethode" und „Unterrichtsmethode". In dieser Arbeit wird der Begriff „Lehrmethode" für den Hochschulbereich und „Unterrichtsmethode" für den Schulbereich verwendet (vgl. Kap. 2.1). Wird von „Methode" allgemein gesprochen, wird die „Doppelfunktion" von ökonomischen Experimenten als Forschungs- und Lehrmethode bzw. Unterrichtsmethode hervorgehoben.

sie gleichzeitig Beobachtende, Teilnehmende und Untersuchungsobjekte, da u.a. ihr eigenes Handeln/Verhalten untersucht wird und nicht, wie in der Physik oder Chemie das „Verhalten" toter Materie. Ob von einer vergleichbaren Eignung ausgegangen werden kann, wird in dieser Arbeit untersucht werden.

Die Beantwortung der Frage, ob eine Lehrmethode für den Schulunterricht geeignet ist oder nicht, ist allerdings insgesamt nur durch die Betrachtung mehrerer Perspektiven möglich. So spielen neben der bereits erwähnten inhaltlichen Ebene des Lerngegenstandes und der Struktur der Unterrichtsmethode u.a. die soziale Ebene der Lernenden und der Lehrkräfte ebenso wie die Ebene des Handelns im Unterrichtsverlauf selbst eine Rolle (Meyer 1987, S. 234ff). Vor allem von den Akteuren im Unterrichtsgeschehen selbst ist es abhängig, ob eine Unterrichtsmethode Verwendung findet und mit welchem Erfolg sie angewendet werden kann. Auf der Ebene der Lehrkraft ist möglicherweise entscheidend, welche Einschätzung sie selbst bezüglich der Handhabbarkeit[5] und der Leistungsfähigkeit der Methode hat, aber auch, ob sie sich methodisch und fachlich kompetent fühlt, diese Methode im Unterricht einzusetzen. Auf der Ebene der Schüler ist dagegen das wichtigste Argument, ob diese motiviert und interessiert dem Unterricht folgen können. Ausgewiesenes Ziel dieser Arbeit ist es deshalb, die Perspektive beider Akteursgruppen zu untersuchen.

1.2 Vorgehensweise und Methode

Kapitel 2 betrachtet zunächst ökonomische Experimente aus der Forschungs- und der Lehrperspektive nach dem bisherigen Stand der Forschung. Besondere Beachtung findet ihre Doppelfunktion: Sie sind Forschungsmethode der Wirtschaftswissenschaften und Lehrmethode zugleich (vgl. Kap. 2.1). Damit müssen sie neben dem Kriterium der fachlichen Richtigkeit weiteren didaktisch-methodischen Kriterien genügen, die in Kapitel 3.1 später ausgeführt werden.

Der sachlich-inhaltliche Aspekt der ökonomischen Experimente wird durch die Fachwissenschaft bestimmt. Aus diesem Grund thematisiert Kapitel 2.2 neben der historischen Entwicklung der Wirtschaftswissenschaften den spezifischen Modellbegriff, die Ceteribus-Paribus-Klausel und das „Denken in Gleichgewichten". Kapitel 2.3 beschreibt ökonomische Experimente exemplarisch aus ihrem Einsatz in der Wirtschaftsforschung und deutet ihre thematische Bandbreite soweit an, dass Ursprung und Perspektiven ihres Einsatzes in der Lehre erkennbar werden. Gezeigt werden zudem Leis-

---

5 So wirken sich u.a. langfristige organisatorische Vorbereitungen negativ auf die Akzeptanz von Unterrichtsmethoden bei Lehrkräften aus (Kaiser/Kaminski 1999, S. 99).

tungen und Grenzen der experimentellen Wirtschaftsforschung. Der Fokus liegt dabei auf den Merkmalen und Besonderheiten sowie dem Ablauf der Experimente, welche für den Schulunterricht bedeutsam erscheinen.

Kapitel 2.4 thematisiert ökonomische Experimente als Lehrmethode unter dem Begriff „Classroom Experiments" zum einen hinsichtlich ihrer inhaltlichen und strukturellen Ebene, zum anderen aus ihrem Einsatz in der Hochschullehre. Dabei werden wissenschaftliche Forschungsergebnisse zu ihrer Eignung als Lehrmethode zusammengefasst, vorgestellt und diskutiert. Weiterer Schwerpunkt sind außerdem bislang vorliegende Erfahrungsberichte zum Einsatz von Classroom Experiments in der schulischen Praxis, aus denen Hinweise zur Adaption des Forschungsdesigns gewonnen werden können.

Kapitel 3 umfasst die Dokumentation und Auswertung der eigenen Erhebung aus Perspektive der Lehrkräfte als Experten für unterrichtliche Lehr-Lernprozesse und der Schülerinnen und Schüler als Hauptakteure im Unterrichtsgeschehen. Kapitel 3.1 dient anknüpfend an Kapitel 2.1 der Erläuterung ausgewählter Bereiche der Unterrichtspraxis an Schulen, welche im Bereich der vorliegenden Forschungsberichte aus dem Hochschulbereich keine Berücksichtigung finden, jedoch für den Schulbereich, besonders bei dem Transfer von wissenschaftlichen Inhalten in die Praxis und der Konzeption von Schulversuchen, zu berücksichtigen sind. Das Kapitel umfasst deshalb sowohl Aspekte der Unterrichtsgestaltung, als auch die zu berücksichtigende Fach- und Methodenkompetenz von Lehrkräften sowie die generelle Gestaltung ökonomischer Bildung in Rheinland-Pfalz.

In Kapitel 3.2 folgt die Beschreibung der Konzeption, Durchführung und Auswertung der eigenen Erhebung, welche die Perspektive der Lernenden und der Lehrkräfte im Unterrichtsverlauf berücksichtigt. Die Hauptforschungsfragen sind dabei zum einen: Halten Lehrkräfte Classroom Experiments für den Schulunterricht vergleichbar geeignet wie naturwissenschaftliche Experimente? Und wenn ja: Welche Vorteile sehen sie in deren Verwendung im Schulunterricht? Diesen Fragen wurde mittels einer Expertenbefragung nachgegangen, die in Kapitel 3.3 beschrieben wird.

Zum anderen wurde gefragt: Welche tatsächlichen Einflüsse von Classroom Experiments als Unterrichtsmethode können auf Seiten der Schüler in Bezug auf Lernen, Motivation und Interesse am Fach, nachgewiesen werden? Kapitel 3.4 dokumentiert die zur Beantwortung dieser Frage durchgeführte Untersuchung. Innerhalb von Schulversuchen wurden an fünf ausgewählten Schulen in Rheinland-Pfalz mittels eines quasi-experimentellen Pre-Post-Posttest-Designs der Einfluss von Classroom Experiments untersucht. In jeder Schule nahmen eine Experimental- und eine Kontrollgruppe der 9. Klasse, die von der gleichen Lehrkraft unterrichtet wurden, am Versuch teil.

Verglichen wurden Befragungsergebnisse zur Lernzielkontrolle, selbst eingeschätztem Lernzuwachs, zu Motivation und Interesse der Schüler am Fach vor und nach der Durchführung einer für die Untersuchung konzipierten 4-stündigen Unterrichtseinheit. Im Anschluss an die Zusammenfassung der Forschungsergebnisse in Kapitel 3.5 erfolgt in Kapitel 3.6 die kritische Betrachtung der eigenen Erhebung mit Hinweisen und Empfehlungen für nachfolgende Studien.

In Kapitel 4 werden die Ergebnisse aller vorangegangenen Kapitel zusammenfassend betrachtet und diskutiert.

2 Classroom Experiments – Eine Entwicklung in den Wirtschaftswissenschaften

2.1 Ökonomische Experimente als Forschungs- und Lehrmethode

Ökonomische Experimente sind eine Fachmethode der Wirtschaftswissenschaften zur Erkenntnisgewinnung, d.h. eine wissenschaftliche Forschungsmethode. Die Unterrichtsmethode der Lehrkraft ist jene Methode, „mit der er diesen methodischen Zugang zur Welt arrangiert." (Ladenthin 2005, S. 92) Schüler eignen sich fachmethodisches Wissen durch Lernmethoden an, d.h. sie lernen die fachmethodische Aneignung von Welt. Bereits diese Aussage veranschaulicht bei allen Unterschieden die Gemeinsamkeit der „Methode". Sie ist auf ein Ziel gerichtet. Die Verwendung einer Forschungsmethode hat das Ziel, eine wissenschaftliche Fragestellung zu beantworten. Eine Lehrkraft führt in einer Klasse ein Planspiel mit dem Ziel durch, Lernenden mit dieser Unterrichtsmethode einen Einblick in wirtschaftliche Entscheidungsprozesse zu vermitteln. Ein Schüler macht sich während einer Unterrichtseinheit Notizen mit dem Ziel, sich Zusammenhänge einprägen zu können, d.h. er verwendet eine Lernmethode. Gleichzeitig wird deutlich, dass „Methode" an einen Inhalt gebunden ist. Ein Zusammenhang soll erforscht, ein Themenbereich veranschaulicht oder Zusammenhänge erkannt und gelernt werden. Die Inhalts- und Zieldimension der Methode „Ökonomisches Experiment" muss somit gleichermaßen betrachtet werden.

Spricht man in den bislang aus dem Hochschulbereich vorliegenden Studien von Classroom Experiments, spricht man von einer Lehrmethode. Doch ist diese Begrifflichkeit eigentlich korrekt? Denn in der Didaktik unterscheidet man zwischen Lehrmethoden, Lernmethoden, Unterrichtsmethoden, Handlungsmustern, Sozialformen und Unterrichtsverfahren. Diese werden, unter Berücksichtigung sowohl der Lehrkräfte- als auch der Schülerperspektive, unterschiedlich definiert und verwendet. Ein Konsens existiert, ähnlich wie innerhalb der Fachbegriffsdefinitionen in anderen Wissenschaften, für die Begriffsverwendung nicht. Der Begriff Unterrichtsmethode bezieht sich auf das *Wie?* der Vermittlung von Inhalten im Unterricht, wohingegen das *Was?* eine Frage der Didaktik[6] ist. Zu unterscheiden ist zwischen dem methodischen, zielorientierten Handeln der Lehrperson und dem methodischen Handeln der Schüler. Zu einer endgültigen Arbeitsdefinition von Unterrichtsmethode reichen diese Aspekte allein allerdings noch nicht aus. Allerdings: „die Kriterien für eine als ausreichend zu bezeichnen-

---

6 Unter Didaktik versteht man die Frage nach den Unterrichtsinhalten und ihrer Anordnung in einem Lehrplan (Hintz/Pöppel/Rekus 2001, S. 51).

de Definition sind ebenso wenig exakt zu bestimmen wie die Frage, wann eine Definition 'wahr' und wann sie 'falsch' sei." (Meyer 1994a, S. 39) „Kaum ein Feld pädagogischen Denkens und Handelns dürfte in ähnlicher und vielfacher Weise 'beackert' sein wie das der Unterrichtsmethode. Das Ergebnis jedoch ist ein begrifflich wie inhaltlich heterogener und unübersichtlicher Wildwuchs." (Lersch 1985, S. 253) Denn neben dem Begriff der Unterrichtsmethode existieren weitere Begriffe, jeweils in Abhängigkeit von der lerntheoretischen Grundposition, wie „Unterrichtsformen" (Glöckel 1990), „Lehr-/Lernformen" (Terhart 2005), „Unterrichtsmethode" in direktem Zusammenhang oder in Abgrenzung von „Unterrichtsmethoden" (Hage 1985) in unterschiedlicher Akzentuierung. So unterscheidet Einsiedler: „Lehrmethode umfasst einen ganzen Fächer von Dimensionen: kognitive Strukturierung des Unterrichts, soziale Strukturierung, organisatorische Maßnahmen, sachstrukturelle Anordnungen (Sequentierung) u.a. Lernmethode ist enger zu fassen und bezieht sich vor allem auf den Kanon von äußeren und inneren Aktivitäten der Schüler um Handlungen zu verinnerlichen, Wissen zu assimilieren: Auffassungstätigkeiten, Denkformen, Übungsformen, evtl. auch Kooperationsformen. Die Lehrstrategien sind eine Teilmenge der Lehrmethoden. Eine Lehrstrategie ist eine systematisch geplante Kombination von Lehr- und Lernaktivitäten zur kognitiven Strukturierung von Unterricht." (Einsiedler 1976, S. 122f)

Aschersleben (1974, S. 18) betont „1. Die Unterrichtsmethodik wird als Insgesamt an Einzelmethoden zur Erreichung des Lernziels verstanden. 2. Jede Einzelmethode soll es dem Schüler ermöglichen, das Lernziel schnell, mit wenigen Umwegen und vollkommen zu erreichen. Dabei wird in der Regel ein Lernprozess in Einzelschritte aufgelöst und den Einzelschritten jeweils eine bestimmte methodische Maßnahme zugeordnet. 3. Eine einzelne Unterrichtsmethode ist für den Schüler eine Lernhilfe und umfaßt alle Aspekte, in denen es um die Frage nach den optimalen Verfahren zur Erreichung von Lernzielen geht."

Diese Definitionen zeigen bereits, dass der Umfang dessen, was mit „Unterrichtsmethode" bezeichnet wird, variieren kann und sich zum Teil begriffliche Überschneidungen mit den Begriffen „Lehrmethode", „Lernmethode", „Unterrichtsform" etc. ergeben. Sie unterscheiden sich nicht nur im Hinblick auf ihre Zieldimension, sondern auch in Bezug auf Inhalte und die Unterscheidung, ob Lehrer- oder Schülersicht im Mittelpunkt einer Definition stehen. Einige Autoren wählen aus diesem Grund die Herangehensweise, Dimensionen von Unterrichtsmethode auszuweisen, um sich einer begrifflichen Definition auf diese Weise nähern zu können (u.a. Terhart 2005, S. 26ff; Meyer 1994a, S. 222). Für die Betrachtung einer Forschungsmethode, die als Unterrichtsmethode Verwendung finden soll, ist diese Diskussion wenig fruchtbar. Ich wähle aus diesem Grund einen anderen Zugang: Das Wort „Methode", aus dem Griechischen (méthodos) stammend, setzt sich zusammen aus den Begriffen metá = entlang und hohós = Weg. Methode bezeichnet demnach „das Entlanggehen eines Weges". Sie beschreibt ein Verfahren, „das einen bestimmten Weg aufzeigt, um ein vorgesetztes Ziel zu erreichen." (Danner 1998, S. 12). Somit ist es zwar sinnvoll, von einer Trennung von Inhalt und Methode auszugehen, jedoch beeinflussen sich diese wechselseitig, denn „Unterricht ist die gezielte Planung, Organisation und Gestaltung von Lehr-Lern-Prozessen." (Krüger/Helsper 2002, S. 81)[7]

Ich schließe mich deshalb der Definition von Hintz/Pöppel/Rekus (2001, S. 237f) an, die eine Unterscheidung anbieten, in Bezug auf Lehrpersonen von ihrer Unterrichtsmethode und in Bezug auf die Schülerinnen und Schüler von deren (Lern-)Methode zu sprechen. Der Begriff „Unterrichtsmethode" bezieht sich im Folgenden folglich auf das methodisch absichtsvolle Handeln der Lehrperson. Den Begriff der „Lehrmethode" werde ich zusätzlich dann verwenden, wenn von der Hochschullehre gesprochen wird, da die zitierten Studien dieser Wortwahl folgen.

2.2 Das Selbstverständnis der Wirtschaftswissenschaften

2.2.1 Historische Entwicklung der Wirtschaftswissenschaften

Ziel der Wirtschaftswissenschaften ist es, „wirtschaftliche Entscheidungen in ihren Zusammenhängen zu erklären und Voraussagen über die Wirkungen wirtschaftlich relevanter Handlungen zu machen. Hierfür bedient sich die Ökonomie der theoretischen Analyse und der empirischen Forschung." (May 1990, S. 20). Die theoretische Analyse meint die für die Wirtschaftswissenschaften charakteristische Arbeit am Modell, während als empirischer Forschungsansatz bis zur Entwicklung der experimentellen Forschungsmethode die Überprüfung durch ökonometrische Forschungsmethoden vorherrschte (weitere Ausführungen hierzu in Kap. 2.2.3 und 2.2.4).

Die Wirtschaftswissenschaften[8] werden in einführenden Büchern zur

---

7   Hierbei ist der Begriff „Unterricht" auf außerschulische Formen von Lehr-Lern-Prozessen, wie Weiterbildungsveranstaltungen und Musikunterricht, gültig. In dieser Arbeit bezieht sich der Begriff „Unterricht" immer lediglich auf die Form schulischer Lehr-Lern-Prozesse.

8   Die Unterteilung der Wirtschaftswissenschaften in die Betriebs- und Volkswirtschaftslehre ist in dieser Form nur im deutschen Sprachgebiet anzutreffen. Sie entstand erst zu Beginn des 20. Jahrhunderts (vgl. Möller 1982, S. 872; Kirsch 1979, S. 107; Engelkamp/Sell 2005 S. 1). Im englischsprachigen Raum spricht man von Economics und meint damit die Wirtschaftswissenschaften insgesamt. Um Begriffsverwirrun-

Volkswirtschaftslehre, beispielsweise nach Engelkamp/Sell (2005), innerhalb der Wissenschaften den Sozialwissenschaften zugeordnet (vgl. Abb. 1). Sie gehören nach Meinung dieser Autoren zur Gruppe der Geistes- und Kulturwissenschaften und sind Bestandteil der Real- bzw. Erfahrungswissenschaften. Realwissenschaften haben das Bestreben, Phänomene der (realen) Welt zu beschreiben und zu erklären. In Abgrenzung zu den Realwissenschaften beschreiben die Formalwissenschaften, z.B. Logik oder Mathematik, in der Realität nicht existierende Objekte. Die in den Formalwissenschaften getroffenen Aussagen beanspruchen Gültigkeit im logischen Sinne. Als Sozialwissenschaft müssen sich die Wirtschaftswissenschaften dem Anspruch der empirischen Überprüfbarkeit ihrer Forschungsergebnisse stellen, d.h. Aussagen müssen sich einer faktischen Bewährung unterziehen, sie müssen falsifizierbar sein, um Gültigkeit beanspruchen zu können.

Abb. 1: Wirtschaftswissenschaft als Sozialwissenschaft nach Engelkamp/Sell

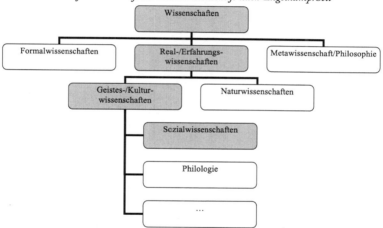

Quelle: Engelkamp, P./Sell, F. L. (2005). Einführung in die Volkswirtschaftslehre, 3. Aufl., Berlin: Springer.

In Bezug auf Vorgehensweisen und Methoden orientieren sich die Wirtschaftswissenschaften am ehesten an den Naturwissenschaften. Dies birgt folgendes Problem: Der Erkenntnisgegenstand der Naturwissenschaften ist die Natur. Die Naturwissenschaften sind ebenso wie die Wirtschaftswissenschaften bestrebt, eindeutige, natürliche Gesetzmäßigkeiten aufzudecken

---

gen zu vermeiden, wird der Begriff Wirtschaftswissenschaften hier synonym für die Volkswirtschaftslehre (VWL) verwendet. Mutatis mutandis lassen sich die Aussagen dieser Arbeit auch auf die BWL übertragen (vgl. zu dem Begriff „Economics" im angelsächsischen Raum auch Kirsch 1979, S. 105-137).

und bedienen sich deshalb der analytischen Methode. „... das heißt, der Gegenstand der Untersuchung wird, soweit möglich, in seine Bestandteile zerlegt. Betrachtet werden in der Folge nun die Beziehungen, die zwischen den einzelnen Elementen existieren. Das Ziel der Analyse besteht darin, Gesetzmäßigkeiten aufzudecken, die zwischen den einzelnen Elementen bestehen (systemtheoretischer Ansatz)." (Engelkamp/Sell 2005, S. 2f)[9]

Im Vergleich mit den Naturwissenschaften ist der Mensch in den Wirtschaftswissenschaften allerdings gleichzeitig Element, Beeinflusser und Beeinflusster von Zustandsformen. Eine Zerlegung des Forschungsgegenstandes, ähnlich des Ansatzes der Naturwissenschaften, ist deshalb problematisch[10]. Dies erschwert ein Feststellen von Gesetz- bzw. Regelmäßigkeiten und deren systematische Gliederung. Somit ist es, im Vergleich mit den Naturwissenschaften, in Bezug auf den Forschungsgegenstand schwieriger, monokausale Zusammenhänge zu identifizieren.

Frey schreibt hierzu: „Die meisten Wirtschaftswissenschaftler bemühen sich nämlich, den (exakten) Naturwissenschaften nachzueifern. Die Volkswirtschaftslehre erscheint häufig nunmehr als ein Zweig der angewandten Mathematik; die Mehrzahl der wissenschaftlichen Veröffentlichungen wimmelt von Axiomen und Gleichungen und befasst sich mit rein formalen Herleitungen und Beweisen. Werden die Ergebnisse aber in die Umgangssprache übersetzt oder sollen sie empirisch untersucht werden, bleibt nicht selten enttäuschend wenig übrig." (Frey 1990, S. V) So zeigt sich bei genauerer Betrachtung, dass beispielsweise der „Marktmechanismus, wie er in den westlichen Ländern aus der Kommerzialisierung großer Bereiche des sozialen Lebens unter gleichzeitiger Entwicklung eines darauf abgestimmten Rechtssystems hervorgegangen ist, ein kulturelles Züchtungsprodukt darstellt, dessen sozialkulturelle Bedingungen nur für eine vordergründige Analyse außer Acht bleiben können. Es ist keineswegs selbstverständlich, dass die Mitglieder der Gesellschaft ihr Verhalten in ganz bestimmter Weise an finanziellen Maßstäben orientieren und die finanziellen Auswirkungen sozialer Interaktionen auf ihre eigene Situation in sehr spezifischer Weise als positive oder negative Sanktionen interpretieren, also eine ‚Definition der Situation' vornehmen." (Albert 1964, S. 100)

Die Grenzen des Gegenstandsbereiches der Wirtschaftswissenschaften sind vielfach diskutiert worden. Definitionen der Wirtschaftswissenschaften

---

9   Vgl. zur Wirtschaft in systemtheoretischer Sicht auch Kromhardt/Clever 1979, S. 231 f.

10 Trotzdem haben die Naturwissenschaften, u.a. vor allem die Newtonsche Physik, eine wichtige Rolle für die Entwicklung der Wirtschaftswissenschaften gespielt, da, in Analogie zur Physik, Wirtschaftswissenschaftler mit „der Analyse sozialer Systeme auf der Basis von Gesetzmäßigkeiten" (Albert, H. 1978, S. 52) begannen.

unterscheiden sich dadurch, dass sie entweder den *Forschungsgegenstand* der Wirtschaftswissenschaften betonen, oder den *Forschungsansatz* der Wirtschaftswissenschaften in Abgrenzung zu anderen Sozialwissenschaften hervorheben. Die Ökonomen, die den *Forschungsgegenstand* zur Definition der Ökonomie[11] betonen, definieren u.a. Ökonomik als die Wissenschaft von der Allokation knapper Ressourcen[12] angesichts unbegrenzter und konkurrierender Nutzungsmöglichkeiten[13]. Andere Autoren fokussieren die Definition auf den Aspekt des rationalen Handelns oder betonen den *Forschungsansatz* und die ökonomische Betrachtung des Forschungsgegenstandes als Abgrenzungskriterium zu anderen Wissenschaften[14].

Die heutigen Wirtschaftswissenschaften wurden vor allem durch das beginnende 19. Jahrhundert und die Epoche der Neoklassiker geprägt, die nachhaltigen Einfluss auf die heutige Forschungsmethodik der Wirtschaftswissenschaften hatte. Das Geburtsjahr der Wirtschaftswissenschaften als eigenständige Disziplin, und somit des theoretisch-ökonomischen Denkens, wird in der Literatur allerdings bereits mit dem Erscheinungsjahr des Werkes von Adam Smith „Inquiry into the Nature and the Causes of the Wealth of Nations" 1776 angegeben (Albert, H. 1978, S. 52). Kennzeichen seines ökonomischen Ansatzes war die Betrachtung des Erkenntnisgegenstandes der Wirtschaftswissenschaften nicht als einen engen Ausschnitt gesellschaftlicher Realität, sondern der Analyse ökonomischer Probleme als sozialwissenschaftliche Probleme. So betrachtete er menschliches Handeln unter psychologischen, soziologischen und anthropologischen Aspekten. Dabei gelangte er zu der Erkenntnis, dass „wenn jedes Individuum (…) in der Führung seiner Geschäfte so agiert, dass der größte Wert produziert wird, verfolgt es nur seinen eigenen Vorteil und ist darin in vielen anderen Fällen durch eine unsichtbare Hand geleitet, um ein Ziel zu befördern, das nicht Teil seiner Absicht war (…) In der Verfolgung seiner eigenen Interessen bringt das Individuum häufig die Gesellschaft wirksamer voran, als es sie in Wahrheit bringen möchte." (Smith 1776 zitiert nach Askildsen 2003,

---

11 In den Wirtschaftswissenschaften wird oft, aber nicht einheitlich, mit „Ökonomie" der Realbereich Wirtschaft und mit „Ökonomik" die Wirtschaftswissenschaft bezeichnet. Häufig wird aber auch für Fachbezeichnungen der Terminus „Ökonomie" verwendet.

12 Der Begriff der Knappheit bezieht sich auf die Knappheit von Ressourcen im Gegensatz zu einer unendlichen Anzahl an Bedürfnissen. Das „Gesetz der Knappheit" ist dabei das grundlegendste Gesetz der Wirtschaftswissenschaften (Davidson/Smith et al. 1962, S. 1).

13 Vgl. Gäfgen, G. (1968), Theorie der wirtschaftlichen Entscheidung. Tübingen.

14 Vgl. Becker 1993, S. 3. Gary Becker erhielt 1992 den Nobelpreis für Wirtschaftswissenschaften. Als Kernannahmen des ökonomischen Ansatzes zur Erklärung menschlichen Verhaltens sieht Becker das nutzenmaximierende Verhalten der Individuen, die Präferenzstabilität und das Marktgleichgewicht.

S. 147)¹⁵ Somit trägt das Individuum immer auch zum Wohlstand der Nation bei, wenn es seine eigenen Interessen verfolgt. Die Bildung eines Gleichgewichtspreises am Markt ist die zentrale Interpretation seiner Preis- und Lohntheorie und der unsichtbaren Hand (Askildsen 2003, S. 152). Nach Smiths Auffassung wird der sich einstellende Marktpreis der sein, welcher Angebot und Nachfrage ausgleicht und somit keine unbefriedigte Nachfrage zurücklässt. „Man sollte Chaos erwarten, wenn jeder Händler für sich allein gelassen wird. Stattdessen ist ein Gleichgewicht entwickelt, in dem keiner die Situation verändern möchte. Dies ist das Ergebnis der unsichtbaren Hand." (ebd.) Der Ansatz von Adam Smith wurde u.a. durch David Ricardo, John Stuart Mill und Alfred Marshall im nachfolgenden Jahrhundert weiterentwickelt. Er gilt als der Grundstein des wirtschaftswissenschaftlichen Ansatzes. Die Hauptleistung des Ansatzes von Smith wird in der Erörterung von Marktgleichgewicht und Preisbildung gesehen. Besondere Bedeutung kommt der Annahme verschiedener Verhaltensbedingungen zu, die zur Formulierung der Theorie notwendig waren (ebd., S. 149).

Zusammenfassend besteht die besondere Leistung des Programms der klassischen Ökonomie in folgenden Punkten: „1. Die Annahme, dass es Gesetzmäßigkeiten gibt, die zur Erklärung sozialer Phänomene brauchbar sind; 2. den methodologischen Individualismus¹⁶, die Idee also, dass sie erklärbar sind aus dem Zusammenspiel individueller Handlungen unter veränderlichen Bedingungen; 3. die Annahme, dass die Knappheit der Mittel für die Erfüllung menschlicher Wünsche ein wesentlicher Aspekt der analysierten Tatbestände ist; 4. den Gedanken, dass das Selbstinteresse der Beteiligten – nicht notwendig: Egoismus – für die Orientierung menschlichen Verhaltens entscheidende Bedeutung hat, und die damit verbundene Idee rationalen Handelns; 5. die Idee der Kanalisierung menschlichen Verhaltens – und damit sozialer Prozesse – durch den Charakter der jeweiligen Rechtsordnung – oder allgemeiner: durch die historisch variablen institutionellen Vorkehrungen des sozialen Lebens, so dass unter verschiedenen Regelungen

---

15 Vgl. hierzu auch Van Suntum (2005), S. 5.
16 Methodologischer Individualismus meint, dass das Individuum als stabile Einheit und als einziger Handlungsträger in einer Gesellschaft angesehen wird. Dabei besitzt es die freie Wahl, sich zu entscheiden. Demnach ist es möglich, gesellschaftliches Verhalten in individuelle Entscheidungen zu „zerlegen". Dies ermöglicht die Erklärung gesellschaftlichen Handelns durch die Analyse individueller Handlungen. Aus diesen Annahmen wird die Folgerung abgeleitet, dass Anreize oder Alternativkosten die Handlungen von Individuen lenken und weiterhin die gesellschaftliche Umwelt „das Produkt individueller Wahlhandlungen ist." (Weise et. al. 2002, S. 48) Zur Diskussion des von Vertretern des Kritischen Rationalismus in den Sozialwissenschaften vertretenen methodologischen Individualismus auf verhaltenstheoretischer Grundlage vgl. Raffée/Abel 1979, S. 5ff.

dieser Art unterschiedliche soziale Wirkungen zu erwarten sind." (Albert 1978, 53f)

In der Zeit nach Adam Smith (vgl. Abb. 2), der mit seiner politischen Ökonomie, ebenso wie Marx, einen umfassenden sozialwissenschaftlichen Ansatz verfolgte, kam es durch das Aufkommen der neoklassischen Nationalökonomie im 19. Jahrhundert und der Entwicklung marktwirtschaftlich-kapitalistischer Ordnungssysteme zu einer „Engführung" des wirtschaftswissenschaftlichen Ansatzes. Ausgangspunkt war die Grenznutzenlehre.

Abb. 2: Die Entwicklung prägender Strömungen der Wirtschaftswissenschaften

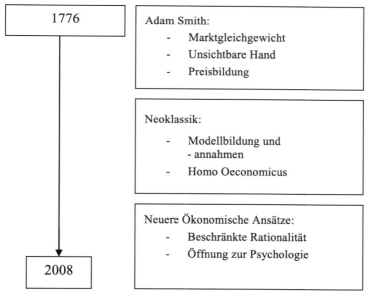

Quelle: Eigene Darstellung

„Die Vertreter der Neoklassik knüpfen an die klassische Idee eines ‚finanziellen Sanktionsmechanismus' an, der nach ihrer Auffassung das Marktgeschehen im Sinne einer optimalen Lösung des ‚Knappheitsproblems' regelt. Löhne, Preise und Gewinne übernehmen dabei die Funktion von Anreiz- und Steuerungsgrößen, die die erforderlichen Anpassungs- und Optimierungsprozesse induzieren und das Marktsystem insgesamt ins Gleichgewicht bringen sollen. Diese Grundüberlegungen führen dazu, dass der ‚Preismechanismus' einschließlich seiner Produktions- und Verteilungswirkungen in den Mittelpunkt neoklassischen Denkens rückt." (Kromphardt/

Clever 1979, S. 196) Das Marktgeschehen wird als ein sich-selbst-regelndes und stabilisierendes Gebilde aufgefasst und bildet den Kern neoklassischer Analysen und Darstellungen. Diese Reduktion der Wissenschaft auf das Aufdecken der inneren Logik und Darstellung von Marktprozessen konnte aufgrund der Komplexität des Forschungsgegenstandes nur auf einer Reihe von Vorannahmen und einem spezifischen Modellbegriff erreicht werden (vgl. Kap. 2.2.3). Die notwendigen Vorannahmen gingen ebenso wie die Annahme eines sich-selbst-regulierenden Marktes auf Adam Smith zurück. Jedoch hatte Smith selbst keinen Gebrauch von mathematischen Instrumenten gemacht, die in der Neoklassik entwickelt wurden. Seine rein verbale Argumentation war von strikt logischer Natur, vergleichbar der der Naturwissenschaften (Askildsen 2003, S. 149). Diese waren im Einzelnen die Vorannahme der vollständigen Konkurrenz[17], vollkommener Information[18], Homogenität von Produkten und rationalen Handelns von Individuen.

Weiterhin ist für diese Epoche das menschliche Verhaltensmodell des Homo Oeconomicus kennzeichnend, welches den Menschen als rationalen Nutzenmaximierer sieht. „Die wissenschaftliche Fragestellung lautet nicht mehr, wie das Marktgeschehen tatsächlich funktioniert, sondern wie es funktionieren könnte, wenn die Wirtschaftssubjekte unter idealisierten Bedingungen (vollkommener Information etc.) rational handeln würden. Damit aber wird die Neoklassik zu einer Handlungs- und Entscheidungslogik, deren Anspruch es nicht mehr ist, empirisch gültige Aussagen zu formulieren, sondern ein idealisiertes Marktgeschehen logisch richtig abzubilden." (Kromphardt/Clever 1979, S. 197) Die Neoklassik wurde von ihren Kritikern in der weiteren historischen Entwicklung aufgrund ihres „Modellplatonismus" kritisiert (Albert/Stapf 1979, S. 16), denn vor allem die Arbeit mit Modellen als Forschungsansatz prägte diese Epoche. Jedoch stellt sie nach wie vor den Kern der Wirtschaftswissenschaften dar (Leijonhufvud 2004, S. 5).

Neuere Ansätze entstanden in der 1. Hälfte des 20. Jahrhunderts u.a. durch den gesellschaftlichen und wirtschaftlichen Wandel. Die zunehmende Herausbildung von monopolistischen und oligopolistischen Marktstruk-

---

17 Vollständige Konkurrenz meint die „unbeschränkte Konkurrenz einer Vielzahl von Anbietern, die jeder für sich so wenig Einfluß auf den Markt haben, dass sie den Marktpreis als gegeben akzeptieren müssen." (Kromphardt/Clever 1979, S. 197)

18 Unter vollkommener Information versteht man die Annahme, dass jedem Marktteilnehmer zu jedem Zeitpunkt alle Informationen für seine Kaufentscheidungen zur Verfügung stehen. Die Homogenität der Produkte meint die Annahme, dass jeder Händler identische Produkte anbietet, so dass sich die Nachfrage unabhängig vom Produzenten entwickelt (Kromphardt/Clever 1979, S. 195). Rationales Handeln bezeichnet jenen Aspekt des Verhaltens, welches aus „der Knappheit von Mitteln zur Erreichung von Zielen erwächst." (Robbins 1935, S. 24)

turen machte ein Eingreifen des Staates notwendig. Dabei schaffte der wirtschaftliche Wandlungsprozess Bedingungen, welche mit den Grundannahmen der Neoklassik nicht länger vereinbart werden konnten (Kromphardt/ Clever 1979, S. 238). So zeigte sich, dass wirtschaftliche Entwicklung nicht ausschließlich von Entscheidungen von Konsumenten, sondern der Einfluss anderer Institutionen[19], Unternehmen, Gewerkschaften, Verbände und Staat berücksichtigt werden musste. Damit mussten weitere Institutionen und ihr Einfluss auf das wirtschaftliche Geschehen in die wissenschaftliche Auseinandersetzung einbezogen werden. „Eine integrierte Wirtschafts- und Sozialwissenschaft wird sich mit dem Einfluss dieser Institutionen auf das wirtschaftliche Geschehen auseinanderzusetzen haben und dabei das Entstehen von ökonomischer und politischer Macht ebenso zu untersuchen haben wie die Fragen der Machtverschiebung und der sozioökonomischen Folgen macht- und interessegeleiteten staatlichen und privaten Handelns." (ebd., S. 238). Aus dieser Entwicklung resultierte eine Relativierung des von den Neoklassikern favorisierten Homo Oeconomicus-Modells.

Ein neuer Ansatz des ökonomischen Verhaltensmodells von Frey (1990) betont eine enge Verknüpfung von menschlichem Verhalten und Institutionen und ist durch folgende Annahmen zu menschlichem Verhalten gekennzeichnet (Frey 1990, S. 3 ff): Die einzelnen Personen sind als Handlungseinheit anzusehen, deren Verhalten durch Anreize gesteuert wird. Diese Anreize werden durch Präferenzen und Einschränkungen hervorgerufen. Die Einschränkungen stellen Beschränkungen des Möglichkeitsraumes von Individuen dar und werden durch Institutionen vermittelt. Das Verhalten der Individuen ist als eigennützig anzusehen. Im Gegensatz zu Theorien, in denen Kollektive (z.B. die Gesellschaft) als selbstständig handelnd angesehen werden, wird im ökonomischen Ansatz das auf gesellschaftlicher Ebene beobachtbare Geschehen auf das Handeln von Personen zurückgeführt. Dies bedeutet, dass deren „Bewertungen oder normative Auffassung als maßgebend akzeptiert wird. Aussagen wie „etwas ist gesellschaftlich erwünscht" sagen infolgedessen nichts aus, weil „die Gesellschaft" keine Handlungseinheit darstellt, die eine Bewertung abgeben könnte. Vielmehr ist darauf abzustellen, wie die Menschen in der Gesellschaft unterschiedliche Möglichkeiten bewerten." (Frey 1990, S. 4) Kennzeichen menschlichen

---

19 Der Begriff „Institution" ist in den Wirtschaftswissenschaften nicht auf eine Organisation beschränkt, sondern ist definiert als „Vereinbarungen, welche wiederholte Beziehungen zwischen Menschen formen." (Frey 1990, S. 2 f). Im Einzelnen sind dies neben den Organisationen Entscheidungssysteme und Normen, Traditionen und Verhaltensregeln. Hierbei scheint vor allem der Begriff „Entscheidungssystem" erklärungsbedürftig. „Die wichtigsten Systeme zur Entscheidungsfindung sind das Preissystem oder der Markt, die Demokratie, die Hierarchie oder andere autoritäre Verfahren, das Verhandlungssystem" (ebd.).

Verhaltens sind Erwartungen über den Nutzen von Handlungsalternativen, das Suchen und Finden von Lösungen und der Abwägung von Vor- und Nachteilen verschiedener Handlungsmöglichkeiten.

Abgerückt wird von der ursprünglichen Annahme des Verhaltensmodells des Homo Oeconomicus, „dass der Mensch ein vollständig informiertes Wesen sei, das wie ein Automat handelt." (ebd.) Vielmehr sehen neuere ökonomische Ansätze den Menschen als lernendes Individuum, welches um die Erweiterung seines beschränkten Wissens bemüht ist. „Veränderungen im menschlichen Verhalten werden (soweit wie möglich) auf beobachtbare und messbare Veränderungen des durch die Einschränkungen bestimmten Möglichkeitsraumes zurückgeführt und nicht auf (nicht-beobachtbare und messbare) Präferenzänderungen. Dieses Vorgehen ermöglicht es, theoretische Hypothesen zu entwickeln und sie auch empirisch zu testen. (…) Im Unterschied zu Präferenzänderungen (Wertewandel) sind die im ökonomischen Ansatz verwendeten Erklärungen für die Veränderungen des Möglichkeitsraumes und damit des Verhaltens empirisch erfassbar." (ebd., S. 5f) Mit der Annahme des eigennützigen Handelns wird nach Frey nicht generell unterstellt, dass Menschen sich egoistisch im Sinne von rücksichtslos verhalten. Es wird berücksichtigt, dass der Nutzen für ein Individuum auch darin liegen kann, anderen Menschen Gutes zu tun[20]. So definiert kann in der ökonomischen Theorie eigennütziges Verhalten als verlässliche Grundkonstante angenommen werden, da Menschen in der Regel auf ihren (wie auch immer definierten) eigenen Vorteil bedacht sind (Frey 1990, S. 4). Die Einschränkungen (ökonomische Bezeichnung hierzu sind Restriktionen), um welche sich die ökonomische Verhaltenstheorie hauptsächlich bemüht, sind: Verfügbares Einkommen, Güterpreise und die zum Konsum und Handeln benötigte Zeit. Verfügbares Einkommen und (reale) Güterpreise zusammen geben das Realeinkommen an, welches einer Person zur Verfügung steht. Durch eine Erhöhung der Arbeitsleistung ist eine Erhöhung des Realeinkommens erreichbar, welche jedoch der Restriktion „Zeit" unterliegt, da der Tag durch 24 Stunden begrenzt ist.[21]

Die Ergebnisse experimenteller Wirtschaftsforschung stützen diese Erkenntnisse und ermöglichen die notwendige Erweiterung ökonomischer

---

20 Allerdings stellt sich hier die Frage, ob dann diese Grundannahme als ein Spezifikum der Wirtschaftswissenschaften gelten kann. Denn die Betrachtung von Gut und Gütern und das Streben danach findet sich bereits bei Aristoteles (Nikomachische Ethik) und ist deshalb nicht zwangsläufig das Spezifikum des wirtschaftswissenschaftlichen Ansatzes.

21 Zeit taucht auch in anderem Zusammenhang als grundlegende Ressource und Geld als abgeleitete Ressource auf, da Zeit jedem Menschen in gleichem Maße zur Verfügung steht. Diese Auffassung wird jedoch nicht von allen Ökonomen geteilt. Oft wird Geld auch als Ressource gleichwertig mit Zeit und Arbeitskraft genannt.

Theorien, wie in den folgenden Kapiteln weiter ausgeführt wird. Wirtschaftswissenschaftliche Ansätze erfahren heute im Vergleich zur Neoklassik eine Erweiterung, die wieder in Richtung der breiteren sozialwissenschaftlichen Ansätze, beginnend bei Smith, gehen[22]. „Economics is an empirical discipline: ultimately economic arguments must be ‚tested' empirically so that an argument can be shown to be, or not to be, relevant." (Ortmann/Colander 1995, S. 1) So ist der Bedeutungszuwachs der experimentellen Wirtschaftsforschung, die einen Beitrag zur empirischen Überprüfung von Theorien und Hypothesen leistet, in den letzten Jahren mehr als verständlich, denn „in order to move towards a future economics not based on optimization and equilibrium, we should strive for a change in perspective at several levels at once. (...) behavioral economics must bridge our traditional disciplinary boundaries towards the cognitive sciences and organization theory." (Leijonhufvud 2004, S. 10)

2.2.2 Der Modellbegriff in den Wirtschaftswissenschaften

Der allgemeine Modellbegriff

In der Wissenschaft und Praxis können Modelle als Vorlage, Vorbild oder Nachbildung eines Gegenstandes, aber auch als Denkschema, in welchem sowohl die Funktion der Vorlage als auch der Nachbildung zum tragen kommt, betrachtet werden (v. Martial 2002, S. 117 ff). Von Martial unterscheidet Modelle nach folgenden Merkmalen: Abbildung, Verkürzung und die pragmatische Funktion. Die pragmatische Funktion von Modellen ist gekennzeichnet durch Subjektabhängigkeit, Zeitabhängigkeit und Zweckhaftigkeit eines Modells[23]. Modelle, so von Martial, sind immer Abbildungen eines Originals, welche in einem spezifischen Theorie- oder Praxiszusammenhang für dasselbe einstehen. Das Original kann in diesem Fall ein Zusammenhang, ebenso wie ein physischer Gegenstand sein. So ist z.B. das Stimulus-Response-Modell der behavioristischen Lerntheorie eine Darstellung, um Einwirkungen eines Reizes (Stimulus) in seiner Wirkung (Respon-

---

22 Andere neuere, z.B. an die Systemtheorie angelehnte Ansätze der Wirtschaftswissenschaft (u.a. W. Zapf durch die systemtheoretische Begründung des sozialen Wandels), weisen darauf hin, dass Wirtschaft und Gesellschaft sich in einem sich gegenseitig bedingendem Entwicklungsprozess befinden. Man geht von einem Systembezug aus, der darin begründet ist, „... dass die Ökonomie lediglich ein Subsystem darstellt, welches zusammen mit anderen Subsystemen, etwa dem Rechtssystem, der Technik oder der Umwelt, das gesellschaftliche Gesamtsystem bildet" (Engelkamp/Sell 2005, S. 3f). Zur Gültigkeit und Anspruch von Naturgesetzen vgl. auch Kromphardt/Clever 1979, S. 39f.

23 Von Martial bezieht sich an dieser Stelle in seinen Ausführungen auf Stachowiak, H. (1973), Allgemeine Modelltheorie, Wien.

se) in Bezug auf eine Verhaltensreaktion beim Individuum abzubilden. Eine Landkarte von Nordrhein-Westfalen ist hingegen eine modellhafte Darstellung geographischer Gegebenheiten eines Bundeslandes. Die Verkürzungen im Modell sind notwendig, wenn entweder ein Zusammenhang nicht hinlänglich und in vollem Umfang bekannt ist, oder aber, wie im Beispiel der Landkarte, wenn einzelne Aspekte aus Sicht des „Modellbauers" weniger zweckmäßig erscheinen.

Daraus folgt, dass Modelle eine pragmatische Funktion besitzen können. Sie sind subjektabhängig insofern, dass sie vom Wissen, den individuellen Denkstrategien sowie dem Forschungsinteresse des „Modellbauers" abhängig sind. Hinzu kommt eine zeitliche Determinante. „Die Zeitabhängigkeit von Modellen kommt auch darin zum Ausdruck, daß das Original, das durch das Modell abgebildet werden soll, sich in der Zeit verändern kann." (von Martial 2002, S. 121). So sind z.B. Straßenkarten des Landes NRW aus den 60er Jahren mit an Sicherheit grenzender Wahrscheinlichkeit kein geeignetes Modell mehr für heutige Straßenführungen. Jedoch erfüllen sie immer noch den Zweck, beispielsweise einen Überblick über die Anzahl und Verteilung der Städte in NRW zu geben. Die Zweckhaftigkeit von Modellen zeigt sich zudem im Zusammenhang ihrer Erstellung und nicht nur in dem ihrer Verwendung. Die Erstellung eines Modells kann z.B. einem Lehrzweck zur Erleichterung des Zugangs zum Thema für den Lernenden, aber auch einem Forschungszweck dienen.

Der wirtschaftswissenschaftliche Modellbegriff

Aufgrund des wechselseitigen Einflusses von Raum- und Zeitdeterminanten auf wirtschaftliche Entwicklungen kann, anders als z.B. in den Naturwissenschaften, innerhalb der Wirtschaftswissenschaften die Gültigkeit von Forschungsergebnissen weniger generell, sondern nur in Bezug auf die vorgefundenen räumlichen und zeitlichen Faktoren innerhalb eines historischen Wandlungsprozesses angenommen werden. Aus diesem Grund bedient sich die Wirtschaftswissenschaft eines spezifischen Modellbegriffs. Innerhalb der Wirtschaftswissenschaften versteht man unter einem Modell eine vereinfachte Darstellung der Wirklichkeit (Varian 1999, S. 1). Modelle sind deshalb „vereinfachte Abbilder realer Vorbilder (…) Diese realen Vorbilder sind aber nicht wie in der Naturwissenschaft Ausschnitte aus der vom Menschen unabhängigen physischen Welt, sondern aus der von den Entscheidungen der Menschen abhängigen „Welt der Wirtschaft". Die Wahl des Ausschnitts bzw. der Grad der Vereinfachung des Abbildes ist eine Frage des Zweckes, dem das Modell dienen soll." (Eichhorn 1979, S. 60)

Ein ökonomisches Modell ist ein System von Definitionen und Annahmen, „… mit denen der Wissenschaftler seinen Forschungsgegenstand in überschaubarer Weise zu erfassen versucht." (Kromphardt 1982, S. 906) Es stellt aus diesem Grund eine Abstraktion der Realität dar. Es enthält Annahmen, die dem Autor für seine Analyse zweckmäßig erscheinen. Da sich ökonomische Modelle keiner empirischen Überprüfung unterziehen müssen, wird häufig kritisiert, dass die „analytische Eleganz" des Modells und weniger die tatsächliche Leistung der Vorhersage von Ereignissen bei der Bemessung ihrer Leistungsfähigkeit eine Rolle spielt (Blaug 1992, S. 243f).

Wichtige Grundannahmen in einem ökonomischen Modell
Die in den heutigen wirtschaftswissenschaftlichen Modellen Verwendung findenden Prinzipien der Optimierung und des Gleichgewichts gehen auf Smith zurück. Das Optimierungsprinzip geht davon aus, dass Individuen immer bestrebt sind, die für sie optimalen Bedingungen zu erreichen. Ein ökonomisches Gleichgewicht ist ein Modellzustand, „(…) bei dem die auf ihn einwirkenden Kräfte sich gegenseitig ausbalancieren, so dass bei unveränderten Kräfteverhältnissen dieser Zustand erhalten bleibt." (Kromphardt 1982, S. 907) So passen sich z.B. im Modell des Marktgleichgewichts die Preise bis zu dem Zeitpunkt an, bis die nachgefragte Menge gleich der angebotenen Menge eines Gutes X ist. Es entsteht der sog. Gleichgewichtspreis. Die Untersuchung der Auswirkung einer kleinen Änderung eines Parameters auf den Gleichgewichtszustand im Modell bezeichnet man als Marginalanalyse[24]. Hierbei gilt die Ceteris-Paribus-Klausel, d.h. die Betrachtung der Veränderung erfolgt unter der Annahme „sonst gleicher Bedingungen". Soll eine Theorie empirische Relevanz besitzen, so muss die Ceteris-Paribus-Klausel spezifiziert werden. Diese Spezifikation erfolgt durch die vollständige Angabe aller anderen möglichen Einflussfaktoren (vgl. Kromphardt 1982, S. 908; Edling 2006, S. 6). Der Umfang der betrachteten Faktoren und Wirkungszusammenhänge im Modell reicht von relativ einfachen, auf wenige Einflussfaktoren reduzierten Modellen, wie Preisbildungsmodelle im Oligopol, bis zu komplexeren Totalmodellen[25].

Die heutige Forschungslandschaft der Wirtschaftswissenschaften ist durch

---

24 „Bei der Marginalanalyse beschränkt man sich darauf, nur die Wirkungen von Änderungen zu untersuchen, und zwar von Änderungen, die im Verhältnis zu den Ausgangsgrößen klein sind. Man betrachtet also Wirkungszusammenhänge ‚an der Grenze' (‚at the margin') zwischen dem Ausgangswert der betrachteten Größe und höheren oder niedrigeren Werten. Man fragt z.B., um wieviel ändert sich der gesamtwirtschaftliche Konsum, wenn sich das Einkommen der Arbeitnehmerhaushalte um 1% erhöht?" Kromhardt/Clever 1979, S. 141f.

25 Beispiele für quantitative Totalmodelle sind u.a. J. H. v. Thünen „Der Isolierte Staat" 1826, Léon Walras „Eléments d'economie politique pure" 1874 und 1877 oder F. Grünning „Der Wirtschaftskreislauf" 1933.

„(…) eine verhältnismäßig hohe Entwicklung des theoretischen Instrumentariums und eine ausgiebige Verwendung mathematischer Ausdrucksmittel, die exaktes Denken ermöglichen, sowie Techniken der Modellbildung zu Erklärungszwecken und einen allgemeinen Erklärungsansatz, aber verbunden mit einem zumindest partiellen empirischen Defizit (Nirwana-Ansatz, Modell-Platonismus)" (Albert/Stapf 1979, S. 16), gekennzeichnet. Dabei wird nicht nur das von Albert erwähnte „partielle empirische Defizit" der heutigen Wirtschaftswissenschaften, sondern auch die Praxis der Modellkonstruktion und Verwendung betrachtet. Denn innerhalb der Betriebs- und Volkswirtschaftslehre wird, aus Gründen der Modellkonstruktion, u.a. der Haushalt als Basisinstitution der Wirtschaft auf die Konsumentenrolle reduziert (Piorkowsky 2006, S. 344f; Hopf 2006, S. 354f). So wurde das Modell des „Wirtschaftskreislaufes" zur Grundlage für viele einführende Lehrbücher in den Wirtschaftswissenschaften. Innerhalb dieses Modells wird die Funktion von Haushalten als wirtschaftliche Basisinstitution auf die Konsumentenrolle im Marktgeschehen reduziert, denn das Modell dient als Grundlage der volkswirtschaftlichen Gesamtrechnung (Edling, 2006, S. 8). Begründet wird dies: „Die Haushaltung, mit der wir es bei der Betrachtung der Marktwirtschaft zu tun haben, ist in gewissem Sinne ein ‚Idealtyp‘: Sie produziert nichts ‚im Haus fürs Haus‘ und ist auch mit keinem Betrieb zu einer Einheit verbunden. Vielmehr gibt sie ihre produktiven Leistungen ganz an einen oder mehrere Betriebe ab, bezieht dafür Geldeinkommen und erwirbt mit diesem Geldeinkommen Güter, die zur Deckung ihres Bedarfs benötigt werden. Wir wissen, dass wir mit dieser Beschränkung einen Teil der Wirklichkeit unberücksichtigt lassen; so stellt z.B. die bäuerliche Wirtschaft einen guten Teil ihrer Bedarfsgüter selber her. Aber da es uns um den Aufbau der Marktwirtschaft geht, ist diese Vereinfachung erlaubt." (Stackelberg 1951, S. 107f)

An dieser Stelle wird also argumentiert, dass ein wesentlicher Teil der Realität (berechtigterweise) ausgeblendet wird, um andere Bereiche besser betrachten zu können. Dies ist nicht als „falsch" in dem Sinne anzusehen, dass es aus theoretischer Sicht nicht begründbar wäre. Vielmehr erfordert die Komplexität des Forschungsgegenstandes eine spezielle Forschungsmethodik, die dessen Besonderheiten gerecht wird. Aus diesem Grund ist die „Geschichte der ökonomischen Theorie (…) eine Geschichte des Denkens in Modellen, die im Laufe der Zeit zur Behandlung der verschiedenen Problemstellungen konstruiert worden sind." (Schneider 1965, S. 1)

Allerdings besteht an den Schnittstellen zur Praxis und somit auch im Transfer wirtschaftswissenschaftlicher Forschungsergebnisse in den Unterricht an Hochschulen und Schulen immer das Risiko der Fehlinterpretation von Modellen, wenn diese nicht in ihrem Forschungszusammenhang gesehen und interpretiert werden. Modelle stellen in jedem Fall immer nur eine Abstraktion der Realität dar und speziell wirtschaftswissenschaftliche Modelle müssen sich, wie bereits erwähnt, keiner Realitätsprüfung unterziehen, um Gültigkeit zu beanspruchen. Modell ist, was in sich logisch ist. Das sollte man auch im Unterricht beachten.

2.2.3 Experimente innerhalb wirtschaftswissenschaftlicher Forschungsmethoden

Forschungsmethoden können wissenschaftstheoretisch unterschieden werden nach Methoden der Generierung von Theorien und Hypothesen und Methoden der Überprüfung von Theorien und Hypothesen. Die Methode „Experiment" wird in den Wirtschaftswissenschaften zweifach verwendet. Man unterscheidet Gedankenexperimente von Forschungsexperimenten. Gedankenexperimente werden zur Generierung neuer Hypothesen[26] und Theorien[27] eingesetzt. Forschungsexperimente werden zur experimentellen Überprüfung von Theorien und Hypothesen angewandt.

Gedankenexperimente
Gedankenexperimente erfolgen anhand von Modellen. Innerhalb eines Gedankenexperiments wird sozusagen in Gedanken der Einfluss „der jeweils interessierenden Veränderung auf die jeweils ausgewählten Größen" isoliert (Kromphardt/Clever 1979, S. 147). Dadurch wird es ebenso möglich, die Wirkung variierender Größen nachzuvollziehen.[28] Ein empirisch konstruiertes Gedankenexperiment beruht darauf, dass die frei gewählten Anfangsbedingungen (nachgewiesen) unabhängig von den Wirkungszusammenhängen sind, welche den Ablauf des Experiments bestimmen. Die Wirkungszusammenhänge sind dabei gleichzusetzen mit empirischen Ge-

---

26 Hypothesen werden in dieser Arbeit verstanden als „(...) Behauptungen (Vermutungen) über einen durch die Anwendungsbedingungen räumlich-zeitlich definierten Ausschnitt der Realität, die empirischen Informationsgehalt haben." (Kromphardt 1982, S. 904). Sie bezeichnen eine einzelne Aussage über die Realität.
27 Eine Theorie wird verstanden als „ein System von Aussagen (Sätzen, Lehrsätzen, Theoremen, Hypothesen, Axiomen, Annahmen) über die Gegenstände eines bestimmten Forschungsgebietes." (Eichhorn 1979, S. 80) Da empirische Theorien den Anspruch erheben, Aussagen über die Wirklichkeit zu treffen, müssen sie falsifizierbar sein. (Kromphardt/Clever 1979, S. 73) Dabei wird allerdings überwiegend die Annahme vertreten, dass eine ökonomische Theorie nicht an der Realitätsnähe ihrer Annahmen, sondern an der Qualität ihrer Vorsagen gemessen werden sollte.
28 Die Notwendigkeit von Gedankenexperimenten wurde bisher dadurch begründet, dass eine Durchführung von Experimenten ähnlich der in den Naturwissenschaften nicht möglich sei (Edling 2006, S.6). Die Entwicklung der experimentellen Ökonomie wird sicherlich in diese Argumentation eingreifen.

setzen[29]. Dabei ist „die experimentelle Wahlfreiheit (…) nicht mit Willkür gleichzusetzen." (Wagner 1979, S. 120) In den Lehrbüchern werden Gedankenexperimente beispielsweise so formuliert: Erhöht man den Preis für ein Gut X, so sinkt ceteris paribus die Nachfrage für dieses Gut um einen Wert Y. Neben Gedankenexperimenten sind statistisch-ökonometrische[30] und statistisch-historische Untersuchungen Methoden zur Generierung und Überprüfung wirtschaftswissenschaftlicher Theorien und Hypothesen. Weiterhin greifen die Wirtschaftswissenschaften, wie auch andere Wissenschaften, auf die Methoden der Hermeneutik und Dialektik zurück[31].

Forschungsexperimente

Die Überprüfung von Theorien und Hypothesen auf logische Konsistenz[32] ist in ihrer Notwendigkeit methodologisch in den Wirtschaftswissenschaften unumstritten. Nicht alle Autoren meinen aber, dass überprüft werden muss, ob Theorien mit der Realität vereinbar sind (u.a. Kromphardt 1982, S. 911; Eichhorn 1979, S. 100f)[33]. Forschungsexperimente werden zur Überprüfung von Theorien und Hypothesen eingesetzt. Weitere Methoden sind, neben der reinen Überprüfung auf logische Konsistenz (Widerspruchsfreiheit), die Überprüfung auf Vereinbarkeit mit der Realität durch statistisch-ökonometrische Überprüfungen. Forschungsexperimente können als eine Alternative zu statistischen Tests mit Felddaten gesehen werden (Ortmann/Colander 1995, S. 2). Bis zur Generierung der experimentellen Forschungsmethode für die Wirtschaftswissenschaften war die Ökonometrie die vorherrschende Methode. Diese ermittelt aus einem gegebenen Datenmaterial statistische Zusammenhänge und leitet daraus Hypothesen ab (z.B. über den Zusammenhang von Haushaltseinkommen und -verbrauch), welche nicht nur für den gewählten Beobachtungszeitraum gelten. „Bei den ökonometrischen Modellen, z.B. den ökonometrischen Konjunkturmodel-

---

29   „Darüber hinaus enthalten empirische Gedankenexperimente auch Sätze, die Einzelsachverhalte feststellen. Solche Daten sind stets mit den Gesetzen empirisch vereinbar (…)." (Wagner 1979, S. 120)
30   Als Datenquelle dienen hierbei Daten der amtlichen und nichtamtlichen Statistiken, als auch der zu Forschungszwecken eigens gesammelten Daten.
31   Zum Begriff der Hermeneutik als Verfahren der Auslegung und Erklärung von Texten: vgl. auch Kron 1999, S. 208ff. Die Dialektik bezeichnet eine Arbeitsmethode, welche eine gegebene Ausgangsposition durch These und Antithese in Frage stellt. Über die Synthese beider Positionen soll der Forscher zu einer Aussage höherer Art gelangen, vgl. auch ebd., S. 229ff.
32   Gemeint ist die Überprüfung auf Widerspruchsfreiheit (Anm. d. Verf.).
33   Weitere Ausführungen zur erkenntnistheoretischen Problemsituation der Ökonomik und dem Kritischen Rationalismus vgl. Meyer 1979, S. 28ff. Zur Entwicklung wirtschaftswissenschaftlicher Forschungsmethoden seit dem 19. Jahrhundert vgl. Blaug (1992).

len für die Konjunkturerklärung und -prognose, werden diese Hypothesen dann häufig zu recht umfangreichen Theorien zusammengefasst. Diese ökonometrischen Hypothesen und Theorien können anhand von Daten über einen Zeitraum ebenso überprüft werden wie andere Theorien und Hypothesen auch." (Kromphardt/Clever 1979, S. 182) Der Nachteil dieser Methode ist, dass sie aus Daten aus einem bereits vergangenen Zeitraum Prognosen für die Zukunft ableiten muss. Durch die Entwicklung von Forschungsexperimenten, die unabhängig von Zeit-Raum-Bedingungen eine Datengenerierung ermöglichen, soll diese Lücke geschlossen werden. Denn „um Tatsachen zu erhalten, die für die Identifikation und Spezifikation der in der Natur wirkenden Prozesse relevant sind, ist es allgemein notwendig, direkt zu intervenieren, zu versuchen, den jeweils zu untersuchenden Prozess zu isolieren und die Effekte der anderen zu eliminieren. Kurz, es ist notwendig, Experimente durchzuführen." (Chalmers 2001, S. 26) Aus diesem Grund beschäftigen sich Organisationen wie die Economic Science Association (ESA) mit der Etablierung der experimentellen Wirtschaftsforschung. Diese sieht "economics as an observational science, using controlled experiments to learn about economic behavior."[34]

2.3 Laboratory Experiments – Ökonomische Experimente als Forschungsmethode

2.3.1 Definition und historische Entwicklung von Forschungsexperimenten

Das Experiment (lat. experire = versuchen, erproben) meint eine empirische Prozedur, „(...) mit der nach bestimmten Regeln (bestimmt über die experimentelle Methode) und unter Verwendung bestimmter Techniken (experimenteller Techniken) wissenschaftliche Erfahrungen gewonnen werden können." (Schulz et. al. 1981, S. 15)[35]

Die Auswahl *experimenteller Techniken* dient der Sicherstellung einer

---

[34] Mitglieder der ESA sind namhafte Wissenschaftler, unter ihnen John Kagel und Ernst Fehr. Diese sind gleichzeitig Mitherausgeber der vierteljährlich erscheinenden Zeitschrift Experimental Economics. Weitere Informationen unter: www.economicscience.org. Al Roth, Professor an der Universität Harvard, bietet auf seiner Website umfassende Literatur zur Entwicklung der experimentellen Wirtschaftsforschung an, http://kuznets.fas.harvard.edu/~aroth/alroth.html.

[35] Zur Betrachtung des Experiments in den Wirtschaftswissenschaften bietet sich diese Unterscheidung von experimenteller Methode und experimenteller Technik (in Anlehnung an die Psychologie) an, da die Entwicklung der experimentellen Forschungsmethode in den Wirtschaftswissenschaften mit Rückgriff auf die experimentellen Methoden der Psychologie erfolgte, bzw. immer noch erfolgt (Frey 1990, S.31).

adäquaten Anwendung, Kontrolle und Beobachtung der Ergebnisse. Der Begriff der *experimentellen Methode* beschreibt den idealtypischen Ablauf eines Experiments in die Arbeitsschritte: Bildung einer Hypothese, Ableitung überprüfbarer Konsequenzen aus der Hypothese, Durchführung des Experiments, Dokumentation und Interpretation der Ergebnisse. Dabei spielt auch die Auswahl der Versuchsanordnung eine Rolle. Durch die Auswahl einer geeigneten Versuchsanordnung können im Experiment die Einflüsse, die nicht Gegenstand der Untersuchung sind, ausgeschaltet und/oder kontrolliert werden (Kromphardt 1982, S. 911). Dies ermöglicht eine gezielte, isolierte Betrachtung einzelner Einflussgrößen (Berninghaus/Ehrhart et al., S. 446). „Im Experiment werden die Bedingungen (bedingende Sachverhalte) verwirklicht, unter denen ein bestimmter in den Deduktionen einer Hypothese vorausgesagter Sachverhalt beobachtbar sein sollte. (…) Treten die Sachverhalte ein, wie vorhergesagt, so ist die Hypothese bestätigt, und die neuen Sachverhalte ergeben mit den schon vor der Deduktion bekannten eine verbreiterte Basis der Hypothese. Der andere Fall, wenn die Beobachtungen nicht im Bereich der Deduktion liegen, führt zu einer Neuordnung der nun vermehrt bekannten Sachverhalte, zum Neubeginn des Erkenntnisprozesses." (Schneider 1978, S. 35)

Innerhalb der Sozialpsychologie und den Naturwissenschaften haben Experimente als Forschungsmethode eine lange Tradition (Eichberger 2004, S. 314)[36]. In den Wirtschaftswissenschaften werden ökonomische Theorien erst seit den 60er Jahren unter kontrollierten Bedingungen experimentell überprüft (Davis/Holt 1993, S. 4)[37]. Noch in den 80er Jahren war die experimentelle Forschungsmethode in den Wirtschaftswissenschaften nicht allgemein anerkannt. So schreibt Möller: „Als besonderer Nachteil der Wirtschafts- und Sozialwissenschaften gilt, dass im Gegensatz zu vielen Naturwissenschaften, Experimente nicht möglich sind. Gleichwohl ist neuerdings der Versuch unternommen worden, zumindest in einzelnen Bereichen der VWL (z.B. Oligopoltheorie und Theorie der Verhandlungen) Experimente

---

36 In der Pädagogik ging die Entwicklung der experimentellen Forschungsmethode unter dem Begriff der „Experimentellen Pädagogik" seit 1900 von Ernst Meumann und Wilhelm August Lay aus. 1905 gründeten sie gemeinsam die Zeitschrift „Experimentelle Pädagogik".

37 Vernon Smith erhielt, zusammen mit Daniel Kahnemann, 2002 den Nobelpreis für seine Leistungen zur experimentellen Überprüfung wirtschaftstheoretischer Vorhersagen. Er konnte zeigen, dass die Idee der Markträumung zum Marktpreis eine gute Vorhersage zur Dynamik bei Doppelten Auktionsmärkten darstellt. Daniel Kahnemann wurde für seine Beiträge zur Integration psychologischer Forschung in die Wirtschaftswissenschaften u.a. im Zusammenhang von Entscheidungen unter Unsicherheit ausgezeichnet. Reinhard Selten, der die experimentelle Methode zunächst als explorative Methode nutzte, erhielt 1994 den Nobelpreis für seine Arbeiten zur Spieltheorie.

zu veranstalten – zunächst mit dem Ziel, existierende Theorien zu testen, und später auch, um realistische Verhaltenshypothesen abzuleiten. Diese experimentelle Wirtschaftsforschung (Sauermann und Mitarbeiter) befindet sich noch im Anfangsstadium und ihre weitere Entwicklung bleibt noch abzuwarten." (Möller 1982, S.884) Ende der 90er Jahre konstatierten Ortmann/Scroggins: „By most accounts, game theory and experimental economics are important and far-reaching theoretical innovations (…), yet they have been slow in finding their way into textbooks." (Ortmann/Scroggins 1996, S. 92) Zum heutigen Zeitpunkt existieren entgegen dieser Erwartungen an einer sehr großen Anzahl wirtschaftswissenschaftlicher Lehrstühle Labore zur experimentellen Prüfung oder Exploration von Theorien und Hypothesen zu einer Bandbreite an Themenbereichen der Wirtschaftswissenschaften[38]. „Experiments are now commonplace in industrial organization, game theory, finance, public choice, and other microeconomic fields. Some aspects of macroeconomic theory recently have been examined experimentally, although full-scale macroeconomic experiments do not seem feasible for budgetary and political reasons." (Friedman/Sunders 2002, S. 2) „Experimental economics has come a long way from its beginnings and is now recognized as a valuable item in the economist's toolkit." (Ortmann/Scroggins, 1996, S. 96)

Der Grundstein zur Entwicklung der experimentellen Ökonomie in Deutschland wurde vor allem durch frühe Arbeiten in den 60er Jahren von Sauermann und Selten im spieltheoretischen Kontext gelegt. In den USA prägte zur gleichen Zeit Vernon Smith die Anfänge der experimentellen Forschungsmethode. Er setzte, im Gegensatz zu seinen deutschen Kollegen, die Methode ein, um die Vorhersagen der Wirtschaftstheorie zu prüfen. So konnte er zeigen, dass die Dynamik in experimentellen Doppelten Auktionsmärkten auf Basis der Theorie der Markträumung zum Marktpreis vorhergesagt werden kann. Reinhard Selten setzte die experimentelle Forschungsmethode zunächst vor allem explorativ ein. Ausgehend von seinen Arbeiten haben sich seit den 80er Jahren deutsche Forscher schwerpunktmäßig mit der experimentellen Überprüfung von Entscheidungs- und Spieltheorie beschäftigt[39]. International wird ihre besondere Leistung in der

---

38 Eine Übersicht zu den experimentellen Labors findet sich auf der Website der Gesellschaft für experimentelle Wirtschaftsforschung unter www.experimental-economics.org, in Friedman/Sunders 1994, S. 207-210 und unter der Website von Alvin Roth, einem der Mitherausgeber des Handbook of Experimental Economics, http://kuznets.fas.harvard.edu/~aroth/alroth.html#exservers. Übersichten zum experimentellen Ansatz in der Ökonomik in Roth (1988) und Smith (1989), weiterhin Butler/Hey (1987).

39 Heute beschäftigt sich sein Laboratorium für experimentelle Wirtschaftsforschung an der Universität Bonn u.a. mit den Schwerpunkten: Verhandlungen, Industrieökono-

Weiterentwicklung eines Verhaltensmodells beschränkter Rationalität angesehen, welches sich gegen die Grundannahme rationalen Verhaltens im neoklassischen Modell des Homo Oeconomicus richtet (Friedman/Sunders 1994, S. 127)[40]. Insgesamt finden sich im Forschungsbereich Experimente am häufigsten, in denen die Teilnehmer in Verkaufssituationen und Auktionen interagieren (Eichberger 2004, S. 314). "But experimentation changes the way you think about economics. If you do experiments you soon find that a number of experimental results can be replicated by yourself and by others. As a consequence, economics begins to represent concepts and propositions capable of being failing to be demonstrated. Observation starts to loom large as the centerpiece of economics. Now the purpose of theory must to be track, but also predict observations, not just "explain" facts ex post hoc, as in traditional economic practice, where mere facts may be little more than stylized stories." (Smith 1989, S. 152)

Die experimentelle Forschungsmethode ermöglicht somit den Wirtschaftswissenschaften, Theorien und Hypothesen einer empirischen Prüfung unter kontrollierten Bedingungen im Labor zu unterziehen, z.B. zur Entstehung und Entwicklung von Institutionen (ebd., S. 157) und die Generation neuer Arbeitshypothesen[41]. Unterschieden werden in den Wirtschaftswissenschaften, in der überwiegend in englischer Sprache verfassten Literatur, die Begriffe der laboratory experiments (= Laborexperimente) und field experiments (= Feldexperimente). Diese Unterscheidung ist identisch mit der in den Sozialwissenschaften üblichen Unterscheidung von Experimenten gemäß der Kontrolle der Versuchsbedingungen im Labor oder „im Feld", d.h. in der von den Versuchspersonen als natürlich empfundenen Umwelt[42]. „Incidentally, when I speak of „laboratory experiments", I am not speaking of the location where experiments are conducted, which we will see may be in a casino or an Indian village as well as at university. Rather

---

mik, Auktionen und Märkte, internationale Währungsbeziehungen, interkulturelle Untersuchungen, Verhalten von Gruppen, Vertragstheorie, individuelles Verhalten unter Unsicherheit und der Untersuchung des Verhaltens auf Finanzmärkten. „Der Zweck dieser Forschung ist es, auf den experimentellen Ergebnissen basierende deskriptive Theorien zu finden, die eine Erklärung für das Abweichen des Verhaltens von der normativen Vorhersage ermöglichen." Zitat Armin Falk, Leiter des Laboratoriums für Experimentelle Wirtschaftsforschung, www.bonneconlab.uni-bonn.de/individual.php?id=27, Stand: 01.06.2006.

40 Weitere Ausführungen zur klassischen Ökonomik, deren Programm und Entwicklung vgl. auch Albert, H. 1978, S. 52f.
41 Vgl. u.a. DeYoung 1993, S. 335; Falk/Fehr 2003, S. 399.
42 In dieser Arbeit werden ökonomische Experimente gleichbedeutend mit Laborexperimenten verwendet. Zu Feldexperimenten vgl. Friedman/Cassar (2004) oder Harrison/List (2004). Eine methodische Erweiterung stellen z.B. internetgestützte Experimente dar, z. B. Lehrstuhl Ockenfels, Universität Köln.

I am speaking of experiments in which the economic environment is very fully under control of the experimenter, who also has relatively unimpeded access to the experimental subjects. This distinguishes laboratory from "field" experiments, in which relatively few aspects of the environment can be controlled, and in which only limited access to the agents may be available. It is precisely this control of the environment, and access to the agents (sufficient to observe and measure attributes that are not controlled) that give laboratory experiments their power." (Roth 1988, S. 974)

Die für ein ökonomisches Forschungsexperiment in Frage kommenden Versuchspersonen unterscheiden Friedman/Sunders (1994, S. 38) in drei Gruppen: „Wirtschaftspraktiker"[43], Studierende und Schüler bzw. Kursteilnehmer. Zumeist sind die Versuchspersonen Studierende der Wirtschaftswissenschaften[44]. Die Gründe hierfür sind zum einen, dass diese einfach zu rekrutieren und Experimente somit kostengünstig durchführbar sind (Davis/Holt 1993, S. 17). Zum anderen zeichnet sie eine schnelle Auffassungsgabe bezüglich der Abläufe im Experiment aus, was sie für die Auswahl als Versuchspersonen attraktiv macht (Falk/Fehr 2003, S. 401). Die Auswahl von Studierenden als Versuchspersonen wird immer wieder kontrovers in Bezug auf die Generalisierbarkeit der Ergebnisse bei dieser sehr speziellen Gruppe von Versuchspersonen diskutiert. Allerdings wird angemerkt, dass „the behavior of decision makers recruited from naturally occuring markets has been examined in a variety of contexts (…) Behavior of these decision makers has typically not differed from exhibited by more standard (and far less costly) student subject pools." (Davis/Holt 1993, S. 17) Somit sei, so die Autoren weiter, die externe Validität gewährleistet[45].

2.3.2 Die experimentelle Methode in Laborexperimenten

Die experimentelle Methode meint eine „Art und Weise, in der erfahrungswissenschaftliche Hypothesen einer empirischen Überprüfung unterzogen

---

43 Gemeint sind Wirtschaftsfachleute, professionelle Verkäufer, Manager etc.
44 Ausnahmen sind z.B. die Forschungsarbeiten von Güth/Schmidt/Sutter (2002) und Harbaugh/Krause/Liday (2002). Harbaugh/Krause/Liday arbeiten mit Kindern und Jugendlichen als Versuchspersonen, um Unterschiede im Verhalten im Vergleich zu Erwachsenen feststellen zu können. Die Versuchsmaterialien sind an die Auffassungsgabe von Kindern und Jugendlichen unterschiedlichen Alters angepasst.
45 Die externe Validität der experimentellen Vorgehensweise wird auch aus anderen Gründen angezweifelt. Hauptsächlich wird kritisiert, dass Experimente nicht die Komplexität realer Sachverhalte abbilden können und somit keine Generalisierbarkeit der Ergebnisse erreichbar wären. Moser/Wolff/Kraft (2003, S. 251) weisen jedoch darauf hin, dass Experimente der isolierten Betrachtung einzelner Phänomene dienen, die allgemein gültige und nicht auf eine spezielle Institution ausgerichtete Ergebnisse zum Ziel haben sollten. Für den Unterricht könnte gerade darin ein Vorteil liegen.

werden." (Schulz et al. 1981, S. 15) Die Überprüfung erfolgt über einer Abfolge von Operationen und Regeln, die sich in drei Hauptschritte zusammenfassen lassen: „... die Ableitung empirisch überprüfbarer Konsequenzen aus einer zu überprüfenden Hypothese, die Durchführung eines Experiments und die Interpretation und Bewertung der experimentellen Ergebnisse im Licht der Hypothese." (ebd.) Ökonomische Experimente sind ebenfalls durch diese methodischen Schritte gekennzeichnet. Man unterscheidet in der Literatur Marktexperimente, Experimente im Rahmen der Spieltheorie und entscheidungstheoretische Experimente[46]. An diesen Gruppen wird die experimentelle Methode in den nachfolgenden Schritten näher erläutert.

Marktexperimente

Marktexperimente befassen sich u.a. mit der Preisbildung auf Märkten in Abhängigkeit von der jeweiligen Marktform, der Reaktion von Käufern und Verkäufern bei Preiserhöhung und der Einführung von Steuern, sowie der Entwicklung der Nachfrage. Das erste in der Literatur beschriebene *Marktexperiment* führte Chamberlain 1948 an der Harvard University mit seinen Studierenden durch[47]. Nach der Weiterentwicklung dieses Marktexperiments durch einen seiner Schüler, Vernon Smith, in den 60er Jahren entwickelte sich eine Gruppe von Marktexperimenten, welche sich mit den Vorhersagen der neoklassischen Preistheorie beschäftigten (Davis/Holt 1993, S. 5). Bei der ursprünglich von Smith gewählten Experimentform handelt es sich um eine sog. Double Oral Auction[48]. Diese ist gekennzeichnet dadurch, dass „bids and offers are made publicly and all transactions are cleared through a central auctioneer. This enabled participants to use their experience of market outcomes from previous rounds in deciding their actions in later rounds. Smith discovered that usually by the second or third round, prices and quantities were strikingly close to competitive equilibrium values." (Bergstrom/Miller 1997, S. XI)

Marktexperimente folgen einem typischen Verlauf[49]: Bestimmte Annahmen, wie beispielsweise vollständige Information, homogene Güter und gleiche Anzahl von Anbietern und Nachfragern, werden in experimentellen Designs umgesetzt. Die Preisanpassung erfolgt nach der Theorie bis zu dem

---

46 Es gibt inhaltliche Überschneidungen zwischen diesen Gruppen. Für die Beschreibung und Verwendung im Unterricht ist die Gliederung nach inhaltlichen Gesichtspunkten jedoch sinnvoll. Weiterhin dient diese Unterscheidung auch in vielen Fachartikeln einer Gliederung der Ergebnisse der experimentellen Ökonomik vgl. auch Roth 1988, S. 975ff; Davis/Holt 1993, S. 5ff.
47 Vgl. hierzu Friedman/Cassar 2004a, S.83 ff.
48 Im Gegensatz zu Auktionen, bei denen nur eine Marktseite Gebote abgibt.
49 Vgl. auch Davis/Holt 1993, S. 9ff.

Zeitpunkt, an welchem sich die angebotene und die nachgefragte Menge eines Gutes entsprechen. Die Überprüfung der Theorie erfolgt zumeist in einem Labor. Die Versuchspersonen werden dort in zwei Gruppen von Käufern und Verkäufern eingeteilt. Beide Gruppen erhalten unterschiedliche Angaben bezüglich ihrer Produktionskosten (Verkäufer = Anbieter) bzw. finanziellen Ausstattung (Käufer = Nachfrager) zum Erwerb eines fiktiven Gutes[50]. Mehrere Marktrunden werden durchlaufen, in denen Käufer und Verkäufer Verhandlungen führen und das beschriebene Gut kaufen bzw. verkaufen dürfen. Der Gewinn der Verkäufer ist die Differenz zwischen dem Verkaufspreis und den vorgegebenen Produktionskosten. Der Gewinn der Käufer ist die Differenz zwischen dem Preis und dem Reservationspreis. Die Produktionskosten bzw. der Reservationspreis sind nur den einzelnen Personen bekannt. Kommt es zu einem Vertragsabschluss (Kauf bzw. Verkauf) zwischen Käufer und Verkäufer, wird der ausgehandelte Preis durch den Versuchsleiter für alle anderen Versuchspersonen sichtbar dokumentiert (z.B. an einer Tafel).

Bei der Interpretation der Daten werden diese nun mit der theoretischen Vorhersage verglichen. Üblicherweise kann nach mehreren Handelsrunden zwischen den Personen gezeigt werden, dass sich der Preis, bei welchem es zwischen den Versuchspersonen zu einem Vertragsabschluss kommt, immer mehr dem Gleichgewichtspreis annähert, der von der Theorie vorhergesagt wird. Als Anreiz für die Teilnahme am Experiment werden Auszahlungen gemessen am ökonomischen Erfolg im Experiment gewählt. Dieser kann z.B. darin bestehen, dass die Versuchspersonen jeweils eine Auszahlung in Euro in Höhe des erwirtschafteten Gewinnes im Experiment erhalten.

Spieltheoretische Experimente

Der zweite Bereich der experimentellen Ökonomie entstand im Zusammenhang mit der *Spieltheorie*. Als Begründer der Spieltheorie gelten John von Neumann und Oskar Morgenstern durch ihr Werk „The Theory of Games and Economic Behavior" von 1944. Das Hauptanwendungsgebiet der Spieltheorie ist der Bereich der Analyse von realen Situationen in der Wirtschaft, aber auch im Bereich des Militärs. Praktische Relevanz erfährt die Spieltheorie unter anderem im Bereich der Politikberatung als Instrument zur Unterstützung der Wirtschaftspolitik (Berninghaus/Ehrhart et. al. 2002, S. 441).

Die Spieltheorie geht davon aus, dass Alltagshandeln von strategischen Überlegungen der Individuen über die eigenen Handlungsalternativen und

---

50 Im Experiment wird üblicherweise mit einer fiktiven Währung gehandelt.

Handlungsalternativen der anderen Beteiligten beeinflusst ist. Wenn die Reaktionen der anderen in den eigenen Entscheidungen berücksichtigt bzw. antizipiert werden, spricht die Spieltheorie diesbezüglich von einem „strategischen Spiel". Sie ist eine mathematische Theorie zur Analyse von zielgerichtetem, menschlichen Verhalten in „strategischen" Entscheidungssituationen. Rationale Entscheidung, d.h. die Wahl der bestmöglichen Handlungsalternative, genannt Strategie[51], ist das Forschungsfeld der Spieltheorie (Dixit/Skeath 1999, S. 14). Experimente zur Spieltheorie untersuchen, u.a. inwiefern Einstellungen und Normen, Neid und Fairness sowie die Erwartungen in Bezug auf die Belohnung von Kooperationsbereitschaft durch den Gegenspieler einen Einfluss auf ökonomische Entscheidungen haben können[52]. Populäre Beispiele für strategische Spiele sind das sogenannte „Ultimatum Spiel" und das „Gefangenen-Dilemma".

Das „Ultimatum-Spiel" beschreibt folgendes Szenario: Eine Summe X, z.B. eine Erbschaft von 1.000 Euro, soll zwischen zwei Personen aufgeteilt werden. Person 1 macht ein Angebot über die Verteilung der 1.000 Euro auf beide Personen. Person 2 kann diese Entscheidung annehmen oder ablehnen. Lehnt sie ab, gehen beide leer aus. Nimmt sie die Verteilung an, erhalten beide die von Person 1 vorgeschlagenen Summen[53].

Nach der Grundannahme des Homo Oeconomicus müsste Person 2 jeder beliebigen Verteilung des Geldes zustimmen, bei der sie besser als zuvor gestellt ist (d.h. einer Auszahlung $X>0$) und Person 1 müsste die vorhersehen und im Experiment den maximal möglichen Anteil für sich selbst vorschlagen. Experimentelle Untersuchungen haben allerdings gezeigt, dass diese Verteilungsvorschläge nur in seltenen Fällen gemacht werden. Person 2 akzeptiert in dem überwiegenden Teil der Experimente lediglich Zahlungen über mindestens 30% der insgesamt zu verteilenden Summe. Die Ergebnisse sind von der Häufigkeit der Spielrunden und davon abhängig, ob die Versuchspersonen wissen, dass sie in weiteren Spielrunden mit dem gleichen Partner spielen werden und ob die Rollenverteilung variiert. Vor allem aber spielen persönliches Kalkül, soziale Normen und Einstellungen, wie Fairness oder Neid, eine Rolle (Schmitt 2004, S. 49). Wird das Spiel über

---

51 Manche Wissenschaftler (z.B. Mathias Erlei, TU Clausthal) unterscheiden hier streng. Strategie ist danach die vorher festgelegte Abfolge von Aktionen (Handlungsalternativen) in bestimmten Situationen.

52 Ein Ergebnis der empirischen und insbesondere der experimentellen Überprüfung spieltheoretischer Vorhersagen ist die Einsicht, das Modell des Homo Oeconomicus durch ein Menschenbild mit beschränkter Rationalität zu ersetzen.

53 Dieses Experiment wurde 2001 in Form eines sog. „Zeitungsexperimentes" in Zusammenarbeit zwischen dem Max-Planck-Institut zur Erforschung von Wirtschaftssystemen und der ZEIT durchgeführt. 5558 Leser beteiligten sich an diesem Gewinnspiel (Güth/Schmidt/Sutter 2002).

mehrere Runden durchgeführt, spielt ebenfalls die Erwartung eine Rolle, inwiefern die Kooperationsbereitschaft vom Mitspieler belohnt wird. Praktische Relevanz erfahren Ultimatum-Spiele bei Tarifverhandlungen und bei der Bildung von Allianzen.

Das „Gefangenen-Dilemma" beschreibt ein strategisches Spiel, bei dem die Wahl dominanter Strategien zu einem Pareto-Suboptimum[54] führt[55]. Der Name des Spiels geht auf folgendes Szenario zurück: Zwei Personen, die ein Verbrechen gemeinsam begangen haben, werden unabhängig von einander polizeilich verhört. Sie haben beide zwei mögliche Strategien, in dem sie entweder die Tat leugnen oder gestehen. Die Höhe der aus ihrer Entscheidung resultierenden Strafe ist abhängig von der Aussage der jeweils anderen Person, die jedoch unbekannt ist. Die Spieltheorie nutzt zur Veranschaulichung eines solchen Entscheidungsproblems die Darstellungsform einer so genannten „Auszahlungsmatrix" (s. Abb. 3). In ihr werden sowohl mögliche Aussagen der beiden Verbrecher, als auch die möglichen Folgen ihrer Aussagen in ihrer Abhängigkeit voneinander dargestellt. Die „Folgen" des Verbrechens sind in diesem Fall die Anzahl der Jahre, die die Beteiligten in Haft verbringen müssen. Die Anzahl der Jahre hängt sowohl von der eigenen Entscheidung als auch von der Entscheidung des Komplizen ab, die Tat zu „gestehen" oder zu „leugnen".

Abb. 3: Typische Auszahlungsmatrix beim Gefangenen-Dilemma

		Spieler B	
		Gestehen	**Leugnen**
Spieler A	**Gestehen**	4/4	0/7
	Leugnen	7/0	1/1

Quelle: Eigene Darstellung

---

54 „Das Pareto-Kriterium besagt, dass es unmöglich ist, durch eine Veränderung in der Verteilung der Ressourcen eine Person besser zu stellen, ohne die Interessen einer anderen Person zu verletzen. Anders ausgedrückt heißt dies, dass keine Ressourcen verschwendet werden." (Askildsen 2003, S. 155)
55 Für ausführlichere Beschreibungen vgl. Kagel/Roth 1995, S. 26 ff.

Die Abbildung veranschaulicht diese „Auszahlungen" und ist wie folgt zu interpretieren: Aus Position des Spielers A ist für diesen die beste Entscheidung, falls Spieler B die Tat gesteht, diese ebenfalls zu gestehen. Würde er die Tat leugnen, hätte dies für ihn sieben Jahre Haft zur Folge. Gestehen beide, erhalten beide vier Jahre Haft. Leugnet hingegen Spieler B die Tat, wäre es für Spieler A am besten, diese zu gestehen, da er dann keine Haftstrafe verbüßen muss. In der Formulierung der Spieltheorie ist somit das „Gestehen" der Tat von Spieler A die dominante Strategie, da er sich mit ihr für jede Entscheidung von B besser stehen wird als mit dem „Leugnen".

Die durch das Gefangenen-Dilemma beschriebenen Entscheidungssituationen sind in der Praxis weiterhin u.a. bei der Produktion öffentlicher Güter (z.B. Umweltschutz), der Problematik der Ressourcenübernutzung (z.B. der Überfischung der Meere) und der Kostenexplosion im Gesundheitswesen vorhanden (Weise 2002, S. 107; Ortmann/Scroggins 1996, S. 94). In diesen Bereichen steht eine für das Individuum „beste Wahl einer Entscheidung" einer Strategiewahl entgegen, welche alle anderen ebenso besser stellen würde. „Es ist nicht die Regel, sondern vielmehr die Ausnahme, dass individuell rationales Handeln automatisch zu dem bestmöglichen Ergebnis des Kollektivs (Organisation, Gesellschaft) führt." (Weise et. al. 2002, S. 107) „In sum, game theory offers a new way of looking at a number of old issues. It does so by stressing the persuasive nature of strategic interaction and the impact of information in a variety of contexts. Equally important, the incorporation of game theory allows many microeconomic concepts to be built from a relatively small number of key principles and games." (Ortmann/Scroggins 1996, S. 94)

Entscheidungsexperimente

In einer dritten Gruppe von Experimenten, den sog. *individual decision making experiments* liegt der Fokus „on individual behavior in simple situations in which strategic behavior is unnecessary and individuals need only optimize." (Davis/Holt 1993, S. 8) Diese Experimente werden eingesetzt, um die Annahmen der Entscheidungstheorie, d.h. der Entscheidungs- und Handlungsstrategien von Individuen unter Unsicherheit zu überprüfen (ebd., S. 9)[56]. Im Experiment müssen die Versuchspersonen wählen zwischen Handlungsalternativen, die nicht so sehr strategische Überlegungen über die Entscheidungen Dritter, sondern vor allem die Auswahl zwischen

---

[56] Im spieltheoretischen Sinn versteht man unter Unsicherheit Risiko und Ungewissheit aufgrund von „unvollständiger Information". Dabei spricht man von Risiko, wenn eine Angabe zur Wahrscheinlichkeit eines eintreffenden Ereignisses möglich ist. Ungewissheit bezeichnet den Zustand, wenn die Angabe einer Wahrscheinlichkeit für das eintreffende Ereignis nicht angegeben werden kann (Varian 1999, S. 204).

sicheren oder unsicheren Auszahlungen, sog. „Lotterien", voraussetzen. Dabei zeigt sich nach experimentellen Befunden, dass zum einen die persönliche Risikoneigung, zum anderen die nicht rationale Bewertung der Verlust- oder Gewinnrisiken einen Einfluss auf die Entscheidungen hat.

Ein typisches Beispiel für ein solches Experiment ist die Entscheidung zwischen einem sicheren Gewinn von 300 Euro und einer Auszahlung mit p=0,40 von 1.000 Euro. Untersuchungen haben gezeigt, dass Personen insgesamt häufiger die sichere Auszahlung der unsicheren vorziehen. Dies geschieht allerdings in Abhängigkeit von der Darstellung der Alternativen. Wird die Formulierung innerhalb der Darstellung auf den Verlust ausgerichtet, d.h. ein sicherer Verlust von 700 Euro oder ein Risiko mit p=0,60 1.000 Euro zu verlieren, zeigen Untersuchungen, dass mit größerer Wahrscheinlichkeit das ungewisse Spiel und somit das höhere Risiko gewählt werden[57]. Ein weiteres Beispiel der Ergebnisse experimenteller Forschung ist die Erkenntnis, dass im Handel die Akzeptanz einer Preiserhöhung mit dem Empfinden von Fairness zusammenhängt. Untersuchungen zeigten, dass der Kunde den Preis höheren Preis für ein Produkt dann als „fair" wahrnimmt, wenn er ihn als Rücknahme eines sonst üblicherweise gewährten Nachlasses wahrnimmt und nicht als reinen Preisaufschlag (Kirchler 2003, S.38).

2.3.3 Die experimentelle Technik in Laborexperimenten

Hertwig/Ortmann (2001) betonen vier grundsätzliche methodische Unterschiede in Bezug auf die experimentelle Technik zwischen den Wirtschaftswissenschaften und der Psychologie: Handlungsanweisungen, Häufigkeit der Durchführung, Vergütung als Anreiz zur Teilnahme am Experiment in Abhängigkeit des wirtschaftlichen Erfolges im Experiment und das Untersagen der Täuschung der Versuchspersonen (Hertwig/Ortmann 2001, S. 385)[58].

Im Gegensatz zu psychologischen Forschungsexperimenten werden die Versuchspersonen in ökonomischen Experimenten durch präzise schriftliche Handlungsanweisungen über den Ablauf der Experimente und ihre Funktion bzw. Rolle – z.B. Rolle des Anbieters oder des Nachfragers – im Experiment instruiert. Dies erfolgt u.a. aus Gründen der Wiederholbarkeit des Experiments. Eine schriftliche Instruktion ist dagegen bei psychologi-

---

57 Kahneman/Tversky (1984) beschreiben den Einfluss von „framing effects", welche die Bewertung einer Situation auf Gewinn oder Verlust zur Folge haben, innerhalb der Prospect-Theory in Bezug auf den Entscheidungsprozess.

58 Der in diesem Kapitel beschriebene Unterschied bezieht sich nicht auf den generellen Unterschied zwischen Wirtschaftswissenschaften und Psychologie, sondern lediglich auf den Teil der Psychologie, welcher sich mit verhaltenstheoretischer Entscheidungsfindung, sozialer Kognition und Problemlösen beschäftigt.

schen Forschungsexperimenten als Ausnahme anzusehen. Die dort verwendeten verbalen Erläuterungen sind abhängig von den Experimentatoren, deren Stimmungen und Persönlichkeitsstruktur. Schriftliche Instruktionen, die den Teilnehmern in ökonomischen Experimenten ausgehändigt werden, können dagegen nach Hertwig/Ortmann (2001) als objektive Handlungsanweisungen angesehen werden. Im Vergleich zu psychologischen Experimenten werden ökonomische Experimente (bis auf wenige Ausnahmen) mehrfach, d.h. in mehreren „Runden" durchgeführt. Dieses Vorgehen soll sicherstellen, dass die Versuchspersonen den Ablauf verinnerlicht haben[59]. Um eine möglichst authentische Reaktion der Versuchspersonen zu erreichen, arbeiten experimentelle Ökonomen mit finanziellen Anreizen für die Teilnehmer im Experiment. Die Auszahlungen erfolgen in der Regel in Abhängigkeit vom „ökonomischen Erfolg" im Experiment. Somit wird vorausgesetzt, dass Geld als Anreiz „funktioniert"[60]. Sie sind Teil der Versuchsanordnung und Gegenstand des Experiments. Es gehört zu den methodischen Grundlagen ökonomischer Experimente, dass die Täuschung der Versuchspersonen untersagt ist. Es zeigt sich im Vergleich zur experimentellen Forschung in der Psychologie eine Betonung der Transparenz des Forschungsprozesses[61]. Dies verhindert eine Verunsicherung der Versuchspersonen in der Experimentalsituation.

Induced-value-theory
Die Kontrolle der in der Experimentalsituation betrachteten Größen erfolgt auf der Basis der von Vernon Smith entwickelten induced-value-theory. Diese Theorie geht davon aus, dass es als Versuchsleiter eines Experiments möglich ist, Eigenschaften[62] in die Versuchspersonen durch die Vorgabe

---

59 Das Lernen von Versuchspersonen während der Teilnahme an ökonomischen Experimenten, die durch die wiederholte Durchführung entstehen, und deren Einfluss auf die Ergebnisse der Experimente werden in der Literatur kontrovers diskutiert. Das Lernen in Experimenten ist deswegen gerade in wirtschaftswissenschaftlichen Experimenten von Bedeutung, da ökonomische Experimente in mehreren „Runden" ablaufen, um sicherzustellen, dass die Teilnehmer den Ablauf verstanden haben. Es können „repeated game effects" auftreten. Diese führen u.a. auch bei vollständig rationalen Spielern, nach mehrfacher Wiederholung des Experiments, zur nachträglichen Abweichung von der perfekten (ökonomischen) Strategie im Experiment, vgl. hierzu: Blume/Gneezy (1998), Slembeck (1999), Novarese (2003).
60 Der Einfluss finanzieller Anreize wird in vielen Studien thematisiert und in Abhängigkeit zur Forschungsfrage der Experimente untersucht. In der Mehrheit der untersuchten Fälle hatten finanzielle Anreize im Experiment positiven Einfluss auf das Verhalten der Versuchspersonen (Hertwig/Ortmann 2003).
61 Zur Diskussion der Unterschiede experimenteller Forschung in der Psychologie und den Wirtschaftswissenschaften vgl. Hertwig (1998).
62 Beispielsweise ihre maximale Zahlungsbereitschaft.

bestimmter Rahmenbedingungen zu induzieren, so dass ihre eigenen Charaktereigenschaften bei der Betrachtung ihres gezeigten Verhaltens im Experiment zu vernachlässigen sind. Ein ökonomisches Forschungsexperiment „(...) takes place in a controlled environment. Controlled or otherwise, an economic environment consists of individual economic agents together with an institution through which the agents interact. (...) Agents are defined by their economically relevant characteristics: references, technology, resource endowments, and information. (...) An economic institution specifies actions available to agents and the outcomes that result from each possible combination of agents' actions." (Friedman/Sunders 1994, S. 12)

Die zu testenden ökonomischen Theorien haben drei charakteristische Elemente: Umfeld (environment), Institution (institution) und Verhalten (behavior). „The environment consists of the collection of all agents' characteristics; that is, tastes and technology, which in traditional economics are represented by utility or preference functions, resource endowments and production or cost functions." (Smith 1989, S. 153) Vereinfacht handelt es sich um Angebots- (willingness-to-accept) und Nachfragekurven (willingness-to-pay) von Individuen. „The institution defines the language (messages or actions) of communication" (ebd.), z.B. Angebote der Verkäufer und Gebote der Käufer. „Behavior is concerned with agent choices of messages or actions given the agents' characteristics (environment) and the practices (institutional rules) relating such choices to allocations." (ebd. S. 153) Zur Überprüfung der theoretischen Annahmen beginnen Laborexperimente "(...) with an experimental design which seeks to control the environment using the techniques of induced valuation, and to control the institution by defining the language and the rules under which experimental subjects will be allowed to trade." (ebd. S. 154)

Das heißt, die Kombination von Instruktionen bzw. Handlungsanweisungen und Anreizen im Experiment garantieren die Kontrolle über die Institutionen im Experiment. Diese sind subsummiert unter den Begriffen: *monotonicity, salience* und *dominance. Monotonicity.* „Subjects must prefer more reward medium to less, and not become satiated. (...) *Salience.* The reward Δm received by the subjects depends on her actions (and those of other agents) as defined by institutional rules that she understands. That is, the relation between actions and the reward implements the desired institution, and subjects understand the relation. (...) *Dominance.* Changes in subjects' utility from the experiment come predominantly from the reward medium and other influences are negligible. (...) When the three conditions are satisfied, the experimenter achieves control over agents' characteristics." (Friedman/Sunders 1994, S. 13)

2.3.4 Leistungen und Grenzen der experimentellen Wirtschaftsforschung

Neben der grundsätzlichen Leistung der experimentellen Wirtschaftsforschung, neue Datenquellen zu generieren (Friedman/Sunders 2002, S. 3), liegt der Hauptvorteil jeder experimentellen Überprüfung von Theorien und Hypothesen in der Wiederholbarkeit und der Kontrolle der Einflussfaktoren in den Experimenten selbst (Davis/Holt 1993, S. 14). Die Wiederholbarkeit bezieht sich auf die Möglichkeit für andere Autoren, die Ergebnisse eines Experiments durch den gleichen Versuchsaufbau nachzuvollziehen und die Ergebnisse zu verifizieren. "In any confrontation between theory and observation the theory may work or fail to work. When the theory works it becomes believable in proportion to its predictive 'miracle', instead of only respectable in proportion to its internal elegance or its association with authority. But when it works, you can mightily upon the theory with more challenging ‚boundary' experiments designed to uncover the edges of validity of the theory where certainty gives way to uncertainty and thereby lays the basis for extensions in the theory that increase its empirical content." (Smith 1989, S. 152) In der Ökonomik, wie auch in anderen Sozialwissenschaften, ist dies ein großer Vorteil, da Forschungsdaten, z.B. Daten des Mikrozensus, einem spezifischen Raum-Zeit-Bezug unterliegen. „To a degree, lack of replicability is a problem of any observational inquiry that is non experimental; data from naturally occuring processes are recorded in a unique and nonreplicated spatial and temporal background in which other unobserved factors are constantly changing." (Davis/Holt 1993, S. 14) Experimentell gewonnene Daten in Laborexperimenten können diese Lücke schließen.

Weiterhin produzieren groß angelegte statistische Datenerhebungen sehr hohe Kosten, welche in Experimenten reduziert werden können. Aus diesem Grund handelt es sich bei Datenerhebungen oft um staatliche Erhebungen, wie z.B. die Daten des Mikrozensus oder des Sozioökonomischen Panels (SOEP). Die Kontrolle der Einflussfaktoren ist deshalb von Vorteil, da „in natural markets, an absence of control is manifested in varying degrees. Distinguishing natural data may sometimes exist in principle, but the data are either not collected or collected too imprecisely to distinguish among alternative theories. In other instances, relevant data cannot be collected, because it is simply impossible to find economic situations that match the assumptions of the theory." (ebd., S. 15)

Modelle bilden die Realität vereinfacht ab[63]. Experimente bieten die

---

63 Beispielsweise wird die Preisentwicklung im Modell auf die Betrachtung des Zusammenhanges zwischen angebotener Menge und Preis eines Gutes reduziert. Dies schließt weitere Einflussfaktoren, wie z.B. Modeerscheinungen und Trends aus.

Möglichkeit der Untersuchung unter Ceteribus-Paribus-Bedingungen, welche für den „ökonomischen Modellbau" charakteristisch sind. Nach dem Axiom der Ökonomik steht eine unbegrenzte Anzahl an Bedürfnissen einer nur begrenzten Anzahl an Ressourcen gegenüber, die Entscheidungsprozesse unter dem Aspekt der Ungewissheit zukünftiger Entwicklungen seitens des Individuums erfordern. Der Mensch, nach dem Verhaltensmodell des Homo Oeconomicus, wählt rational aus verschiedenen Güterbündeln jenes, welches ihm den größtmöglichen Nutzen verspricht. Eine der größten Leistungen der experimentellen Ökonomie ist die Korrektur des Menschenbildes, eines rational handelnden und entscheidenden Individuums, zugunsten eines Menschenbildes mit „begrenzter Rationalität". Begriffe wie Bedauern, Neid oder Fairness erweitern heute ökonomische Modelle um psychologische Komponenten bei der Betrachtung ökonomischer Entscheidungssituationen bei Individuen.

Insgesamt konnten bisher durch die Nutzung der experimentellen Forschungsmethode in den Wirtschaftswissenschaften folgende Punkte gezeigt werden: "1. In many situations, neoclassical price theory explains observed behaviour quite well. 2. Institutions matter. 3. Some predictions of game theory describe behaviour well. 4. Other game-theoretic predictions have a more restricted range of application. 5. Even apart from the institutional specification, many results are characterized by a 'gray' area where variables irrelevant of the theory affect outcomes. 6. Our understanding of individual behaviour is incomplete; some recurrent anomalies are fundamental challenges to rational models of behaviour." (Davis/Holt 1993, S. 506ff) Zusammenfassend ist die bislang wichtigste Leistung der experimentellen Ökonomie insgesamt, dass sie die Entwicklung eines Modells der eingeschränkten Rationalität vorangetrieben hat, welche gleichzeitig das Versagen der klassischen ökonomischen Theorie in anderen Kontexten erklärbar machte (Pelzmann 2000, S. 17).

Deshalb sehen manche Autoren im Experiment auch eine Chance für die Lehre. Denn durch Experimente kann sowohl gezeigt werden, dass wirtschaftswissenschaftliche Modelle für gewisse Vorhersagen „funktionieren", als auch, dass sie zum Teil über begrenzte Reichweite verfügen. Insgesamt gilt deshalb für Forschung und Lehre gleichermaßen „(...) experimentation changes the way you think about economics." (Smith 1989, S. 152)

2.4 Classroom Experiments – Ökonomische Experimente als Lehrmethode

2.4.1 Definition und Entwicklung von Classroom Experiments

Classroom Experiments sind ökonomische Experimente zu Lehrzwecken[64], welche aus Forschungsexperimenten (vgl. Kap. 2.3) der experimentellen Wirtschaftsforschung abgeleitet (vgl. das Lehrbuch von Bergstrom/Miller 1997) und/oder eigens zum Lehrzweck entwickelt wurden (Frank 1997b, S. 490; Holt/McDaniel 1996, S.1). Oder definiert unter stärkerer Berücksichtigung der Zieldimension: „Classroom experiments are short, interactive exercises designed to facilitate understanding of key economic ideas." (Holt/McDaniel 1996, S.1). Ihr grundlegender Ablauf sieht vor, dass die Teilnehmenden „in eine bestimmte ökonomische Situation versetzt werden, bestimmte Rollen übernehmen, dann eigennützig handeln und selbständig einen wichtigen ökonomischen Zusammenhang entdecken können." (Geisenberger 2001, S. 197) Der Aspekt des „Entdeckens" wird von Hazlett besonders hervorgehoben: „Classroom experiments transform students into investigators who demonstrate economic principles for themselves." (Hazlett 2000, S. 9) Innerhalb von Classroom Experiments sind die Teilnehmenden selbst in der Rolle des Forschers. Das Ergebnis des Experiments ist abhängig von ihren ökonomischen Entscheidungen im Experimentverlauf. So wird beispielsweise im Durchführen einer Auktion das Abgeben von Geboten und die Dokumentation und Auswertung der Ergebnisse zum Forschungsprozess.

Aus unterrichtsmethodischer Sicht enthalten Classroom Experiments Elemente von Simulationen als „spielerische" Elemente (Schuhen 2005, S. 2). Ihre Grundelemente sind vergleichbar mit Planspielen, denn diese enthalten ebenso wie Classroom Experiments drei Wesenselemente: einen „allgemeinen Gedanken", ein „Idealmodell" und ein „Spiel" (Geuting 1992, S. 28). Der Vorteil der Experimente im Vergleich zu Simulationen und Fallstudien liegt darin, dass diese einfacher strukturiert sind. „With classroom experiments it is easier to demonstrate certain points vividly, precisely and in an entertaining manner." Die Besonderheit von Classroom Experiments ist, im Vergleich zu anderen Unterrichtsmethoden, vor allem (Frank/Haus 2003, S. 4), dass diese sich direkt aus der Forschungsmethode ableiten und somit einen wissenschaftlichen Forschungsprozess im Unterricht nachvollziehbar machen (Frank 1997b, S. 498).

„Since the 1980s this use of economic experiments has grown steadily. Incorporating experimental demonstration of economic propositions into

---

64 Unabhängig von der Zielgruppe: Studierende, Schüler etc. (Anm. d. Verf.)

the high school and college curriculum is a natural accompaniment of the evolution of economics as an experimental science." (Friedman/Sunders 2002, S. 9) Da sich die Forschungsmethoden der Wirtschaftswissenschaften weiterentwickelt haben, sehen Friedman/Sunders die Durchführung von Classroom Experiments in der Lehre als logische und zwangsläufig notwendige Entwicklung. „The inherent ambiguity of empirical testing, the complicated nature of the interrelationships, and the social subject matter make it extraordinarily difficult to test economic theories formally. We believe that students should know that too; it provides the rationale for experimental economics." (Ortmann/Colander 1995, S. 1) Ein „Festhalten" an Modellen und exakten mathematischen Berechnungen suggeriert Studierenden gleichermaßen wie Schülern eine Genauigkeit, welche jedoch in der Realität nicht angenommen werden kann. „While students learn the limits of stylized economic models, they also come to appreciate the ability of the models to predict economic behavior." (Hazlett 2000, S. 3[65]) Classroom Experiments stellen also nicht nur eine Erweiterung des „Unterrichtsmethodenkastens" von Lehrkräften und eine Lernmethode der „Lernenden" dar, sondern bieten gleichzeitig einen Einblick in eine Forschungsmethode der Wirtschaftswissenschaften. Darin unterscheiden sie sich klar von Simulationen, Planspielen und Fallstudien, deren Funktion auf die der Unterrichtsmethode beschränkt ist. Durch Classroom Experiments können sowohl Reichweite als auch Restriktionen ökonomischer Modelle aufgezeigt und diskutiert werden.

Entdeckendes Lernen
Lernen mit und durch Classroom Experiments sieht Schuhen als eine Form „entdeckenden Lernens" an, nach welcher der Schüler Strukturen und Kategorien eines Faches anhand von einzelnen Problemen erarbeitet (Schuhen 2005, S. 2)[66]. Der Grundgedanke ist dabei, dass eine Disziplin in grundlegenden Kategorien und Zusammenhängen und nicht in ihren Einzelheiten vermittelt werden soll. Für die Gestaltung der Unterrichtsmethode bedeutet das eine sich an den Bedingungen des Lernenden orientierende „Transformation der Wissenschaftsmethode in eine bestimmte Kommunikations- und Lernform zwischen Lehrkräften und Schüler; d.h. die Wissenschaftsmethode konstituiert über einige Vermittlungsprozesse die Unterrichtsmethode." (Geißler 1977, S. 117)
Dabei führt nach diesem Ansatz „die selbständige, strategienbasierte Ab-

---
65 Zitiert nach freundlicherweise zur Verfügung gestellten Seminarunterlagen von Denise Hazlett, University of Otago, New Zeeland, February 2000.
66 Der Ansatz „entdeckenden Lernens" geht auf J. S. Bruner zurück, vgl. hierzu Bruner (1961) oder auch Bruner (1970).

leitung begrifflichen Wissens zu längerfristigem Behalten und, wie häufig nachgewiesen, zu besserer Nutzbarkeit des erworbenen Wissens (Transfer), (...) als wenn dasselbe Wissen in abstrakter Form direkt vorgegeben und lediglich rezipiert wird. (...) Zudem können so effektivere Lernstrategien (...) und stärkere intrinsische Motivation (...) entwickelt werden." (Neber 2006, S. 115) Somit stellt „entdeckendes Lernen" hohe kognitive Anforderungen an den Lernenden. Aus diesem Grund muss es stets koordiniert erfolgen „und durch lenkende Vereinfachungen und unterstützende Hilfen instruktional gefördert werden." (ebd., S. 119) Die Aufgabe von Lehrkräften ist nach diesem Ansatz, „die Strukturen der wissenschaftlichen Disziplin und bezogen auf die Unterrichtsmethode die Wissenschaftsmethode der entsprechenden Disziplin im Hinblick auf die psychischen Bedingungen des Lerners zu transformieren, um lernerzentrierte Lernbedingungen zu schaffen und dem Schüler direkt zweckrationales Problemlöseverhalten zu ermöglichen." (Geißler 1977, S. 114) Diese Lenkungs- und Transformationsaufgabe setzt, wie auch von Autoren zu Classroom Experiments angemerkt, ebenso eine hohe fachliche und methodische Kompetenz der durchführenden Personen voraus (vgl. Kap. 2.5.2).

Eine Diskussion dieses Vorschlages, Lernen mit und durch Classroom Experiments als Form „entdeckenden Lernens" anzusehen, steht noch aus. Im Bereich der englischsprachigen Fachliteratur ist mir zudem keine Veröffentlichung bekannt, welche sich um eine lerntheoretische Einordnung und Diskussion von Classroom Experiments bemühen würde[67]. Allerdings spricht vor allem für die Einordnung, dass es sich bei Classroom Experiments um eine für den Bereich der Lehre adaptierte und arrangierte Form einer Forschungsmethode handelt. In einem späteren Kapitel (2.5.1) werde ich unter dem Begriff der „Wissenschaftsorientierung" diesen Gedanken noch einmal aufgreifen.

Derzeitige Anwendungsgebiete in Deutschland und den USA
Hauptsächlich werden ökonomische Experimente in den USA im Bereich der Hochschullehre (u.a. Becker/Watts 2000; Delemeester/Neral 1995; Holt 1999; Ortmann/Colander 1995) und nur vereinzelt im Bereich von Schulen (Hazlett 2000; 2001a; 2001b) angewandt. In Deutschland ist der Verbreitungsgrad ähnlich. Classroom Experiments werden hier mit wachsendem Anteil im Hochschulunterricht (u.a. Frank 1997b; Berg/Rott 2000; Jost/Renner 2000) eingesetzt[68]. Für den Schulbereich liegen derzeit im deut-

---

67 Dies liegt m.E. daran, dass fast alle einschlägigen Veröffentlichungen bisher aus dem Bereich der Wirtschaftswissenschaft und sehr wenige aus dem Bereich der Wirtschaftsdidaktik stammen.

68 Das Zentrum für Europäische Wirtschaftsforschung GmbH in Mannheim bietet

schen Sprachraum lediglich drei Veröffentlichungen vor, welche Classroom Experiments als Methode sowohl in der Sekundarstufe I (Geisenberger/Nagel 2002; Nagel 2006) als auch generell für den Schulunterricht vorschlagen (Schuhen 2005).

Obschon eine Vielzahl von Autoren aus dem Hochschulbereich über Classroom Experiments als Lehrmethode berichten, darf dies nicht darüber hinwegtäuschen, dass ihre tatsächliche Verwendung in der Lehre immer noch, vergleichbar der Verwendung anderer alternativer Lehrmethoden, gering ist (Becker/Watts 2000, S. 7)[69]. Dies gilt ebenso für den deutschen Sprachraum (Jost/Renner 2000, S. 179). Verwunderlich ist dies nicht, findet doch selbst in vielen neueren Lehrbüchern zur Einführung in die Volkswirtschaftslehre die Entwicklung der experimentellen Wirtschaftsforschung keine Berücksichtigung (vgl. etwa Edling 2006, S. 6; Engelkamp/Sell 2006, S. 5ff). Möglicherweise wird deshalb auch im Bereich der schulischen Wirtschaftsdidaktik darauf verwiesen, dass „eine Veranschaulichung durch Experimente, die in den Naturwissenschaften im Sinne eines genetischen Lernens durchaus üblich ist, (…) in den Sozialwissenschaften aufgrund der hohen Komplexität der Systeme, der Unkontrollierbarkeit äußerer Einflüsse sowie aus ethischen, praktischen und finanziellen Gründen kaum eine Rolle" spielt (Weber 1995, S. 30). Denn für den Schulbereich kommt „erschwerend" hinzu, dass der überwiegende Teil der Schulbücher zu wirtschaftswissenschaftlichen Inhalten in der Sekundarstufe I veraltet sind (Weiss 1998, S. 173)[70].

2.4.2 Inhalt von Classroom Experiments

Wirtschaftswissenschaftliche Inhalte sind generell für Lernende wenig anschaulich. „Economics as currently learned and taught in graduate school

---

u.a. für Mitarbeiter von Unternehmen Seminare zur Experimentellen Wirtschaftsforschung mit Schwerpunkt Finanzmärkte, Marktdesign und Umweltökonomik an.

69 Becker/Watts (2000) geben an, dass an amerikanischen Universitäten 83% von 628 befragten Dozenten hauptsächlich die klassische Lehrmethode „lecturing" und „chalkboard" nutzen (Becker/Watts 2000, S. 4). Classroom Experiments werden lediglich in Associate Institutions in den Bereichen „Theory" (5,5%), „Statistics/Econometrics" (5,5%) and „Upper Division" (2,8%) angewandt.

70 Weiss kommt bei der Analyse von Schulbüchern im Ländervergleich von vier Bundesländern zu dem Ergebnis, dass diese überwiegend veraltet sind. Nur partiell werde der Akutalitätsrückstand durch den Rückgriff auf andere Medien ausgeglichen (Weiss 1998, S. 175). Das aktuell (2006) in Realschulen in Rheinland-Pfalz verwendete Schulbuch „Wirtschafts- und Sozialkunde für Realschulen", welches die Grundlage für die entworfene Unterrichtseinheit dieser Untersuchung bildete, ist zwar einerseits in seiner Auflage aus dem Jahr 2003, allerdings sind Zahlen und Statistiken aus dem Jahr 2000.

and practices afterward is more theory intensive and less observation-intensive than perhaps any other science." (Smith V. 1989, S. 151) Aufgrund der „Theorielastigkeit" der Wirtschaftswissenschaften empfinden speziell Studierende den wirtschaftswissenschaftlichen Lehrstoff als abstrakt und die Inhalte als zu theoretisch (Berg/Rott 2000, S. 2). Für den Schulbereich ist dies ebenso anzunehmen. Weiss kommt beispielsweise zu dem Ergebnis, dass die Hauptursache fehlender Motivation im Wirtschaftsunterricht von Schülern der Sekundarstufe I, die „Distanz wirtschaftlicher Fragen zur Lebens- und Erfahrungswelt dieser Schüler" ist (Weiss 1998, S. 183). Ökonomische Themen gelten „als theoretisch, abstrakt und demzufolge schwer verständlich." (ebd.) Wenn Schüler ökonomische Lerninhalte als zu theoretisch und zu abstrakt empfinden, sollte man durch die Auswahl entsprechender Unterrichtsmethoden eine anschauliche Art der Vermittlung wählen. Jedoch liegen nicht zu allen Themenbereichen veranschaulichende unterrichtsmethodische Arrangements vor, auf welche Lehrkräfte zurückgreifen könnten. Dies gilt speziell für mikroökonomische Modelle, wie das der Preisbildung. Möglicherweise können Classroom Experiments hierzu einen Beitrag leisten. Oder, wie DeYoung formuliert, „Undergraduate instruction in economics is largely a passive experience. Our students can surely benefit from any opportunity that replaces lectures with active participation." (DeYoung 1993, S. 348)

Unter diesem Aspekt stellt sich zunächst die Frage, welche Themenbereiche mit Classroom Experiments thematisch „abgedeckt" werden können. Bei den am häufigsten durchgeführten und zitierten Experimenten handelt es sich sowohl im englischen, als auch im deutschen Sprachraum zumeist um Marktexperimente (vgl. Differenzierung nach Experimentarten Kap. 2.3.2), bei denen Teilnehmenden die Rollen von Anbietern und Nachfragern zugewiesen werden (Berg/Rott 2000, S. 2; DeYoung 1993, S. 336)[71].

Für den Hochschulbereich gibt das Lehrbuch von Bergstrom/Miller (1997)[72] einen guten Überblick. Es ist, mit Holts Buch Markets, Games & Strategic Behavior[73], das bislang einzige wirtschaftswissenschaftliche Lehr-

---

71 Sie erhalten „Informationen darüber, wie sie in der simulierten Marktsituation Gewinne erwirtschaften können. (…) Anbietern werden unterschiedliche Kosten zugewiesen, die Nachfrager erhalten Informationen über ihre maximalen Zahlungsbereitschaften. Anschließend handeln die Anbieter und Nachfrager miteinander und schließen Verträge ab. Die Ergebnisse der Verhandlungen werden später gemeinsam ausgewertet. Die Versuchsbedingungen können den Erklärungszielen entsprechend variiert werden und eine jedem Experiment folgende Erörterung verdeutlicht die theoretischen Grundlagen für die im Experiment gewonnenen Ergebnisse." (Berg/Rott 2000, S. 2f)
72 Das Buch liegt mittlerweile in der 2. Auflage aus dem Jahr 2000 vor.
73 Holt, Ch. (2007).

buch, welches allein auf Experimenten beruht. Behandelt werden die Themenbereiche „Competitive Markets, Market Intervention and Public Policy, Imperfect Markets, Firms and Technology, Information, Auctions and Bargaining" (Bergstrom/Miller 1997, S. XVII-XXV). Weiterhin beschäftigen sich eine Reihe von Monographien mit Experimenten (u.a. Holt 1999; Holt/McDaniel 1996) und bieten umfangreiche Experimentbeschreibungen (Delemeester/Neral 1995; Ortmann/Colander 1995; Pickhardt 2001; Rott 1999a; Rott 1999b; Mankiw 1998; Weidenaar 1972). Renommierte Fachzeitschriften, wie das Journal of Economic Perspectives (u.a. Smith 1989) und das Journal of Economic Education, berichten regelmäßig über Lehrexperimente (u.a. Holt 1996; DeYoung 1993; Gremmen/Potters 1997). Speziell für den deutschen Sprachraum gibt es ebenfalls einige Veröffentlichungen (Jost/Renner 2000; Frank 1997a; Frank 1997b; Berg/Rott 2000; Rott 2001a; Rott 2001b; Kirstein/Schmidtchen 2002)[74]. Über das Internet ist zudem eine Datenbank von Delemeester und Brauer verfügbar, welche eine große Auswahl an Classroom Experiments zu mikro- und makroökonomischen Themenbereichen enthält. Mikroökonomische Themenbereiche umfassen die Rubriken Angebot, Nachfrage, Preisbildung, Marktstrukturen, -verhalten und -erfolg, Faktormärkte (wie z.B. Arbeitsmarkt), internationaler Handel, Devisenmärkte, unvollkommene Märkte und Interventionen sowie die Ökonomie der Politik. Makroökonomische Themenbereiche sind u.a. aggregierte Nachfrage und aggregiertes Angebot, Geldpolitik und Inflation, Außenhandel und Sucharbeitslosgkeit.[75]

Für den Schulbereich sind viele der beschriebenen Experimente nicht ohne weiteres einsetzbar (Schuhen 2005, S. 5). Speziell für den Schulbedarf zugeschnittene Experimente und Experimentbeschreibungen sind sowohl im englischen als auch im deutschen Sprachraum bislang eher selten. Zurzeit finden sich Beschreibungen und Vorlagen zu Classroom Experiments in Schulen für den englischen Sprachraum in Hazlett (u.a. 2000, 2001a, 2001b)[76] und für den deutschen Sprachraum bei Geisenberger/Nagel (2002) und Nagel (2006). Von Denise Hazlett liegt, neben einer Reihe von Veröffentlichungen zu diesem Thema, eine Datenbank zu Classroom Experiments für Lehrkräfte vor. Dort finden sich Experimente mit folgenden

---

74 Der überwiegende Teil dieser Erfahrungsberichte und Experimentbeschreibungen stammt von Dozenten aus dem Bereich der Wirtschaftsforschung (Jost/Renner 2000, S. 183f). M.E. könnte darin ein weiterer Grund für die geringe Verbreitung im Schulbereich liegen, da Lehrkräfte u.U. nicht die gleichen Literaturquellen nutzen, wie ihre Hochschulkollegen.
75 http://www.marietta.edu/~delemeeg/games/, Stand: 07. Juni 2007.
76 Unter dem Link http://people.whitman.edu/~hazlett/econ/index.html kann man Passwort und Zugangsdaten dazu anfordern. Vielen Dank an dieser Stelle für die Nutzungsmöglichkeit!

Abb. 4: Inhalte der Classroom Experiments für den Schulbereich in Nagel (2006)

Themen-bereich	Originalliteratur	Experiment	Inhalt
Preisbildung	Rott (2001), Empirische Ermittlung einer Nachfragefunktion (2nd Price Sealed-Bid Auction)	Schokoladenauktion	Bestimmung der Nachfragekurve, Nachfrage in Abhängigkeit von Präferenzen, verfügbarem Einkommen und Preis
	Bergstrom/Miller (1997), S. 3ff, Trading in a Pit Market	Markt für Kirschen	Ermittlung des Gleichgewichtspreises in einem polypolistischen Markt
	k. A.	Experiment Teestand	Preisbildung im Monopol
	Holt/Capra (2000), Classroom Games: A Prisoners' Dilemma. In: Journal of Economic Education, Summer 2000, S. 229-236	Gefangenen-Dilemma	Preisbildung im Oligopol
Externalitäten	Schneider (1997), Private und Öffentliche Güter. Ein Experiment im Unterricht. In: a+l/Wirtschaft, Nr. 27, S. 32f	Musik als öffentliches Gut	Öffentliche Güter
	Leuthold (1993), A Free Rider Experiment for the Large Class. In: Journal of Economic Education, Vol. 24, No. 4, Fall 1993, S. 353-346	Teamer oder Trittbrettfahrer	Free-Rider-Phänomen
	k. A.	Die Tragik der Allmende beim Fischen	Koordinationsprobleme bei öffentlichen Gütern
	Hazlett (1997), A Common Property Experiment with a Renewable Resource. In: Economic Inquiry, Vol. 35, Issue 4, S. 858-861	Die Jagd auf Gummibären	Internalisierung durch individuelle Eigentumsrechte
	Bergstrom/Miller (2000), S. 159	Ein Markt für Batterien, Marktexperiment mit zusätzlichem Steuer	Internalisierung durch Steuern
Geldwirtschaft	Hazlett (2001), keine weitere Quellenangabe	Tausch	Geld als universelles Tauschmittel
	k. A.	Geldschöpfung	Geldschöpfung des Bankensystems
Arbeitsmarkt	Bergstrom/Miller (1997), S. 107ff	Mindestlöhne	Arbeitsnachfrage und Arbeitsangebot
	Haupert, M. J. (1996), Labor Market Experiment. In: Journal of Economic Education, 27 Fall 1996, S. 300-308	Matching auf dem Arbeitsmarkt	Der Matching-Prozess und ausgewählte Parameter
Komparativer Vorteil durch internationalen Handel	Bergstrom/Miller (2000), S. 295	Handel zwischen Nordland und Südland	
Konsumfunktion	Brauer (1994), A Savings/Consumption Game for Introductory Macroeconomics. In: Classroom Experonomics, Vol. 3, Number 2, Fall 1994, S. 9-11; Brauer, J. (1998): The Savings/Consumption Game: An Update. In: Classroom Experonomics, Vol. 7 Number 1, Spring 1998, S. 10-13	Eine Konsumfunktion	

Quelle: Eigene Darstellung

Titeln: „Federal Funds Market Experiment, Consumer Price Index Experiment, Unemployment Compensation Experiment, Investment Coordination Experiment, Money as a Medium of Exchange Experiment, The Effect of Real vs. Nominal Interest Rates on Investment."[77] Geisenberger/Nagel (2001) beschreiben Experimente zu den Themen Markt und Gleichge-

---

[77] An der Universität Siegen ist zurzeit ein ähnliches Projekt für den deutschen Sprachraum in der Testphase.

wichtspreis, Allmende-Problematik[78] und Umweltverschmutzung sowie Internationaler Handel und ergänzen ihre Artikel mit Erfahrungsberichten zur praktischen Umsetzung in der Sekundarstufe I. Mit dem Buch von Nagel (2006) liegt aktuell ein erstes umfangreicheres Werk in deutscher Sprache vor, in welchem Experimente zur Preisbildung, Externalitäten[79], Geldwirtschaft, Arbeitsmarkt, komparative Vorteile durch internationalen Handel und Konsumfunktionen vorgestellt werden. Die dargestellten Experimente sind vom Autor für den Schulbereich (speziell Sekundarstufe I) übersetzt und adaptiert und werden durch praktische Hinweise zu ihrer Durchführung ergänzt (vgl. Abb. 4) Die Experimentbeschreibungen werden außerdem durch Kopiervorlagen für Lehrkräfte ergänzt, die sofort im Unterricht eingesetzt werden können.

Nach Nagels Auffassung müssen Classroom Experiments als Unterrichtsmethode für Schulen, um in den Methodenpool der Wirtschaftsdidaktik aufgenommen werden zu können, eine Bandbreite von Inhalten abdecken können. Diese Bedingung sieht er angesichts der thematischen Bandbreite der verfügbaren Classroom Experiments als gewährleistet an. „Inhaltlich besteht die Flexibilität darin, dass für nahezu alle in der ökonomischen Bildung relevanten Inhalte Experimente zur Verfügung stehen." (Nagel 2006, S. 110) Wenn diese Aussage zutrifft, dann ist davon auszugehen, dass Classroom Experiments aus inhaltlicher Sicht eine geeignete Erweiterung des wirtschaftsdidaktischen Methodenrepertoires darstellen.

2.4.3 Die experimentelle Methode in Classroom Experiments

Der überwiegende Teil von Classroom Experiments wird als Einführungsexperiment durchgeführt (u.a. Holt/McDaniel 1996, S. 2; Noussair/Walker 1998, S. 67). Man verzichtet dabei auf eine Einführung in die Theorie, um diese selbst im Experiment durch das Verhalten der Teilnehmenden ersichtlich werden zu lassen, und erarbeitet sie in der Auswertungsphase auf Basis der im Experiment gewonnenen Daten. Dies hat den Vorteil, dass die Teilnehmenden sich selbst und ihr Handeln bzw. Entscheiden im Experiment als Ursache für ein Ergebnis sehen.[80] „We find that running the exercise before going over the relevant theory enhances the experience for students. It allows students 'to discover' the theory themselves, and avoids suggesting

---

78 „Wenn individuelle Nutzer gemeinsamen Eigentums (d.h. einer begrenzten Basis gemeinsamer Ressourcen) nicht irgendeiner Art Beschränkung unterworfen werden, wird das Resultat ihrer Ausbeutung exzessiv und letztlich schädlich für alle sein." (Gulbrandsen 2003, S. 201)
79 Gemeint sind öffentliche Güter (Anm. d. Verf.).
80 Andererseits könnten sie bei späterer Durchführung des Experiments sonst davon ausgehen, in irgendeiner Form durch die Theorie „gelenkt" worden zu sein.

to them that they follow a particular course of action that the theory specifies." (Noussair/Walker 1999, S. 67) Die im Experiment gewonnenen Daten können sowohl mit Daten vorangegangener Experimente verglichen als auch im weiteren Verlauf zur Veranschaulichung weiterer Zusammenhänge genutzt werden.[81]

Classroom Experiments verlaufen in mehreren methodischen Phasen. „In the lab, students participate in a market or in some kind of other social interaction. As they complete their lab reports, they can begin to organize their thoughts about what happened. At the next class meeting, students should be ready to discuss the experimental results, to look for a theoretical explanation of what happened in the lab, and to explore applications of these ideas to the real world." (Bergstrom/Miller 1997, S. IX) Sie bestehen demzufolge aus einer *Instruktionsphase*, in welcher den Teilnehmenden das Experiment und ihre Handlungsoptionen erklärt werden, einer *Durchführungs- und Dokumentationsphase*, in welcher die Teilnehmenden Entscheidungen treffen und „verhandeln" und in deren Verlauf z.B. Vertragsabschlüsse begleitend dokumentiert werden. In der abschließenden *Auswertungsphase* werden die Ergebnisse des Experiments mit den theoretischen Vorhersagen verglichen und mit den Teilnehmenden diskutiert. Diese Phasen werden nun an verschiedenen Experimenten, die für diese Untersuchung verwendet wurden, aufgezeigt. Konkret sind dies eine Auktion „The Winners' Curse" (Frank/Haus 2003, S. 10) und ein klassisches Marktexperiment in Anlehnung an Geisenberger/Nagel (2002).

Beispiel 1: The Winners Curse – Eine Auktion

Ein mit Cent-Münzen gefülltes Behältnis wird innerhalb einer Auktion an den Meistbietenden versteigert. In der *Instruktionsphase* erhalten die Teilnehmenden über das zu ersteigernde Gut, das gefüllte Behältnis, als einzigen Anhaltspunkt über dessen tatsächlichen Wert die Information, dass mindestens ein 50 Cent Stück darin enthalten ist. In der *Durchführungs- und Dokumentationsphase* wird das verschlossene Behältnis zur Ansicht herumgereicht und jeder Teilnehmende gibt sein Angebot schriftlich, für die anderen Teilnehmenden unsichtbar, (versehen mit seinem Namen oder einer Kennung) ab. Der Leiter des Experiments fixiert die Gebote sichtbar für alle Teilnehmenden schriftlich bspw. an einer Tafel. Der Höchstbietende erhält den Zuschlag und das Behältnis (Frank/Haus 2003, S. 10)[82].

---

81 So führte die Autorin bsp. mit dem Marktexperiment nach Bergstrom/Miller in einer Veranstaltung in die Bildung des Gleichgewichtspreises, in einer anderen in Verkäuferstrategien im Bereich des Marketing ein.

82 Dieses Experiment diente als Einführungsexperiment zu einem Vortrag zum Thema Classroom Experiments im Rahmen der Tagung „Developments in Economics and

In der *Auswertungsphase* kann nun das ebenso in den meisten realen Auktionen auftretende Phänomen „The Winners' Curse" (üblicherweise übersetzt als „Fluch des Siegers") gezeigt werden. Der Sieger einer Auktion bezahlt i.d.R. aufgrund seiner überschießenden Zahlungsbereitschaft zuviel und provoziert seinen ökonomischen Untergang. Der Wettbewerbsgedanke, bzw. das Ziel, die Auktion zu gewinnen, dominiert zumeist in der eigenen Wahrnehmung. Als Folge werden Handlungsstrategien nicht mehr revidiert. Weiterhin spielt die Risikoeinstellung eines Teilnehmenden eine Rolle, da der Inhalt bzw. der tatsächliche Wert des Behältnisses bis zum Ende der Auktion unbekannt bleibt. Relevanz hat dieses Prinzip auch für den Schulunterricht, da Auktionen z.B. Grundformen von Allokationsverfahren (z.B. Ölförderlizenzen und UMTS-Lizenzen) sind, die eine Verteilung knapper Ressourcen bewirken sollen[83]. Vor allem aber das Thema „Internet-Auktionen" sollte den Schülern hinreichend bekannt sein.

Beispiel 2: Marktexperimente

Das für diese Untersuchung verwendete Experiment nach Geisenberger/ Nagel (2002) geht auf die in der Literatur bislang am häufigsten zitierten Marktexperimente, dem Apfelmarkt-Experiment nach Bergstrom/Miller (1997, S. 3ff) und dem Experiment „Trading in a Pit Market" nach Holt (1996)[84], zurück. Das Experiment veranschaulicht primär das Angebots- und Nachfragemodell, welches ein Kernstück volkswirtschaftlicher Lehre ist (Holt 1996, S. 1). „The efficiency of competitive equilibrium (CE), popularly known as Adam Smith's Invisible Hand Theorem, is universally acknowledged as a central proposition in economics. (…) The usual textbook explanation and perhaps the majority view among economists, is that the conditions are quite stringent, including (a) large numbers of buyers and sellers, each small relative to the market, who posses (b) perfect or at least very good information about demand and supply conditions." (Friedman/ Sunders 1994, S. 18). Das Modell der „Idealen Preisbildung" ist in allen Lehrplänen der Bundesrepublik zum Fach „Wirtschaft" aufgeführt (Kaiser/ Kaminski 1999, S. 112)[85]. Es dient im Schulunterricht konkret der Ver-

---

Business Education (Debe) Conference 2003", Edinburgh, Schottland und wurde in der für diese Untersuchung konzipierten Weiterbildungsveranstaltung für Lehrkräfte als Einführungsexperiment verwendet.
83 Eine gute Übersicht zu Auktionsformen und Möglichkeiten zu ihrem Einsatz im Unterricht bietet Nagel (2006, S. 76ff).
84 Beide Experimente gehen auf das bereits 1948 von Chamberlain durchgeführte und von seinem Schüler Vernon Smith weiterentwickelte erste Marktexperiment zurück. Für den Hochschul-, aber auch für den Schulbereich, gibt es zudem einige Versionen dieses Experiments in deutscher Sprache (Berg/Rott 2000, S. 3; Schuhen 2005, S. 3ff).
85 Vgl. hierzu auch Küstner 1998, S. 34 f.

anschaulichung des Zusammenhangs der nachgefragten bzw. angebotenen Menge eines Gutes und dessen Preisentwicklung (vgl. Abriß/Baumann/Metzler 2003, S. 155)[86].

Der Vorteil der Verwendung des Modells liegt in der Reduktion der Einflussfaktoren. Es wird angenommen, dass neben Angebots- und Nachfragemenge alle anderen Einflussfaktoren auf den Preis konstant bleiben (Ceteris-Paribus-Bedingung), z.B. dass stets vollständige Information der Käufer und Verkäufer über das Gut herrscht. Das Modell ermöglicht folglich die isolierte Darstellung des Zusammenhanges der Angebots- und Nachfragemenge eines Gutes in Abhängigkeit von dessen Preis[87].

In der *Instruktionsphase* des Marktexperiments wird die Gruppe der Teilnehmenden in zwei Gruppen, Käufer und Verkäufer, aufgeteilt, die mit einem fiktiven Gut handeln sollen. Bei größeren Gruppen empfiehlt es sich zudem, einen Assistenten zu bestimmen, welcher bei der Dokumentation der Ergebnisse behilflich ist (Holt 1996, S. 2). Die Teilnehmenden werden auf schriftlichem Weg zu Beginn des Experiments über dessen Verlauf instruiert (vgl. Abb. 5). Gewinner des Experiments ist der Teilnehmende, welcher in einer vorher festgelegten Anzahl von Spielrunden den höchsten

Abb. 5: Spielanleitung für Käufer im Marktexperiment

Spielanleitung im Marktexperiment für „Käufer"

Wer bin ich und was ist mein Ziel?
Du bist **Käufer** von Mohrenköpfen auf dem Wochenmarkt. Dein Ziel ist es, eine **Packung Mohrenköpfe möglichst billig einzukaufen**.

Was muss ich tun, um mein Ziel zu erreichen?
Deine Rollenkarte sagt Dir den Betrag, über den Du in dieser Spielrunde verfügen kannst (d. h., den Du in der Tasche hast). Sie ist ausschließlich für Deine Augen bestimmt! Be**mühe Dich, eine Packung Mohrenköpfe auf dem Markt einzukaufen**. Komme dann mit dem Verkäufer/der Verkäuferin zur Marktleitung, um Deinen Verkauf protokollieren zu lassen! Der Preis, den Du aushandelst, darf nicht über Deinem Guthaben liegen! Anschließend **schreibe bitte** Dein Guthaben vor Vertragsabschluss, Deinen ausgehandelten Preis und **Deinen Gewinn** (der Betrag, den Du in dieser Runde noch Rest hast – das heißt in der Tasche hast) in die dafür vorgesehenen Spalten Deiner Gewinnübersicht. Es sind nur Preise erlaubt, die durch 0,5 teilbar sind (1 Euro, 1,50 Euro, 2 Euro,...)!

Was habe ich davon?
Derjenige, der nach Beendigung des Spiels den höchsten Gewinn gemacht hat, bekommt diesen in Mohrenköpfen ausgezahlt.
D. h. **1 Euro Gewinn = 1 Mohrenkopf; 24 Euro Gewinn = 24 Mohrenköpfe**

Quelle: Eigene Darstellung

---

86 In diesem Buch wird nicht explizit darauf hingewiesen, dass es sich lediglich um ein Modell handelt, das nur unter der Ceteribus-Paribus-Bedingung Gültigkeit beanspruchen kann.
87 Ein möglicher Nachteil bei der Verwendung des Modells im Schulunterricht liegt darin, dass Grundannahmen und Reichweite des Modells thematisiert werden müssen, um Fehlinterpretationen zu vermeiden. Führende Wirtschaftsdidaktiker gehen jedoch davon aus, dass genau dies im Unterricht vernachlässigt wird (Kaiser/Kaminski 1999, S. 112).

Gewinn durch den Verkauf bzw. Kauf eines Gutes erzielen konnte[88]. Der Gewinn wird entsprechend der Höhe des Erwirtschafteten in z.B. Schokolade (Nagel 2006, S. 126) ausgezahlt[89]. Im Anschluss an diese Information werden die Spielkarten oder auch Rollenkarten an Käufer und Verkäufer ausgegeben[90]. Diese enthalten die Information für Käufer bzw. Verkäufer über das zur Verfügung stehende Geld zum Erwerb (Käufer) oder das zur Produktion notwendige Kapital, den Produktionspreis des Gutes (vgl. Abb. 6)[91]. Die Marktleitung sollte sich mehrfach versichern, ob allen Teilnehmenden die Handlungsanweisungen verständlich sind[92].

Abb. 6: Rollenkarten für Käufer im Marktexperiment

Du bist Käufer/Käuferin von Mohrenköpfen. Du hast 5,00 € in der Tasche.	Du bist Käufer/Käuferin von Mohrenköpfen. Du hast 5,00 € in der Tasche.	Du bist Käufer/Käuferin von Mohrenköpfen. Du hast 4,00 € in der Tasche.
Du bist Käufer/Käuferin von Mohrenköpfen. Du hast 4,00 € in der Tasche.	Du bist Käufer/Käuferin von Mohrenköpfen. Du hast 3,00 € in der Tasche.	Du bist Käufer/Käuferin von Mohrenköpfen. Du hast 2,00 € in der Tasche.
Du bist Käufer/Käuferin von Mohrenköpfen. Du hast 2,00 € in der Tasche.	Du bist Käufer/Käuferin von Mohrenköpfen. Du hast 1,00 € in der Tasche.	Du bist Käufer/Käuferin von Mohrenköpfen. Du hast 1,00 € in der Tasche.

Quelle: Eigene Darstellung

---

88 Im Falle des Käufers ist der Gewinn gleich der Konsumentenrente.

89 Eine weitere Möglichkeit ist, jedem Teilnehmenden die Höhe seines Gewinnes nach einem zuvor festgelegten Umrechnungsschlüssel (z.B. ein Euro Gewinn entspricht der Auszahlung von einem Cent) auszuzahlen.

90 Nach einer Version von Holt erhalten die Käufer rote Spielkarten eines Kartenspiels und die Verkäufer erhalten schwarze Spielkarten (Holt 1996, S. 194). Jeder Spielteilnehmer erhält pro Spielrunde eine Karte, die nur er selbst sehen darf. Bildkarten sind aussortiert worden, es werden nur Zahlkarten verwendet. Die Auswahl erfolgt entsprechend der Anzahl der Teilnehmer. Die Nummer der Zahlkarte zeigt für den Käufer an, über wie viel Geld er verfügen kann und für den Verkäufer, zu welchem Preis er produziert hat. Bei der Auswahl der Karten sollte darauf geachtet werden, dass theoretisch möglichst viele Geschäftsabschlüsse zustande kommen können. Hierzu sollte entsprechend die durchschnittliche Höhe des Zahlenwertes der Karten der Käufer über der der Verkäufer liegen.

91 Die Formulierungen der Handlungsanweisungen der Rollenkarten stellen einen Kompromiss zwischen der notwendigen Genauigkeit und der Verständlichkeit der Handlungsanweisungen für den Schüler dar. Vortests zeigten, dass auf diesen Punkt besonders geachtet werden muss (vgl. Kap. 3.4.2). Innerhalb der Hauptuntersuchung waren Lehrkräfte angehalten, den Teilnehmenden zu erklären, dass das, „was man in der Tasche hat", gleich dem ist, welches man maximal bereit wäre auszugeben. Denn normalerweise führt nicht jeder Kauf, welcher durch ein Budget zu tätigen ist, zu einer Konsumentenrente.

92 Es bietet sich an, im Anschluss an die erste Marktrunde erneut die Teilnehmenden nach Verständnisproblemen zu befragen. Darauf weisen auch Autoren aus dem Bereich der Hochschullehre hin (Holt 1999, S. 607).

Innerhalb der *Durchführungs- und Dokumentationsphase* spielt sich das Marktgeschehen in einem abgegrenzten Teil des Raumes ab. Auf ein Zeichen der Marktleitung hin, im Schulbereich ist dies in der Regel die Lehrkraft, treten Käufer und Verkäufer für einen genau festgelegten Zeitraum (z.B. 5 Min.) in Verhandlung. Haben sich Käufer und Verkäufer auf einen Preis geeinigt, kommen sie zu zweit zum Aufzeichnungspult. Der Marktleiter dokumentiert dort den ausgehandelten Preis, die Kosten des Verkäufers und das Guthaben des Käufers in einer vorgefertigten Liste, während die Teilnehmenden ihre Gewinne in eine eigene Übersichtstabelle übertragen (vgl. Abb. 7). Ein vorher bestimmter Assistent gibt gleichzeitig den ausgehandelten Betrag laut bekannt und notiert diesen für alle sichtbar an der

Abb. 7: Gesamtübersicht für Marktleiter und Gewinnübersicht für Käufer

Spielrunde Markttage	Produktionskosten Zahlenwert der Verkäuferkarte	Preis Ausgehandelter Preis	Guthaben des Käufers Zahlenwert der Käuferkarte	Spielrunde Markttage	Guthaben Wert der Spielkarte	Preis Ausgehandelter Preis	Gewinn Wert/ Preis
1				1			
2				2			
3				3			
4				4			
5				5			
6				6			
7				7			
8				8			
9				9			
10				10			

Quelle: Eigene Darstellung

Tafel. Die im Experiment gewonnenen Werte können einfach z.B. an der Tafel durch eine „Strichliste" dokumentiert werden (vgl. Abb. 8)[93]. Es werden mehrere Marktrunden gespielt, in denen Gewinne erzielt werden können, die nachher addiert werden. Nach jeder Marktrunde werden die Karten neu verteilt, so dass für jeden Teilnehmenden die Wahrscheinlichkeit gleich ist, diese oder jene Karte zu erhalten.

Die *Auswertung* des Experiments kann auf mehrere Arten erfolgen. Eine mögliche Auswertungsform ist, zunächst eine Übersicht zu möglichen Vertragsabschlüssen zu erstellen und den Gleichgewichtspreis zusammen

---

93 Diese m.E. sehr übersichtliche Art der Dokumentation geht auf einen Vortrag von William Becker, Herausgeber des Journal of Economic Education, bei der Developments in Economics and Business Education (Debe) Conference 2003, Edinburgh, zurück.

Abb. 8: „Strichliste" zur Anzahl der getätigten Vertragsabschlüsse zum Preis X in den durchgeführten Marktrunden

Preis	Anzahl der Geschäftsabschlüsse
1	
2	
3	
4	I
5	III
6	IIIII IIIII II
7	
8	IIII
9	II
10	

Quelle: Eigene Darstellung

mit den Teilnehmenden theoretisch herzuleiten (vgl. Abb. 9). Dazu muss zunächst die Kartenverteilung bekannt gegeben werden. Abb. 9 ist dazu wie folgt zu interpretieren: zum Preis von eins können acht Käufer aufgrund ihrer finanziellen Ausstattung bzw. Zahlungsbereitschaft kaufen. Für die Verkäufer ist dieser Preis allerdings aufgrund ihrer (fiktiven) Produktionskosten (zw. zwei und fünf Einheiten) zu niedrig. Sie würden Verlust machen. Dieser ist im Experiment nicht erlaubt. Folglich wird kein Verkauf stattfinden. Bei einem Preis von sechs ist die Anzahl der potentiell möglichen Käufer gleich der potentiell möglichen Verkäufer, es kommt zur so genannten Markträumung. Der Preis wird als Gleichgewichtspreis bezeichnet.

Aus diesen Zahlen lässt sich nun auch ein Preis-Mengen-Diagramm (Menge/x-Achse und Preis/y-Achse) erstellen. Diese Ergebnisse können mit den im Experiment gewonnenen Werten verglichen werden. Der Abgleich zeigt, dass die theoretische Vorhersage der Höhe des Gleichgewichtspreises mit dem im Experiment übereinstimmt. Das Marktexperiment demonstriert, dass die „Invisible Hand" nach Adam Smith auch im Klassenraum bei einer kleinen Anzahl von Käufern und Verkäufern zur Bildung eines Gleichgewichtspreises führen kann und veranschaulicht somit die Leistungsfähigkeit des Modells. Gezeigt werden können weiterhin einzelne Begriffe, wie Angebot, Nachfrage, Angebots- und Nachfrageüberhang[94]. Eine mögliche Variation des Experiments ist es, nach einigen Marktrunden eine Steuer

---

[94] Die Autorin nutzte das Experiment außerdem in ihrer Lehrveranstaltung zur Allgemeinen Betriebswirtschaftslehre, um in den Themenbereich Marketing einzuführen. Es zeigte sich, dass die Teilnehmenden im Experiment verschiedene Strategien nutzten, um ihr Gut schnellst- und bestmöglich zu kaufen bzw. zu verkaufen.

Abb. 9: Kartenverteilung und theoretische Vorhersage des Gleichgewichtspreises

Preis	Verkäufer	Käufer
1	0	8
2	0	8
3	2	8
4	4	8
5	6	8
6	8	8
7	8	6
8	8	4
9	8	2
10	8	0

Angenommene Kartenverteilung
Verkäufer: 2, 2, 3, 3, 4, 4, 5, 5
Käufer: 7, 7, 8, 8, 9, 9, 10, 10

Quelle: Eigene Darstellung

für Verkäufer einzuführen, welche diese mit berechnen müssen. Es zeigt sich dann im Experiment der Einfluss einer Steuereinführung auf die Höhe des Gleichgewichts- und somit des Marktpreises.

2.4.4 Die experimentelle Technik in Classroom Experiments

Instruktion der Teilnehmenden
Der Vor- und Nachbereitungsaufwand von Experimenten ist, gemessen an dem sonst in der universitären Lehre üblichen, relativ hoch. Dies ist möglicherweise ein Hinderungsgrund für die Durchsetzung der experimentellen Lehrmethode in der Hochschule (Berg/Rott 2000, S. 5; Frank 1997b, S. 491). So erfordert die Instruktion der Teilnehmenden Vorbereitung, denn zumeist werden die Teilnehmenden in schriftlicher Form über ihre Rollen im Experiment informiert. Allerdings kann hierzu auf frei verfügbare Materialien mit umfangreichen Beschreibungen und Handreichungen zu den Experimenten zurückgegriffen werden. Nachteil ist, dass die meisten Experimentbeschreibungen in englischer Sprache vorliegen, was den Vorbereitungsaufwand für deutschsprachige Lehrkräfte aufgrund der zu leistenden Übersetzungsleistungen erhöhen würde[95]. Zudem müssen gerade für umfangreichere Experimente wie das Marktexperiment nach Bergstrom/Miller, Räumlichkeiten vorbereitet werden. Bei anderen Experimenten, wie z.B. der beschriebenen Auktion „The Winner's Curse", genügt jedoch der einfache Klassen- bzw. Kursraum. Die von vielen Autoren angemerkten

---

95 Ausnahme: die Experimentbeschreibungen in Nagel (2006) und Geisenberger/Nagel (2002).

umfangreichen Vorbereitungsmaßnahmen für Lehrkräfte bei der Durchführung von Classroom Experiments dürften für Fachlehrkräfte an Schulen jedoch weniger als Hinderungsgrund ins Gewicht fallen. Nagel (2006, S. 114) geht davon aus, dass der Vorbereitungsaufwand für Lehrkräfte dem sonst üblichen Unterrichtsvorbereitungen entspricht. Möglicherweise ist für Lehrkräfte eher die englische Fachsprache und der fehlende Bekanntheitsgrad (bedingt durch wirtschaftsdidaktische Fachbücher) ein Grund, warum bislang nur wenige diese Unterrichtsmethode kennen und einsetzen.

Anreize zur Teilnahme
Charakteristisch für den Forschungsbereich der experimentellen Ökonomie ist die Nutzung von Anreizen zur Teilnahme für die Versuchspersonen in Form von Geld. Die Auszahlung erfolgt dabei in der Höhe des wirtschaftlichen Erfolges im Experiment. Diese „Kosten", die bei der Durchführung für den Lehrenden entstehen (King 1999), könnten einen weiteren Hinderungsgrund für den Einsatz als Lehrmethode darstellen. Es ist allerdings nicht notwendig, für Lehrexperimente Auszahlungen in gleicher Höhe wie in Forschungsexperimenten vorzunehmen. Manche Autoren sehen Anreize in Lehrexperimenten für die Teilnehmenden generell als überflüssig an (Holt 1999, S. 605), während andere davon ausgehen, dass „monetary rewards are a necessary incentive" (DeYoung 1993, S. 337). Alternativ wird angeboten, Auszahlungen nur an eine durch das Los ermittelte Person vorzunehmen oder Punkte zu vergeben, die Klausurnoten hinzugerechnet werden. Kleine Auszahlungen in Lehrexperimenten können dennoch hilfreich sein, z.B. in Form von Schokolade (Nagel 2006, S. 126f)[96] oder hypothetisch (vgl. Holt 1999; Rubinstein 1999). Im Bereich der Hochschullehre wird vor allem im amerikanischen Raum auf den Anreiz, „die Marktergebnisse als Teil der Endnote eines Kurses zu werten", gesetzt (Berg/Rott 2000, S. 4)[97]. Unabhängig der Diskussion, ob Anreize im Experiment den Lernerfolg verstärken, kommt Dickie (2000) zu dem Ergebnis, dass Noten als Anreize zwar keinen zusätzlichen Lernerfolg erbringen, allerdings „additionally,

---

96 Innerhalb dieser Untersuchung wurden sowohl Lehrkräften der Expertenbefragung als auch den Schülern innerhalb der Schulversuche bei der Teilnahme an den Experimenten Mohrenköpfe als Anreiz für die Teilnahme angeboten, was sehr gut angenommen wurde.

97 „Problematisch ist dies, wenn Experimente durchgeführt werden, die ungleiche Möglichkeiten zur Gewinnerzielung vorsehen. Allerdings kann dann die Einführung einer fiktiven Laborwährung helfen, in der die Studierenden ihre Gewinne verrechnen. Die Aussicht, am Ende der Veranstaltung nachweislich den höchsten Gewinn erwirtschaftet zu haben, ist für die Teilnehmer zumeist ein starker Ansporn." (ebd. S. 4)

use of incentives may improve the correspondence between experimental results and theoretical preditions." (Dickie 2000, S. 16)[98]

2.4.5 Stand der Diskussion zum Einsatz von Classroom Experiments als Lehrmethode

Wie bereits in Kapitel 2.4.1 beschrieben, gibt es zum Einsatz von Classroom Experiments zwei verschiedene Forschungsstränge. Der eine beschäftigt sich mit dem Einsatz an Hochschulen, der andere mit der Verwendung im Schulunterricht. Wie die nachfolgenden Ausführungen zeigen werden, liegen, neben den in Kapitel 2.4.2 aufgeführten Experimentbeschreibungen und Erfahrungsberichten, für den Hochschulbereich einige Untersuchungen vor, welche sich mit dem Einfluss auf die Motivation und das Interesse der Studierenden und Lerneffekten mit Classroom Experiments beschäftigen. Der Schulbereich ist bislang in dieser Form nicht „bearbeitet" worden. Hier liegen zwar Experimentbeschreibungen und Erfahrungsberichte vor, allerdings keine mit dem Hochschulbereich vergleichbaren Studien.

Hochschule
Die zur Eignung ökonomischer Experimente als Lehrmethode im Hochschulbereich vorliegenden Studien und Berichte unterscheiden sich hinsichtlich verschiedener Faktoren: der Auswahl und Anzahl der getesteten Experimente, den Testverfahren (Stichprobenumfang, Messinstrumente) und den Untersuchungsergebnissen. Gemeinsam haben sie, dass sie dann von einer Eignung der Classroom Experiments als Lehrmethode ausgehen, wenn mit den Experimenten, zumeist im Vergleich mit einer Kontrollgruppe, besser „gelernt" werden konnte und die Durchführung von Classroom Experiments einen positiven Einfluss auf die Motivation und das Interesse am Fach der Studierenden hatte (Dickie 2000; Frank 1997a; Gremmen/Potters 1997; Mullin/Sohan 1999; Rott 2001a)[99]. Kritisiert wird, dass bislang unzureichend belegt ist, inwiefern „die Wissensvermittlung durch Experimente traditionellen Lehrformen tatsächlich überlegen ist." (Rott 2001a, S. 5). Obschon einige Autoren nicht zu dem Ergebnis kommen, dass Classroom Experiments der traditionellen Lehrmethode überlegen sind, schließen alle mit einer Empfehlung für den Einsatz von Classroom Experiments als Lehrmethode. Dies wird insgesamt dadurch begründet, dass sie das Interesse am Fach fördern, da sie durch die aktive Beteiligung der Studierenden „abstract

---

98 Erinnerung: die Induced-Value-Theory besagt, dass Individuen die größere Auszahlung der niedrigeren vorziehen.
99 Bereits Chamberlain verwies 1948 auf pädagogische Vorteile bei der Durchführung seines Experiments (zitiert nach DeYoung 1993, S. 335).

concepts to life" bringen (Noussair/Walker 1999, S. 49f). Noussair/Walker geben weiterhin an, dass Classroom Experiments „provide powerful demonstrations of the principles of economics at work and illustrate the limitations of the stylized models taught in undergraduate courses." (ebd.) Die Begründung, Experimente in den Unterricht zu integrieren, da sie elementarer Bestandteil wirtschaftswissenschaftlicher Forschungsmethodik sind, wird bislang lediglich von wenigen Autoren aufgeführt (z.B. Frank 1997b, S. 498; Ortmann/Scroggins 1996, S. 96)[100].

Die Leistung von Classroom Experiments wird also zum einen in der Steigerung des Interesses am Fach, der aktivierenden Lehrmethodik und der Veranschaulichung abstrakter ökonomischer Konzepte gesehen. Zum anderen ermöglichen es Classroom Experiments, die Grenzen und Leistungen wirtschaftswissenschaftlicher Modelle aufzuzeigen bzw. diese mit den Studierenden zu diskutieren. Abb. 10 zeigt die Studien von Dickie (2000), Frank (1997a), Gremmen/Potters (1997), Mullin/Sohan (1999) und Rott (2001) sowie deren Stichprobenumfang, ausgewählte Experimente, methodische Besonderheiten und eine Zusammenfassung der wichtigsten Ergebnisse in der Übersicht. In allen aufgeführten Studien wählen die Autoren ein Experimental-Kontrollgruppen-Design. Die Anzahl der durchgeführten Experimente differiert zwischen einem ausgewählten Experiment (Frank 1997) und acht verschiedenen Experimenten (Mullin/Sohan 1999). Der Stichprobenumfang unterscheidet sich erheblich zwischen 38 (Gremmen/ Potters 1997) und 427 teilnehmenden Personen (Mullin/Sohan 1999).

Die Untersuchung von Dickie (2000) thematisiert als einzige die Besonderheit von Anreizen der experimentellen Technik, Anreize für die Teilnahme an Classroom Experiments zu geben. 100 Studierende wurden in eine Kontroll- und zwei Experimentalgruppen aufgeteilt. Eine der beiden Experimentalgruppen absolvierte die Experimente mit Anreizsystem, die zweite ohne. Die Anreize wurden im Experiment in Form monetärer Auszahlungen, gemessen an dem ökonomischen Erfolg in der Experimentalsituation, gegeben. Als Pre- und Posttest wurde der mikroökonomische Teil des Tests of Understanding College Economics (TUCE)[101] verwendet. Eine Beson-

---

100 Mitunter ist eine Überlegenheit von Classroom Experiments als Lehrmethode im Vergleich zu traditionellen Lehrmethoden für eine Forderung zu deren Einführung bzw. Thematisierung im Schulunterricht, wie u.a. Gremmen/Potters (1997) fordern, nicht notwendig. Denn wenn Experimente integraler Bestandteil wirtschaftswissenschaftlicher Forschungsmethodik sind, dann müssen sie, vergleichbar mit den Experimenten in den Naturwissenschaften, im Unterricht durchgeführt oder zumindest als Forschungsmethode vorgestellt werden (Ausführungen hierzu vgl. Wissenschaftsorientierung Kap. 3.1.1). Die Überlegenheit als Lehrmethode würde für den Schulunterricht eine nach geordnete Rolle spielen.
101 Herausgeber dieses Tests ist das National Council on Economic Education.

Abb. 10: Ausgewählte Studien und ihre Ergebnisse im Überblick

Autoren	n =	Untersuchungs-design	Experimente	Besonderheiten	Ergebnisse
Dickie (2000)	114	Experimental-Kontrollgruppen Design; 2 Experimental- (eine mit, eine ohne Anreize) und 1 Kontrollgruppe (klass. Vorlesung) mit Pre- und Posttest Test für Lernerfolgsmessung: TUCE	7 mikroökonomische Experimente, überwiegend Bergstrom/Miller 1997	Die Lehrkräfte hatten lediglich durch die Durchführung einiger weniger Experimente Erfahrung mit dieser Methode. Verschiedene Teilnehmer verpassten Pre- bzw.- Posttest.	Teilnehmer der Experimentalgruppe erreichten signifikant bessere Testergebnisse. Classroom Experiments scheinen Studierenden mit höherem Leistungsniveau größeren Vorteil zu bringen; bei schlechten Studenten eher nachteilig auf die Leistung auszuwirken. Notenanreize für die Teilnahme haben keinen Einfluss auf den Lernprozess.
Frank (1997a)	310	Experimental- und Kontrollgruppen Design ohne Pretest Lernzielüberprüfung durch Multiple Choice Test	1 Experiment (Allmende Problematik)	Autor führte Experiment selbst in 8 Lehrveranstaltungen an mehreren Universitäten durch; Thema wurde vorab in den Vorlesungen in unterschiedlicher Intensität behandelt.	Kein signifikanter Unterschied des Lernerfolgs zwischen den Gruppen feststellbar. Annahmen Frank: Experimente eignen sich besser für langfristiges Behalten und Experimente geben Möglichkeit und Raum für Diskussionen.
Gremmen/ Potters (1997)	38	Experimental-Kontrollgruppen Design mit Pre- und Posttest Zuordnung zu Experimental- und Kontrollgruppe zufällig; Lernzielüberprüfung durch Multiple Choice Test. In der Vorbereitung wurden für Experimental- und Kontrollgruppe exakt die gleichen Lernziele definiert.	1 makroökonomisches Experiment: SIER (simulating international economic relations) game	Untersuchen zusätzlich selbst eingeschätzten Lernzuwachs der Studierenden. Um „Lehrereffekte" zu vermeiden, wurden die Lehrkräfte während der Untersuchung zwischen den Gruppen getauscht.	Experimentalgruppe erreicht signifikant bessere Ergebnisse als Kontrollgruppe. Keine Korrelation zwischen selbst eingeschätztem und tatsächlichem Lernzuwachs der Studierenden.
Mullin/ Sohan (1999)	427	Experimental-Kontrollgruppen Design mit Pre- und Posttest Test für Lernerfolgsmessung: TUCE	8 Experimente aus Bergstrom/Miller 1997	8 verschiedene „instructors", welche jeweils 2 für Experimental oder 5 für die Kontrollgruppe zuständig waren; eine Person unterrichtete beide Gruppen	Keine Unterschiede zwischen den Gruppen, jedoch hatten Frauen, die vorher schlechtere Testergebnisse hatten nach den Experimenten signifikant bessere Ergebnisse. Bei männlichen Kollegen war der Effekt nicht nachweisbar. Unterschiede in den Experimenten; bessere TUCE Ergebnisse konnten durch die Experimente „pollution" und „competitive markets" erreicht werden.
Rott (2001)	110	Experimental-Kontrollgruppen Design; kein Pretest Alphabetische Zuordnung zu den Gruppen; Kontrollgruppe Alternativprogramm	2 Experimente: Marktexperiment Bergstrom/Miller und Experiment zur empirischen Ermittlung der Nachfragefunktion	Verschiedene Dozenten	Experimente steigern Motivation der Studierenden und das Interesse am Fach. Keine signifikanten Unterschiede im Lernerfolg erkennbar. Experimente sind gute unterrichtsmethodische Ergänzung und dienen der sozialen Einbindung der Studierenden.

Quelle: Eigene Darstellung

derheit in dieser Untersuchung ist der Nachweis, dass die Teilnehmer an den Experimenten signifikant bessere TUCE Ergebnisse hatten, unabhängig davon, ob in den Experimenten Anreize gegeben wurden oder nicht. Weiterhin konnte die Untersuchung zeigen, dass die Lehrmethode für bessere Studierende größere Vorteile bringt (Dickie 2000, S. 15). Schlechtere Studierende würden dagegen weniger durch den Einsatz dieser Lehrmethode gefördert. Nach Auffassung des Autors verbessert das „active learning" in den Experimenten allerdings das Lernergebnis durchgängig. Dieses Ergebnis bestätigen auch Frank (1997a) und Gremmen/Potters (1997). Sie kommen zu dem Ergebnis, dass der Lernerfolg bei den Teilnehmenden positiv beeinflusst wird. Dagegen können Mullin/Sohan (1999) keine eindeutige Überlegenheit zu traditionellen Lehrformen nachweisen, beschreiben aber eine eindeutig positive Wirkung auf die Zufriedenheit der Teilnehmenden[102].

Die zurzeit aktuellste und bislang einzige deutsche Studie zur Eignung ökonomischer Experimente sei kurz genauer erläutert[103]. Rott (2001a) untersucht darin den Einfluss auf den Lernerfolg und die Motivation bei Studierenden der Volkswirtschaftslehre in einem Einführungskurs im Fach VWL. Rott's Hypothese war, dass ein verstärkter Einbezug der Studierenden durch den Einsatz von ökonomischen Experimenten (Classroom Experiments) zu einem höheren fachlichen Interesse bei den Studierenden führt. Dies sei möglicherweise auf die von Studierenden selbst erlebten Verhandlungssituationen, die zu aktivem Lernen beitragen würden (Rott 2001a, S. 2), zurückzuführen. Zudem sei eine Darstellung realitätsnaher Marktsituationen möglich, durch welche die Studierenden einen Zusammenhang mit eigenen Erfahrungen herstellen könnten. Die von Rott zur Klärung dieser Zusammenhänge durchgeführte Untersuchung umfasste die Befragung von 110 Studienanfängern der VWL innerhalb einer Einführungsveranstaltung zu Semesterbeginn. Die Studierenden wurden alphabetisch auf zwei Experimentalgruppen und drei Kontrollgruppen verteilt. In den Experimentalgruppen wurde in einem zeitlichen Rahmen von 1,5 Tagen zwei Experi-

---

102 Dies stützt Ergebnisse früherer Untersuchungen von Cardell (1996), welcher ebenfalls keine statistisch signifikante Überlegenheit der experimentellen Lehrmethode im Vergleich zur Kontrollgruppe mit traditioneller Lehrmethode nachweisen konnte. Zur Erfolgsmessung setzte Cardell, ebenso wie Dickie (2000) und Mullin/Sohan (1999), den TUCE ein.

103 Dabei handelt es sich um ein zweijähriges Projekt im Rahmen des Aktionsprogramms „Qualität der Lehre" des Ministeriums für Wissenschaft und Forschung des Landes Nordrhein-Westfalen. Aufgabe des Projektes war es, Classroom Experiments als alternative Lehrmethode zu bestehenden Unterrichtsformen für Einführungsveranstaltungen in die VWL zu erproben. Die Konzeption des Untersuchungsdesigns dieser Arbeit erfolgte in enger Anlehnung an das von Rott 2001a. Die Autorin dankt Armin Rott für viele Anregungen und nützliche Hinweise sowohl zur Auswahl als auch zur Adaption der Experimente.

mente durchgeführt[104]. Im gleichen Zeitraum nahmen die Kontrollgruppen an einem alternativen Programm mit volks- und betriebswirtschaftlichen Inhalten teil.[105] Ein für alle identischer, an dieser Universität obligatorischer, Eingangstest beinhaltete Logik-Aufgaben und die Überprüfung mathematischer und sprachlicher Fähigkeiten[106]. Nach der Durchführung der Einführungsveranstaltung wurde anhand einer schriftlichen Befragung erhoben, in welcher Weise sich das Interesse der Teilnehmer für das Fach VWL nach eigener Einschätzung verändert hat. Die Lernzielkontrolle erfolgte in einem separaten Test zwei Wochen später. Am Ende des Semesters wurden die fachlichen Inhalte ein zweites Mal durch die reguläre Abschlussklausur abgefragt, allerdings ohne einen inhaltlich direkten Bezug zu den Experimenten. Rott vermutete durch den Einsatz von Classroom Experiments nicht nur eine Steigerung der Motivation und des Interesses am Fach. Zusätzlich sollte den Studierenden die Praxisrelevanz der Lerninhalte verdeutlicht und erste Erfahrungen mit fremdsprachlicher Fachliteratur gemacht werden. Insgesamt ging er von einer der traditionellen Lehrmethodik überlegenen Vermittlung des Lernstoffes aus (Rott 2001a, S. 5). Er differenzierte zwischen selbst wahrgenommenem und objektiv messbarem Lernzuwachs.

Tatsächlich zeigten die Ergebnisse, dass sich durch den Einsatz von Classroom Experiments die Motivation und das Interesse der Studierenden am Fach VWL steigern ließen. Zudem sahen die Teilnehmenden der Experimente häufiger die Praxisrelevanz volkswirtschaftlicher Inhalte. Der selbst eingeschätzte Lernzuwachs war bei den Versuchsgruppen im Ergebnis annähernd identisch. Bei dem Lernzielkontrolltest schnitten jedoch die Experimentalgruppen besser ab. Rott räumt ein, dass dieser Effekt allerdings auf den wesentlich höheren Anteil an Frauen in den Experimentalgruppen (73% in den Experimental- und 49% in den Kontrollgruppen) zurückzuführen sein könnte. Einen Unterricht, der sich methodisch ausschließlich auf Classroom Experiments stützt, hält Rott (2001a, S. 18) für nicht angebracht. Für ihn hat diese Lehrmethode eher eine ergänzende Funktion. Er sieht Classroom Experiments insbesondere für Einführungsveranstaltungen im volkswirtschaftlichen Grundstudium als geeignet, da auf diese Weise Studienanfängern die Scheu vor abstrakt anmutenden VWL Lerninhalten genommen werde. Der persönliche Kontakt mit anderen Studierenden im Experiment wirke außerdem der Anonymität der Hochschule entgegen.

Obschon in der Untersuchung von Rott die Lernergebnisse der Experi-

---

104 Bei den Experimenten handelte es sich um das „Apfelmarkt Experiment" nach Bergstrom/Miller und einem Experiment zur empirischen Ermittlung der Nachfragefunktion.
105 Genauere Angaben zur Lehrmethode der Kontrollgruppe werden nicht gemacht.
106 Von einer Erhebung des Vorwissensstandes der Teilnehmenden wurde abgesehen (Rott 2001a, S. 8).

mentalgruppen besser waren als die der Kontrollgruppen, wird dies nicht von allen Studien eindeutig belegt. Frank beschreibt zwei mögliche Gründe, weshalb der Einfluss von Experimenten auf Lernleistungen von Teilnehmenden dennoch unterschätzt werden könnte: „Die Intensität und die Anschaulichkeit, mit der einmal etwas gelernt wurde, bestimmt die Wahrscheinlichkeit es wieder zu vergessen." (Frank 1997b, S. 498) Hier ist gemeint, dass möglicherweise die emotionale Befindlichkeit in der Lernsituation Einfluss auf die langfristige, also schwer testbare Lernleistung hat. Weiterhin wäre es möglich, dass sich die Leistungsfähigkeit der Methode erst durch eine vollständige Integration in den Unterricht zeigt, indem innerhalb des Unterrichts immer wieder auf die Ergebnisse der Experimente verwiesen werde (Frank 1997b, S. 499). Somit sei es durchaus denkbar, dass eine Untersuchung über einen längeren Zeitraum andere, durchaus positivere Ergebnisse nachweisen könnte.

Schule

Für den Schulbereich liegen derzeit keine vergleichbaren Studien vor. Bei den Veröffentlichungen von Hazlett (2000, 2001a, 2001b; vgl. auch Kap. 2.4.2), Geisenberger/Nagel (2002) und Nagel (2006) handelt es sich um Beschreibungen von Experimenten, Anweisungen zur Auswertung der Daten und praktische Anregungen zur Durchführung für Lehrkräfte. Ergänzend untersuchten Frank/Haus (2003) die Einschätzung zur Eignung von Classroom Experiments von (zukünftigen) Lehrkräften.

Die im deutschen Sprachraum erste Empfehlung von Classroom Experiments für die Sekundarstufe I geben Geisenberger/Nagel (2002). Sie nehmen in ihrem Artikel Bezug auf die praktische Durchführung verschiedener ausgewählter Experimente in einer 9. Klasse im Fach Gemeinschaftskunde[107]. Eines der dort beschriebenen Experimente zum Thema „Angebot und Nachfrage" wurde nach Auskunft der Autoren mit einem kurzen Fragebogen mit fünf Items evaluiert. Geisenberger/Nagel kommen zu dem Ergebnis, dass sich Classroom Experiments zur Veranschaulichung von Modellen, wie z.B. der Preisbildung im Oligopol eignen. Das Veranschaulichen von Modellen habe allerdings das Ausblenden bestimmter Faktoren zur Folge, wodurch die Gefahr bestehe, dass sich die Schüler des Modellcharakters der Experimente nicht bewusst seien. Die Folge wäre eine realitätsferne Einschätzung von Sachverhalten. Nach Ansicht der Autoren kann dem durch umfassende Auswertung und Diskussion entgegengewirkt werden. Problematisch für die Integration in das Methodenrepertoire im Bereich ökonomischer Bildung sei möglicherweise zudem, dass die umfangreiche Literatur

---

[107] Leider erhält der Leser keine Auskunft darüber, in welcher Schule oder Schulart diese Befragung durchgeführt wurde.

fast ausschließlich in englischer Sprache verfasst sei. Zur Übersetzung seien also nicht nur englische Umgangs-Sprachkenntnisse, sondern auch Kenntnis der Fachtermini erforderlich.

Obschon es sich bei dieser Veröffentlichung um keine empirische Studie handelt, liefert sie Hinweise für die Besonderheiten des Schulunterrichts zur praktischen Durchführung von Studien. Denn im Hinblick auf die Verwendung von Classroom Experiments im Schulunterricht weisen Geisenberger/Nagel darauf hin, dass die Schüler Erfahrung im Umgang mit offenen Unterrichtsmethoden haben sollten (Geisenberger/Nagel 2002, S. 167). Trotz häufiger Wiederholungen könne es auf Seiten der Teilnehmenden zu Verständnisschwierigkeiten zum Ablauf der Experimente kommen. Es solle deshalb darauf geachtet werden, dass die Experimente konkrete praxisnahe Handlungsanweisungen und Einheitsangaben enthalten, um die Anschaulichkeit zu erhöhen. Für den Einsatz im Unterricht müsse zudem geprüft werden, inwiefern die für manche Experimente notwendigen Mathematikkenntnisse auf Seiten der Schüler bereits vorhanden sind. Weiterhin seien die Experimente von einer schul-externen Person und nicht von der zuständigen Fachlehrkraft durchgeführt worden. Deshalb seien die in der Untersuchung dokumentierten negativen Erfahrungen bei der Durchführung wahrscheinlich durch die unzureichende Bekanntheit der Klasse mit der die Experimente durchführenden Person hervorgerufen worden. Eine schriftliche Fixierung der Experimentergebnisse durch Lehrkräfte und Schüler erfolgte nach Beschreibung der Autoren nicht. Nach Angaben der Autoren wurden die Experimente im Unterricht außerdem ohne thematischen Rahmen unabhängig von dem gerade behandelten Unterrichtsstoff durchgeführt (Geisenberger/Nagel 2002, S. 195)[108].

Mit Nagel 2006 liegt eine erste umfangreiche Veröffentlichung zum Thema Classroom Experiments in der Sekundarstufe I vor, welche umfassend die historische Entwicklung der experimentellen Wirtschaftsforschung und insgesamt 14 verschiedene Experimente für die Sekundarstufe I vorstellt[109].

---

108 Dieses Vorgehen sollte m.E. in Untersuchungen zum Lernerfolg mit Classroom Experiments vermieden werden. Sowohl die schriftliche Fixierung der Unterrichtsergebnisse als auch die thematische „Einbettung" in eine Unterrichtsgesamtkonzeption sind für den Lernprozess der Schüler von großer Bedeutung und werden deshalb im regulären Fachunterricht berücksichtigt. Zur Überprüfung des Lernerfolges sollte also das Experiment innerhalb einer zusammenhängend konzipierten Unterrichtseinheit durchgeführt und von den Schülern dokumentiert werden.

109 Leider liegen entgegen der Ankündigung mit dieser Veröffentlichung keine empirischen Tests vor, die einen Lernerfolg mit Experimenten belegen könnten. Für die Zielsetzung und eigene Konzeption dieser Arbeit kommen die Anregungen dieser Veröffentlichung leider, aufgrund der zeitlichen Parallelität der Durchführung beider Untersuchungen, zu spät.

In einem Praxisteil werden drei verschiedene Versuche mit drei ausgewählten Experimenten in einer Hauptschule (7. Klasse mit 27 Schülern und einer 8. Klasse mit 28 Schülern) und einer Realschule (10. Klasse mit 22 Schülern) in Baden-Württemberg beschrieben. Das Buch bietet für Lehrkräfte inhaltlich umfangreiche Experimentbeschreibungen und gute Hinweise zur praktischen Durchführung zu Experimenten im Fachunterricht sowie viele organisatorische und methodisch-didaktische Hinweise, falls die Experimente einmal nicht so „laufen" sollten wie geplant. Besonders wichtig war es dem Autor offensichtlich, die Auswertungsmöglichkeiten der in den Experimenten gewonnenen Daten aufzuzeigen. Er kommt abschließend zu der Einschätzung, dass Experimente zu einer Aktivierung der Schüler führen, welches als Grundlage für die Bereitschaft des Lernens angesehen werden kann. Weiterhin sei es mit Experimenten möglich, komplexe Inhalte zu vermitteln. Ihre Verwendung trage zudem zu einer angenehmen Unterrichtsatmosphäre bei (Nagel 2006, S. 517)[110].

Die Einschätzung von Lehrkräften bezüglich der Leistungsfähigkeit der Classroom Experiments wurde bislang nur unzureichend untersucht. Derzeit liegt mit Frank/Haus (2003) lediglich eine Untersuchung zur Einschätzung von zukünftigen Lehrkräften vor. So ergab ihre Befragung von Lehramtsstudierenden des Faches Wirtschaft, dass diese die überwiegende Anzahl der in einer ein-semestrigen Lehrveranstaltung vorgestellten Classroom Experiments selbst im Unterricht verwenden würden und diesen eine mit naturwissenschaftlichen Experimenten vergleichbar gute Eignung zusprachen (Frank/Haus 2003, S. 16ff). Besonders gut schätzten die Befragten die Eignung der Experimente, vergleichbar mit naturwissenschaftlichen Experimenten, hinsichtlich der Vermittlung ökonomischer Gesetzmäßigkeiten, der Förderung sozialer Interaktion und der flexiblen Einsetzbarkeit im Unterricht ein (ebd., S. 15). Ob diese Aussagen auch von Fachlehrkräften getroffen werden, die ihren Beruf bereits einige Jahre ausführen und ob Lehrkräfte in der Praxis tatsächlich motiviert sind, neue Unterrichtsmethoden in ihren Unterricht zu integrieren, muss noch geprüft werden.

Insgesamt konnte die Literaturauswertung zeigen, dass amerikanische und deutsche Studien Classroom Experiments die Eignung für die Hochschullehre belegen. Eine Untersuchung zum Lernerfolg vergleichbar derer, die für den Hochschulbereich vorliegen, steht allerdings für den Schulbereich noch aus. Ebenso fehlt bislang eine Untersuchung der Einschätzung von Classroom Experiments durch Lehrkräfte als Experten für unterrichtliche Lehr-

---

110 „Eine Grundvoraussetzung für die Durchführung von Experimenten im Unterricht ist daher ein ‚gutes Verhältnis' zwischen Lehrperson und Schülern. Die Güte dieses Verhältnisses wird durch gegenseitiges Vertrauen und die beidseitige Bereitschaft zu ‚Abweichungen vom Alltag' geschaffen." (Nagel 2006, S. 115)

Lernprozesse. Alle für Hochschulen und Schulen genannten Studien und Berichte fokussieren die Studierenden bzw. Schüler und den Einfluss der von Classroom Experiments auf Lernen und Motivation dieser Bezugsgruppen. Die Betrachtungsperspektive der durchführenden Lehrkräfte bleibt bei der Einschätzung der Eignung von Classroom Experiments als Unterrichtsmethode beinahe vollständig unberücksichtigt. Dies liegt möglicherweise daran, dass Lehrkräfte, welche Experimente an Hochschulen durchführen, diese in der überwiegenden Anzahl der Fälle auch zu Forschungszwecken nutzen und selbst zumeist die zitierten Autoren sind. Dadurch ist davon auszugehen, dass diese in ihrer Funktion als Lehrkräfte von der „Wirkungsweise" und „Leistungsfähigkeit" der Methode überzeugt sind, die Fachkompetenz zur Durchführung von Experimenten besitzen und wahrscheinlich eher zu einem geringeren Anteil den Vorbereitungsaufwand von Classroom Experiments scheuen.

Von diesen für die Akzeptanz von Classroom Experiments günstigen Voraussetzungen ist im Schulbereich nicht auszugehen. Neben der bereits erwähnten englischsprachigen Fachliteratur ist die fehlende Berücksichtigung in wirtschaftsdidaktischen Büchern ein möglicher Hinderungsgrund für den Einzug von Classroom Experiments als Unterrichtsmethode für den Schulbereich. Andererseits sind Lehrkräfte an Schulen u.U. methodisch-didaktisch Hochschulkräften überlegen und haben größeres Interesse und höhere Motivation, Experimente als ihnen unbekannte Unterrichtsmethode in ihren Unterricht zu integrieren. Die Besonderheiten des Schulunterrichts und die Kompetenz der Lehrkräfte müssen deshalb für eine Untersuchung genauer betrachtet werden. Denn im Schulunterricht kommt beispielsweise hinzu, dass Schüler nicht freiwillig ein Fach belegen, wie Studierende, sondern der Schulpflicht unterliegen. Dies hat mitunter Folgen für ihre Motivationslage. Weiterhin muss vor einer Untersuchung der Frage nachgegangen werden, ob davon auszugehen ist, dass alle Lehrkräfte an Schulen über die notwendige Fachkompetenz verfügen, die Komplexität ökonomischer Modelle durch Classroom Experiments zu thematisieren.

Zusammenfassend können m.E. dennoch aus der Literaturauswertung wichtige Hinweise für die praktische Durchführung von Classroom Experiments an Schulen gewonnen werden. Die bereits vorliegenden Aussagen und Erfahrungsberichte stützen die Annahme, dass Classroom Experiments im Schulbereich ähnlich positiven Einfluss erwarten lassen wie in der Lehre an Hochschulen. Mit Nagel (2006) stehen erstmals auch für Schulen umfangreiche Experimentbeschreibungen in deutscher Sprache zur Verfügung, was die Voraussetzung für einen erfolgreichen Einsatz auch im Schulbereich bildet. Nach Auswertung der bislang vorliegenden Literatur ist insgesamt für eine Untersuchung an Schulen zu erwarten, dass …

- …mit Hilfe von Classroom Experiments als Unterrichtsmethode ein Lernerfolg bei Schülern erzielt werden kann.
- …Experimente zu einer Steigerung des Interesses am Fach und der Motivation von Schülern beitragen können.
- …die Anschaulichkeit von abstrakt empfundenem Unterrichtsstoff erhöht werden kann.

Falls keine dieser Aussagen für den Schulbereich zutreffen sollte, ist möglicherweise ein Argument von Hochschullehrkräften für ihre Verwendung tragfähig: „Different students learn economics in different ways. The best teaching strategy provides alternative learning methods." (Siegfried/Fels 1979, S. 953) Becker/Watts führen diese Aussage weiter: „Great orators should lecture. The rest of us should consider using a variety of teaching methods to actively engage our students and reduce the amount of time we spend lecturing to audiences that are often captive in the short run, but all too willing and able to vote with their feet in the long run…" (Becker/Watts 1995, S. 699). Wenn folglich mit dieser Lehrmethode auch im Schulbereich gelernt werden kann, d.h. wenn Lernziele erreicht werden können, dann trägt sie in jedem Fall zur Diversifizierung des „Unterrichtsmethodenkastens" der Wirtschaftsdidaktik bei und sollte aus diesem Grund Berücksichtigung finden.

2.5 Schlussfolgerungen

Kapitel 2 konnte zum einen zeigen, dass Classroom Experiments aus einer forschungsmethodischen Weiterentwicklung der Wirtschaftswissenschaften entstanden sind, die weit reichende Bedeutung für die Wirtschaftswissenschaft als Wissenschaft und die Interpretation ihrer Forschungsergebnisse hat. Wirtschaftswissenschaftliche Forschung bearbeitet ein hochkomplexes Forschungsgebiet mit ebenso komplexen Forschungsmethoden. „Social reality is, unfortunately, more complex than classical economics allow. Neither buyers nor sellers are inherently omniscient and there are formidable costs and difficulties in acquiring the information and capabilities necessary for informed, foresightful marketplace decisions." (Deutsch/Kotik 1978, S. 21) Erkenntnisse der wirtschaftswissenschaftlichen Forschung können daher keine universelle Gültigkeit beanspruchen. Sie sind Näherungen an die Realität. Der Forschungsgegenstand ist von historischer Entwicklung und Bildungsstand, Einkommen, Normen sowie Werten einer Gesellschaft beeinflusst. Die Vielzahl mathematischer Berechnungen und statistischer Tendenzen täuscht darüber hinweg, dass wirtschaftswissenschaftliche Erkenntnisse einer Vorläufigkeit unterliegen. Vielfach können deshalb ökonomische Modelle zu Verallgemeinerungen, Fehlschlüssen und Fehlprognosen verleiten. Aus diesem Grund ist auch die Fachdidaktik der Wirtschaftswissenschaft gefordert, ihr Verhältnis zur fachwissenschaftlichen Disziplin „(...) in Auseinandersetzung mit den herrschenden Paradigmen der fachwissenschaftlichen Disziplinen zu bewerkstelligen" (Kaminski 1977, S. 176). Dabei ist es die Aufgabe, „die Anomalien zu identifizieren, die bezweifeln lassen, dass das herrschende Paradigma eine zutreffende Wirklichkeitserkenntnis für die Lernenden bieten kann. (...) Die Didaktik der ökonomischen Bildung hat deshalb zu verdeutlichen, inwieweit herrschende Paradigmen eine bestimmte Sichtweise, ein bestimmtes Deutungsmuster von Welt nahe legen und dabei andere behindern, verhindern und unterdrücken." (ebd.)

Diese Betrachtungsweise hat für Classroom Experiments, als für die Lehre weiterentwickelte Form von Forschungsexperimenten, zur Folge, dass ihre Einführung bzw. Thematisierung im Schulunterricht gefordert werden sollte. Im konkreten Unterrichtsgeschehen könnte anhand eines Marktexperiments beispielsweise sowohl gezeigt werden, dass das Prinzip der „unsichtbaren Hand" nach Adam Smith funktioniert (vgl. Kap. 2.2.2), als auch, dass dieses gewissen Grenzen und Bedingungsfaktoren der Gleichgewichtspreisbildung unterliegt. Mithilfe von Experimenten im Rahmen der Spieltheorie können strategische Entscheidungen von Individuen dargestellt werden. Es kann gezeigt werden, dass Unternehmen ihre Markteintrittsentscheidungen strategisch analysieren können und gut beraten sind, diese in Abhängigkeit von den Möglichkeiten anderer Unternehmen zu bewerten. Marktexperimente eignen sich sowohl zur Veranschaulichung eines Idealmodells der Preisbildung mit wenigen Anbietern und wenigen Nachfragern, eines homogenen Gutes bei vollständiger Information und Konkurrenz, als auch zum Aufzeigen von Sonderbedingungen, unter denen dieses Experiment nicht zum Gleichgewichtspreis führen kann. Die Grenzen von Modellen können z.B. im Ultimatumspiel[111] aufgezeigt werden, wo nachge-

---

111 Im Ultimatumspiel wird folgendes Szenario gezeigt: Spieler A und Spieler B müssen über die Aufteilung eines bestimmten Betrages, hier im Beispiel 1000 Euro entscheiden. Die Auszahlung ist allerdings an eine Bedingung geknüpft: Über die Verteilung des Geldes soll Spieler A Spieler B ein Angebot machen. Nimmt dieser an, wird das Geld entsprechend verteilt, lehnt dieser ab, gehen beide leer aus. Das Experiment verläuft über mehrere Spielrunden. Man teilt die Gruppe der Teilnehmenden in Spieler A und Spieler B ein. Die Verteilung, wer Spieler A oder B ist, kann zufällig erfolgen. Auch kann variiert werden, ob Spieler A und Spieler B sich gegenübersitzen oder die Angebote anonym ausgetauscht werden. Spieler A notiert sein Angebot für die Aufteilung des Geldes auf einen Zettel. Dieser Zettel wird nun an den ihm zugeordneten Spieler B gegeben, der zustimmen oder ablehnen kann. Wenn er zustimmt, können sich beide ihren jeweiligen Anteil als Gewinn notieren. Ansonsten gehen beide in dieser Runde leer aus. Die Rollen können nun in der nächsten Runde getauscht werden. In der Auswertung können z.B. die Begriffe „soziale Fairness" (welcher Betrag „gehört" sich, herzugeben) und das persönliche Kalkül (Spieler A muss kalkulieren,

wiesenermaßen das Modell des Homo Oeconomicus versagt und Menschen wirtschaftliche Entscheidungen u.a. nach Fairnessaspekten treffen.

Zum anderen konnte Kapitel 2 zeigen, dass Unterricht mit Classroom Experiments aus unterrichtsmethodischer Sicht als eine Form entdeckenden Lernens betrachtet werden kann, das eine motivierende und aktivierende Hochschullehre ermöglicht. Ob dies in dieser Form auch für den Schulunterricht zutrifft, wird zwar angenommen, ist derzeit allerdings noch nicht durch eine vergleichbar angelegte Studie belegt. Innerhalb dieses Referenzrahmens gehe ich deshalb in der nachfolgenden eigenen Untersuchung aus mehreren Perspektiven der Frage nach, ob Classroom Experiments auch für den Schulunterricht geeignet sind.

Das Forschungsdesign hierzu werde ich an den bereits aus dem Bereich der Hochschule vorliegenden Untersuchungen orientieren. Zusätzlich werde ich die Einschätzung der Lehrkräfte als Experten für schulische Lehr-Lernprozesse zu Classroom Experiments als Unterrichtsmethode untersuchen. Diese Position ist bislang beinahe vollständig vernachlässigt worden. Dabei ist für den unterrichtsmethodischen Aspekt von Classroom Experiments die Einschätzung der Lehrkräfte bezüglich der Leistungsfähigkeit und Handhabbarkeit der Unterrichtsmethode besonders aussagekräftig. Für den forschungsmethodischen Aspekt von Classroom Experiments ist relevant, ob Lehrkräfte diesen eine mit naturwissenschaftlichen Experimenten vergleichbare Eignung zusprechen.

Zunächst betrachte ich nun die untersuchungsrelevanten Aspekte des Wirtschaftsunterrichts an Schulen. Zu diesen gehören die Anforderungen an eine gute Unterrichtsgestaltung nach Unterrichtsprinzipien, die zur Durchführung der Experimente erforderliche fachliche und methodische Kompetenz der Lehrkräfte und die Besonderheiten des Wirtschaftsunterrichts an rheinland-pfälzischen Schulen.

---

bei welchem Betrag Spieler B annimmt) aufgezeigt werden. Diese widersprechen dem ökonomischen Prinzip, nach dem jeder rein rational denkende Mensch bei jeder Aufteilung zustimmen muss, da er sich immer im Vergleich zu vorher besser stellt.

3 Classroom Experiments – Eine Methode für den Schulunterricht?

3.1 Untersuchungsrelevante Aspekte des Wirtschaftsunterrichts

3.1.1 Unterrichtsgestaltung nach Unterrichtsprinzipien

Die thematische Bandbreite der Classroom Experiments (vgl. Kap. 2.4.2) allein ist als Begründung für die Empfehlung als Unterrichtsmethode nicht ausreichend. Lehrgangsorientierter Frontalunterricht genügt diesem inhaltlichen Kriterium ebenso. Eine Orientierungshilfe für die „gute" didaktische Gestaltung von Unterricht bieten Unterrichtsprinzipien, welche als allgemeine Forderungen definiert werden können, deren Geltung unterstellt wird, „damit Lehren und Lernen nicht richtungs- und sinnlos werden." (Hintz/Pöppel/Rekus 2001, S. 369) Es handelt sich also weniger um Regelwerke als um notwendige Entscheidungsorientierungen für Lehrkräfte. Sie werden generell eher allgemein formuliert und haben verschiedene Geltungsbereiche (Glöckel 2003, S. 314ff). In Lehrplänen werden Unterrichtsprinzipien als Empfehlungen zur Unterrichtsgestaltung ausgewiesen und in einzelnen bislang vorliegenden Veröffentlichungen zum Thema Classroom Experiments als Unterrichtmethode thematisiert (so z.B. bei Nagel 2006, Schuhen 2005). Aus diesem Grund sollen sie auch in dieser Arbeit Erwähnung finden. Doch zunächst sollte geklärt werden, was der Begriff „Unterrichtsprinzip" umfasst, um auf diese Weise seine Relevanz für die Unterrichtspraxis zu erläutern.

Wie auch zum Begriff der Unterrichtsmethoden (vgl. Kap. 2.1) gibt es zu Unterrichtsprinzipien unterschiedliche Bezeichnungen, wie z.B. Unterrichtsgrundsätze (Glöckel 2003, S. 279), Prinzipien effektiver Unterrichtsgestaltung und Bildungsprinzipien (Wiater 2001, S. 4). Neben den Unterschieden in der Begriffsverwendung sind aber auch Differenzen hinsichtlich der Auffassung der Funktion von Unterrichtsprinzipien anzutreffen. So beschreiben einige Autoren ihre Funktion beispielsweise aus bildungstheoretischem Verständnis „als Richtlinien zur Auswahl von Lehr- und Lerninhalten", unter lerntheoretischem Aspekt „als Orientierungsmarken der Faktoranalyse" und im Sinne der Lernzielorientierung „als Wissenschaftsgemäßheit und Kritikoffenheit des Unterrichts" (Unterscheidung nach Wolf 1981, S. 328).

Insgesamt zeigt sich zu Unterrichtsprinzipien in der Literatur eine „lange uneinheitliche Liste" (Wiater 2001, S. 4f). Wolf unterscheidet beispielsweise: Sachgerechtigkeit, Schüler- oder Kindgemäßheit, das Prinzip der Lebensnähe oder Aktualität, das Prinzip der Selbsttätigkeit, das Prinzip der Anschauung, der Differenzierung und des Exemplarischen (Wolf 1981, S. 331ff). Glöckel (2003) systematisiert diese Begriffe durch die Unterscheidung zwischen fundierenden und regulierenden Unterrichtsgrundsätzen. Er differenziert zwischen den fundierenden Unterrichtsprinzipien Sachgemäßheit, Schülergemäßheit und Zielgemäßheit sowie den regulierenden Unterrichtsprinzipien Anschauung, Selbsttätigkeit, Motivationshilfe, Elementarisierung, Erfolgssicherung und Ökonomie (Glöckel 2003, S. 282 ff). Hintz/Pöppel/Rekus gehen dagegen davon aus, dass alle Unterrichtsprinzipien unter den Begriffen Selbsttätigkeit, Anschaulichkeit, Konzentration und Synthese subsummiert werden können. Diese Unterscheidung wird in abgewandelter Form auch in den Lehrplänen zum Fach Wirtschaft der an der eigenen Erhebung teilnehmenden Schulen getroffen[112]. Beispielsweise gibt das Bundesland Rheinland-Pfalz folgende Empfehlungen als didaktische Leitlinien von Unterricht: Schülerorientierung, Handlungsorientierung, Problemorientierung, Auseinandersetzung mit kontroversen Standpunkten und Wissenschaftsorientierung[113].

Schülerorientierung und Handlungsorientierung meinen dabei die altersgemäße Ausgestaltung von Lernprozessen, die von den Schülern aktiv mitgestaltet und geplant werden sollen. Vor allem aber zielt dieses Prinzip auf die selbstständige und selbsttätige Suche der Schüler nach Lösungsmöglichkeiten mit dem Ziel, neue Erkenntnisse durch entdeckendes Lernen zu Erhalten, dieses mit vorhandenem Wissen zu verknüpfen und auf neue Situationen anwenden zu können (MBWW 1999, S. 5f). Das Prinzip der Problemorientierung weist über die Vermittlung von Faktenwissen hinaus. Lernprozesse sollen in „authentischen oder auch simulierten Situationen" erfolgen, welche Schülern die Möglichkeit eröffnen, „sowohl praktische als auch emotionale und intellektuelle Fähigkeiten einzubringen, so dass Denken und Handeln aufeinander bezogen werden können." (MBWW 1999, S. 6) Das Offenlegen wirtschaftspolitischer Kontroversen sei ausgewiesenes Ziel des Unterrichts. Wissenschaftsorientierung meint, dass Unterricht

---

112 Da die Diskussion um die Begriffsdefinition, Funktion und Systematisierung von Unterrichtsprinzipien nicht erschöpfend in dieser Arbeit thematisiert werden kann, wähle ich als Grundlage weiterer Ausführungen die Systematisierung der vorliegenden Lehrpläne, da diese für die an dieser Untersuchung beteiligten Lehrkräfte verbindlich sind.

113 Diese Aussage bezieht sich beispielhaft auf die ausgewiesenen didaktischen Prinzipien in den Lehrplänen für die Schularten Hauptschule, Realschule, Gymnasium und Regionale Schule zum Lernbereich Gesellschaftswissenschaften der Klassen 7-9/10 und dem Lehrplan zum Wahlpflichtfach Wirtschafts- und Sozialkunde der Klassen 9 und 10 der Realschule in Rheinland-Pfalz.

Schülern ermöglichen soll, einen Einblick in wissenschaftliche Forschungsmethoden zu erhalten, diese selbst zu erlernen und anzuwenden.

Dieser Aspekt wird bei Hinz/Pöppel/Rekus beispielsweise unter dem Aspekt der Selbsttätigkeit thematisiert[114]. Ihrer Meinung nach ist unter diesem Unterrichtsprinzip zu berücksichtigen, „welche wissenschaftsanalogen Methoden und Verfahren von Schülern erfolgreich angewandt werden können." (Hintz/Pöppel/Rekus 2001, S. 399). Dabei sei es möglich, dass die Anwendung der Methode zur Lernaufgabe des Schülers werde und somit als gegenstandskonstituierende Methode und gleichzeitig als Lernmethode anzusehen sei. Wissenschaftsorientierung nach Hinz/Pöppel/Rekus heißt also, dass sich Lernprozesse an den Erkenntnismethoden der neuzeitlichen Wissenschaften orientieren sollten (ebd. S. 394), um den Schülern zu ermöglichen, Erkenntnisschritte selbsttätig nachzuvollziehen. Vereinzelt werden Unterrichtsprinzipien auch in der Diskussion um Classroom Experiments als Unterrichtsmethode berücksichtigt, wie das folgende Kapitel zeigen wird.

In den bis zu diesem Zeitpunkt vorliegenden Veröffentlichungen zum Einsatz von Classroom Experiments im deutschsprachigen Raum finden Unterrichtsprinzipien vereinzelt Berücksichtigung[115]. So erfüllen beispielsweise nach Schuhen diese sowohl die Forderung nach Schülerorientierung als auch nach Problemorientierung. Seiner Ansicht nach sind ökonomische Experimente eine Form „entdeckenden Lernens", welche zur Förderung der Motivation und der aktiven Teilnahme der Lernenden beitragen (Schuhen 2005 S. 2f)[116]. Die Schüler hätten die Möglichkeit, „neues Wissen selbstständig und explorativ zu erwerben." (Schuhen 2005, S. 4) Folglich erfüllen Classroom Experiments weiterhin den didaktischen Anspruch der Problem-

---

114 Bei Glöckel wird dieser Aspekt unter dem Begriff „Sachgemäßheit" thematisiert (Glöckel 2003, S. 282), ebenso bei Wolf unter dem „Prinzip der Sachgerechtigkeit" (1981, S. 332f) und unter „Sachorientierung" bei Wiater (2001, S. 10).

115 In Studien aus dem amerikanischen Sprachraum werden Unterrichtsprinzipien nicht explizit thematisiert. Jedoch wird der Aspekt der Selbsttätigkeit der Teilnehmenden im Experiment indirekt häufiger angesprochen. Aus diesem Grund beziehen sich die weiteren Ausführungen auf den deutschen Sprachraum.

116 Schuhen (2006) bezieht sich hierbei auf den Begriff des „entdeckenden Lernens" nach Bruner. Nach diesem Ansatz müssen Lehr- und Lernprozesse so gestaltet werden, dass sie den Lernenden zu Operationen anhalten, „aufgrund derer sie die gesetzmäßigen Beziehungen oder Relationen zwischen Strukturelementen (= Funktionen) sowie den Strukturzusammenhang selbst erkennen und zu formulieren in der Lage sind." (Kron 2004, S. 172) Dabei geht er davon aus, dass ein Mensch von Beginn seines Lebens an ein lernendes Subjekt ist: Lehr-Lernprozesse im Unterricht sind folglich lediglich ein Teilbereich des Lernens, die in einem institutionalisierten Umfeld stattfinden. Diese Aussagen können von neuen Erkenntnissen aus dem Bereich der Gehirnforschung gestützt werden, nach denen jeder Mensch (willentlich oder unwillentlich) sein ganzes Leben lang lernt (Spitzer 2002, S. XIII).

orientierung, da Schüler im Experiment innerhalb einer simulierten Situation lernen, in welcher es notwendig ist, Denken und Handeln aufeinander zu beziehen und aktiv zu werden. Nagel weist zudem daraufhin, dass Classroom Experiments der Prämisse der Handlungsorientierung genügen, da sie selbstständiges Lernen und Arbeiten verlangen und sich eignen, kontroverse wirtschaftspolitische Diskussionen anzuregen (Nagel 2006, S. 105)[117].

Neben all diesen Argumenten erscheint die Wissenschaftsorientierung in der Diskussion um Classroom Experiments die am wenigsten Beachtung findende Argumentationslinie (vgl. Kap. 2.4.5). Für den Lernprozess des Schülers heißt Wissenschaftsorientierung „eine Sache systematisch und methodisch selbst denken. Eine gute Schule ist die, in der die Lehrenden die Lernenden mit in die Methode des Faches nehmen und in dieser Methode ihr Denken anstoßen, auslösen, fördern, weiterführen." (Ladenthin 2005, S. 92) Dies ist auch eine Forderung der Wirtschaftsdidaktik. So seien „die disziplinimmanenten Probleme (unterschiedliche methodologische Positionen und Verwertungsinteressen) der Fachdisziplinen offenzulegen und zu berücksichtigen." (Kaminski 1977, S. 104) Die Aufgabe der Wirtschaftswissenschaften als Fachwissenschaft ist die Abgrenzung und Erforschung des Gegenstandsbereiches „Wirtschaft". Die Aufgabe der Fachdidaktik ist die Auswahl der Inhalte des Forschungsgebietes gemäß ihrer begründeten Relevanz für den Schulunterricht. Die Forschungsmethoden der Fachwissenschaft prägen den „Blick" auf den Forschungsgegenstand und sind folglich Erkenntnis (an-)leitend. Somit ist die Fachdidaktik die Vermittlerin des „ökonomischen Blickes" auf die Welt.

Aus diesen Ausführungen sind insgesamt m.E. folgende Konsequenzen abzuleiten: Wenn aus bildungstheoretischer Sicht die Schule dazu befähigen soll, „die Welt selbst zu denken" (Ladenthin 2006, S. 46), müssen Fachmethoden, welche den Ausschnitt der Wirklichkeit zu erforschen suchen, im Unterricht thematisiert werden. Oder anders gesagt: Die Wissenschaften müssen die Methoden, mit welchen sie ihren Forschungsgegenstand zu ergründen versuchen, offen legen, damit Schüler diesen „Weg" selbst verfolgen und einer Bewertung unterziehen können. Laboratory Experiments stellen eine Erweiterung der Forschungsmethoden der Fachwissenschaft dar (wie in Kap. 2.2.4 dargestellt). Diese finden jedoch in Lehrbüchern der akademischen Hochschulbildung und in Schulbüchern wenig bzw. keine Berücksichtigung. Classroom Experiments wurden bzw. werden direkt aus einer Forschungsmethode der Wirtschaftswissenschaften abgeleitet. Dabei lässt der Einsatz ökonomischer Experimente im Schulunterricht mehrere

---

117 Beispielsweise könnten durch Experimente zur Allmende-Problematik Diskussionen angeregt werden, die sich mit den Problemen der Ressourcenschonung bzw. Umweltverschmutzung auseinandersetzen (Nagel 2006, S. 239 ff).

Möglichkeiten zu: 1. Die Lehrkraft kann Experimente als einen methodischen Weg der Wirtschaftswissenschaften, ihren Forschungsgegenstand zu erschließen, vorstellen[118]. 2. Das Ausüben des Gegenstandes wird zu Lernmethode des Schülers. Aus diesem Grund gehören ökonomische Experimente in den Schulunterricht!

3.1.2 Fachliche und methodische Kompetenz von Lehrkräften

„We recognize that there are substantial fixed costs to be paid in learning a new teaching methodology and, for inexpierenced instructors, laboratory exercises may 'fail' for a host of reasons. However, as the instructor gains experience with the methodology, the exercise run more and more smoothly and require less and less effort." (Noussair/Walker 1999, S. 70) Noussair/Walker betonen nicht nur, dass es u.U. eine Weile dauert, bis der Instruktor selbst den Ablauf des Experiments verinnerlicht hat, sondern weisen auch darauf hin, dass wenig Erfahrung in der Durchführung von Experimenten, das Experiment selbst „gefährdet". Damit Experimente überhaupt einen „Erfolg" haben können, müssen sie reibungslos verlaufen. Dies sieht auch Holt so: „Many instructors are hesitant to run classroom experiments for fear of losing control or of obtaining anomalous results that will be difficult to explain." (Holt 1999, S. 608) Aus diesem Grund setzen Classroom Experiments auch im Schulbereich einen methodisch sicheren Instruktor vor, der zudem über die notwendigen wirtschaftswissenschaftlichen Fachkenntnisse verfügen muss (Nagel 2006, S. 115 f.).

Eine strukturelle Besonderheit der Lehrerausbildung muss deshalb für Studien in diesem Bereich besondere Beachtung finden. Denn gerade für den Einsatz im Schulunterricht ist davon auszugehen, dass der überwiegende Teil der Lehrkräfte „fachfremd" unterrichten muss[119]. „Fachfremd" bedeutet, dass die Lehrkraft das zu unterrichtende Fach nicht durch ein Studium kennengelernt hat, sondern sozusagen das Fach „fremd" unterrichten muss. In der Folge bedeutet dies, dass den Lehrkräften notwendige fachliche Kompetenzen fehlen, um ökonomische Sachverhalte zu unterrichten (Beinke 2006, S. 147). Die Ursache hierfür liegt in der bislang ausgebliebenen Etablierung eines Faches „Wirtschaft" an allen deutschen Schulen. Dadurch konnte bisher keine einheitliche Studienfachregelung für

---

118 Heutige Erkenntnisse der Wirtschaftswissenschaften basieren auf dieser methodischen Weiterentwicklung.

119 Auf Anfrage wurde der Prozentsatz für den Bereich Wirtschafts- und Sozialkunde sowie das Fach Arbeitslehre für das Bundesland Rheinland-Pfalz vom Ministerium für Bildung, Familie, Frauen und Jugend in Rheinland-Pfalz mit 75% für das Jahr 2000 angegeben (vgl. auch Kap. 3.1.1).

Lehramtsanwärter gefunden werden (Kruber 1998, S. 257). Die Folge ist, dass „Wirtschaftsunterricht (...) an den Schulen überwiegend (...) von dafür nicht oder nur unzureichend ausgebildeten Lehrkräften unterrichtet" wird (ebd.). Fachlehrkräfte sind also gezwungen, sich ihre Kenntnisse im Selbststudium oder durch Weiterbildung anzueignen. Dabei ist „die Steigerung der fachwissenschaftlichen Kompetenz der beteiligten Lehrkräfte unabdingbar, wenn sie nicht Rezepten ausgeliefert werden sollen, die nur einen rigiden Nachvollzug schon vorgeplanter Schritte erlauben, ohne dass die Reichweite der unterrichtlichen Vorgehensweise auch nur im entferntesten für die eigene fachdidaktische Fragestellung eingeschätzt werden kann." (Kaminski 1977, S. 275)

Classroom Experiments stellen hohe inhaltliche Anforderungen an die Fachkompetenz der durchführenden Lehrkraft. „Nur wenn der Lehrperson alle grundlegenden Aspekte des zu erforschenden Inhalts bekannt sind, kann (...) davon ausgegangen werden, dass die Schlüsselfaktoren erkannt sind, diese bei der Planung des Experiments berücksichtigt werden und die Lernenden Möglichkeiten bekommen, sich mit ihnen auseinanderzusetzen." (Nagel 2006, S. 115) Ob dies angesichts der Studienfachlage allerdings als gewährleistet angesehen werden kann, ist fraglich. Erschwerend kommt hinzu, dass Lehrkräfte bei der Durchführung von Classroom Experiments den Transfer des Gelernten auf Alltagssituationen anleiten bzw. anregen müssen, um die Anschaulichkeit für den Schüler zu ermöglichen. Aufgrund des einseitigen (ökonomischen) Erkenntnisinteresses der Wirtschaftswissenschaften muss diese sich jedoch „von dem zur Lebensbewältigung nötigen komplexen Alltagswissen erheblich unterscheiden. (...) Lerntheoretisch gesehen bedeutet die hiermit bezweifelte Strukturidentität von Wissenschafts- und Alltagswissen, dass erhebliche Schwierigkeiten beim Transfer wissenschaftlicher Kategorien auf konkrete Alltagssituationen anzunehmen sind." (Kaiser/Kaminski 2003, S. 110 f)

Weiterhin stellen Classroom Experiments hohe Anforderungen an die Methodenkompetenz von Lehrkräften. King schreibt dazu: „I think many instructors' personalities will be such that they have difficulty with the chaos, noise and lack of control of the experiment – it is hard to stand back and let the process evolve as it may. Active learning is a more difficult teaching process for many instructors, since it requires acting more like a coach and less like an instructor." (King 1999, S. 8) Somit ist die Erfahrung im Umgang mit offenen Unterrichtsmethoden wichtig, um Classroom Experiments sinn- und wirkungsvoll einsetzen zu können (Holt 1999, S. 607). Denn die Angst vor Kontrollverlust während des Experiments oder die Möglichkeit des Zustandekommens schwer interpretierbarer Daten hindert die Lehrpersonen auch an Hochschulen an der Verwendung von Classroom Experiments (Holt 1999, S. 607). Dies sieht Nagel für den Schulbereich ähnlich. Die Herausforderung für die Lehrperson sei es, „die Gesamtsituation jeder Zeit zu überblicken und zu kontrollieren, auf unerwartete Ergebnisse und Fragen flexibel zu reagieren und dabei den Gesamtzusammenhang nicht aus den Augen zu verlieren." (Nagel 2006, S. 155)

Die Voraussetzung für die „erfolgreiche" Verwendung von Classroom Experiments ist also, dass Lehrkräfte Kenntnisse im Umgang mit offenen Unterrichtsmethoden haben und/oder Interesse daran, diese zu verwenden. Allerdings kommt Weiss zu dem Ergebnis, dass der Wirtschaftsunterricht bislang „traditioneller, eher belehrender und vornehmlich vom Lehrer getragener Unterricht" ist, der sich keinesfalls durch „Methoden, in denen sich die Schüler selbständig mit wirtschaftlichen Themen auseinandersetzen", auszeichnet (Weiss 1998, S. 206). Dies scheint jedoch nicht an der Motivation und dem Interesse der Lehrkräfte, neue Methoden zu erlernen, zu liegen. Denn hier kommt Weiss zu dem Ergebnis, dass sich die Mehrzahl der 2000 befragten Lehrkräfte auf pädagogisch-didaktischem Gebiet mit neuen methodischen Ansätzen vertraut machen möchte (Weiss 1998, S. 207 f)[120].

Für diese Untersuchung folgt aus den genannten Faktoren, dass anders als an Hochschulen für den Schulbereich nicht durchgängig von einem vorherigen Fachstudium der Lehrkräfte ausgegangen werden kann. Diese Besonderheit gilt es für die Planung von Studien an Schulen zu berücksichtigen. Mit mangelndem Interesse an neuen Unterrichtsmethoden ist seitens der Lehrkräfte eher nicht zu rechnen. Allerdings kann m.E. von einer Motivation von Lehrkräften, diese neue Methode an Schulen zu testen, nur dann ausgegangen werden, wenn diese sich für ihre Verwendung in fachlicher und methodischer Sicht kompetent fühlen. Der Weg, sich kompetent zu fühlen, ist allerdings auch bei Lehrkräften der Weg über das „Selbermachen". Denn: „In gewisser Weise sind Erwachsene zwar lernfähig, aber unbelehrbar. Welche Methoden passend sind, muss immer wieder neu vereinbart und auch erprobt werden. Entscheidend ist, dass Lehrende und Lernende mit Freude, vielleicht sogar Begeisterung „bei der Sache" sind. Diese Neugier kann methodisch gefördert werden." (Siebert 2004, S. 9) Dies bedeutet, dass der Weg in die Schulen zunächst über eine Schulung der Lehrkräfte erfolgen muss.

---

120 Bei der zitierten Untersuchung handelt es sich um die bislang einzige umfangreichere Untersuchung zur ökonomischen Bildung an Schulen in Deutschland durch einen Vergleich von vier Bundesländern, an der sich insgesamt fast 2000 Lehrkräfte beteiligt haben. Sie wurde in Auftrag gegeben von der Bundesvereinigung der Arbeitgeberverbände, dem Studienkreis SCHULE WIRTSCHAFT in Nordrhein-Westfalen, der Vereinigung der Arbeitgeberverbände in Bayern, dem Bildungswerk der Rheinland-Pfälzischen Wirtschaft e.V. und der Initiative Lehrerbildung Ost e.V. Herausgegeben wurde sie vom Institut der Deutschen Wirtschaft in Köln.

3.1.3 Ökonomische Bildung an Schulen – Bestandsaufnahme in Rheinland-Pfalz

Aufgrund der Bildungshoheit der einzelnen Bundesländer und der daraus resultierenden unterschiedlichen „Ausstattung" der Länder mit Fächern zu wirtschaftswissenschaftlichen Inhalten wurde diese Untersuchung auf ein einzelnes Bundesland, Rheinland-Pfalz, beschränkt. In Rheinland-Pfalz gibt es, wie auch in den anderen Bundesländern, kein einheitliches Fach „Wirtschaftslehre"[121]. Wirtschaftswissenschaftliche Inhalte werden abhängig von der Schulart in unterschiedlichem Umfang, in Fächern unterschiedlicher Bezeichnung und mit differierendem Verpflichtungsgrad für die Schüler behandelt.

So unterscheidet man in Haupt- und Realschulen, Regionalen Schulen, Integrierten und Kooperativen Gesamtschulen etc. unter anderem die Fächer Arbeitslehre, Wirtschafts- und Sozialkunde (WISO) und Gemeinschaftskunde. Der Verpflichtungsgrad zur Teilnahme an diesen Fächern ist abhängig davon, ob es sich um ein Pflichtfach, Wahlpflichtfach oder ein Wahlfach handelt. Die Teilnahme an Pflichtfächern und Wahlpflichtfächern ist für die Schüler verbindlich. Bei einem Wahlpflichtfach können die Schüler jedoch gemäß ihrer Neigungen und Interessen aus einem Angebot an Fächern auswählen. Ein Wahlfach kann dagegen sowohl frei aus einem Fächerangebot ausgewählt als auch besucht werden. In Hauptschulen, Sonderschulen, Regionalen Schulen und Integrierten Gesamtschulen gibt es ab der 7. Klasse das Pflichtfach Arbeitslehre. Dieses ist hauptsächlich eher berufsorientiert und soll auf das Arbeitsleben vorbereiten. In Realschulen gibt es ab der 9. Klasse das Wahlpflichtfach Wirtschafts- und Sozialkunde. Das Wahlfach Wirtschaftslehre gibt es beispielsweise an Integrierten und Kooperativen Gesamtschulen ab der 9. Klasse. In Grundschulen im Fach Sachkunde und in Gymnasien im Fach Gemeinschaftskunde sind wirtschaftswissenschaftliche Inhalte lediglich, neben weiteren sozialwissenschaftlichen Fächern, wie z.B. Politik und Geschichte, integraler Bestandteil des Lehrplanes. In Rheinland-Pfalz gibt es speziell im Bereich der ökonomischen Bildung, neben dem regulären Fachunterricht, innovative Unterrichtsprojekte[122]. So beteiligen sich rheinland-pfälzische Schulen an deutschlandweiten Projekten, wie

---

121 Die Ausnahme bilden Wirtschaftsgymnasien, die jedoch dann nach speziellen Fächern, wie VWL und BWL differenziert unterrichten.
122 Obschon die „Fächerausstattung" uneinheitlich ist, bemüht man sich um eine Aktivierung in der ökonomischen Bildung, z.B. durch die vom Bildungsministerium additiv zu Lehrplänen verabschiedeten „Richtlinien zur Ökonomischen Bildung".

JUNIOR[123], go-to-school[124] und business@school.de[125] oder dem Bundesprojekt Schule-Wirtschaft/Arbeitsleben[126]. Aber auch das Bundesland selbst initiiert Projekte, wie z.B. B.O.S.S.[127] Die Projekte finden überwiegend in Kooperation mit Wirtschaftsunternehmen oder auf Initiative der Bildungs- und Wirtschaftsministerien statt.

JUNIOR beinhaltet beispielsweise die Gründung eines Mini-Unternehmens durch Schüler nach deren eigener Geschäftsidee im Rahmen eines Schuljahres. Das Unternehmen ist während dieser Zeit in verschiedene Abteilungen, wie Geschäftsführung, Buchhaltung, Controlling etc. gegliedert. Geschäftsberichte sowie Aktionärsversammlungen gehören ebenso zu Aufgaben des Jungunternehmens, wie auch die Präsentation des Unternehmens nach außen. Nach einem Jahr wird das Unternehmen aufgelöst. Während des gesamten Jahres erfolgt die Organisation und Betreuung des JUNIOR-Unternehmens durch eine eigens vom Projektträger eingerichtete JUNIOR-Geschäftsstelle. Träger dieses bundesweiten Projektes ist das Institut der Deutschen Wirtschaft Köln. Für dieses, ursprünglich aus den USA stammende, Projektkonzept besteht ein europaweiter Kooperationsverbund. Die Vorteile dieses Projektes liegen nach Angaben des Trägers im selbst gesteuerten Lernen der Schüler, der Berufsorientierung und dem Ermöglichen von Einblicken in verschiedene Unternehmensbereiche[128]. Die Lehrkraft befindet sich in der Rolle als Tutor, der die Schüler in ihrem Lernprozess begleitet. Projekte wie dieses sind hauptsächlich betriebswirtschaftlich ausgerichtet[129]. Zusätzlich stellen Unternehmen, Verbände und Ministerien den Schulen Unterrichtsmaterialien für den Wirtschaftsunterricht kostenfrei zur

---

123 Eine Initiative des Instituts der Deutschen Wirtschaft. JUNIOR = Junge Unternehmer Initiieren Organisieren Realisieren. Weitere Informationen unter: www.juniorprojekt.de; Stand: September 2007.
124 Weitere Informationen unter www.gotoschool.de; Stand: September 2007.
125 Eine Initiative der Boston Consulting Group. Weitere Informationen unter www.business-at-school.de; Stand: September 2007.
126 Weitere Informationen unter: http://www.swa-programm.de/; Stand: 23.11.2007.
127 B.O.S.S. = Berufsorientierung: Schüler/innen als Selbstständige; ein Projekt des Bildungs- und Wirtschaftsministeriums in Rheinland-Pfalz. Weitere Informationen unter: http://www.donnersberg.de /rsrok/fs-boss.htm; Stand: September 2007.
128 Eine objektive wissenschaftliche Evaluation steht bislang aus.
129 In der Praxis besteht die Möglichkeit, dass sowohl Lehrkräfte als auch Schüler z.T. durch die Komplexität einer solchen Unterrichtmethode fachlich, wie auch organisatorisch überfordert werden. Dies liegt möglicherweise u.a. an dem erhöhten Zeitaufwand für ein solches Projekt. Nach Rücksprache mit teilnehmenden Lehrkräften im Rahmen einer Fachtagung gaben diese an, dass sie für die Durchführung einen Teil ihrer Freizeit opfern müssten. Ein weiterer Schwachpunkt dieses Projektes sei die fehlende Beratung der Fachlehrkräfte über „Risiken" des Projektes. So sei es z.B. hilfreich, Interventionstechniken zu erlernen, wenn ein Schülerunternehmen von der Insolvenz bedroht sei.

Verfügung, z.B. die Unterlagen „Schule/Wirtschaft" des Bundesverbandes Deutscher Banken[130]. Auch die „Initiative Neue Soziale Marktwirtschaft" (ISNM) unterstützt Schulen und Lehrkräfte im Bereich der ökonomischen Bildung[131]. Diese Initiative musste sich allerdings nach einem Bericht der Sendung „Monitor" des WDR am 13.10.2005 gegen die Vorwürfe verdeckter Meinungsbildung und Lobbyarbeit an Schulen wehren [132].

Diese Auflistung von methodischen Möglichkeiten und Hilfestellungen für Lehrkräfte aus dem Bereich der Wirtschaft etc. zeigt vor allem eines: Die Anforderungen an die Lehrkräfte in Bezug auf fachliche und methodische Kompetenz sind im Bereich der ökonomischen Bildung sehr hoch. Denn neben dem fachkompetenten Regelunterricht müssen Lehrkräfte, wenn sie auf die genannten Zusatzangebote von Unternehmen, Ministerien und Initiativen zurückgreifen möchten, in der Lage sein, „gute" von „schlechten" Unterlagen zu unterscheiden. Sie müssen die ihnen angebotenen Unterlagen sowohl in inhaltlicher, als auch methodischer Hinsicht bewerten können. Es ist jedoch aufgrund der Ausführungen in Kapitel 3.1.2 zu erwarten, dass möglicherweise an dieser Stelle Defizite auftreten können.

Um dem Problem der zumeist fehlenden Fachkompetenz der Lehrkräfte für das Fach Wirtschaft zu begegnen (vgl. Kap. 2.5.2)[133], bietet deshalb das rheinland-pfälzische Bildungsministerium den Lehrkräften zur Weiterbildung eine kostenlose, berufsbegleitende Lehrerweiterbildung „Ökonomische Bildung Online – Wirtschaft in die Schule!" an. Hierbei handelt es sich um ein Internet-basiertes, 14-monatiges Qualifizierungsangebot für Lehrkräfte an allgemein bildenden Schulen[134]. Innerhalb dieses Angebotes finden in regelmäßigen Abständen tutoriell begleitete Präsenzphasen zu verschiedenen Themenbereichen statt. An diesen Präsenztagen erhal-

---

130 Lehrkräfte können diese Unterlage kostenlos unter http://www.schulbank.de/html/publikationen/wirtschaft.asp?channel=1.5.13 beziehen. Stand 01.12.2007.

131 So können sich Schüler unter www.wassollwerden.de zur Berufswahl informieren. Für Lehrkräfte steht der Infobrief Wirtschaft und Schule unter www.wirtschaftundschule.de zur Verfügung. Stand:01.12.2007.

132 Zitat aus dem Sendebeitrag von Sonja Mikich: „Die ‚Initiative Soziale Marktwirtschaft', von Arbeitgeberverbänden gegründet, verbreitet erfolgreich und offen eine Botschaft: Deutschland braucht Reformen, mehr Markt, weniger Staat. Die Lobby arbeitet in Schulen, im Internet und vor allem in den Medien.", http://www.wdr.de/tv/monitor/beitrag.phtml?bid=740&; Stand: 25.10.2007.

133 Nach telefonischer Anfrage beim Ministerium für Bildung, Frauen und Jugend in Rheinland-Pfalz im Dezember 2003, war der Prozentsatz der fachfremd unterrichtenden Lehrkräfte bei ca. 75% (vgl. auch Kap. 2.5.2).

134 Träger dieses Angebotes sind die Gemeinschaftsinitiative Soziale Marktwirtschaft (Bertelsmann Stiftung; Heinz Nixdorf Stiftung; Ludwig-Erhard-Stiftung) und teilnehmende Bundesländer: Baden-Württemberg, Brandenburg, Bremen, Hessen, Mecklenburg-Vorpommern, Niedersachsen, Nordrhein-Westfalen, Rheinland-Pfalz, Thüringen. Weitere Informationen unter: www.oebo.de; Stand: 23.11.2007.

ten die Lehrkräfte neben der Möglichkeit, Fachvorträge „aus der Praxis" zu hören und Betriebe zu besichtigen[135], die Möglichkeit, neue methodische Umsetzungsmöglichkeiten für den Schulunterricht zu erlernen. Neben diesem Qualifizierungsangebot können sich speziell Hauptschulen und Hauptschullehrkräfte im Bereich der ökonomischen Bildung beraten lassen. Hierzu stehen in Rheinland-Pfalz sog. „Fachberater für das Fach Arbeitslehre" zur Verfügung. Fachberater sind inhaltlich und methodisch speziell für den Bereich der ökonomischen Bildung geschulte Lehrkräfte, deren Aufgabe es u.a. ist, Schulleitungen, aber auch Lehrkräfte von Hauptschulen, in Fragen der ökonomischen Bildung und unterrichtsmethodischen Umsetzungsmöglichkeiten zu beraten[136]. Für die Wahrnehmung dieser Aufgabe sind Fachberater von ihrer eigenen Lehrverpflichtung als Fachlehrkraft mit sieben Zeitstunden/Woche vom Unterricht freigestellt worden. Regelmäßig stattfindende Kooperationstreffen der Fachberater dienen dem Austausch untereinander, aber auch deren eigenen Weiterqualifizierung durch das zuständige Institut für Lehrerbildung in Rheinland-Pfalz (IFB)[137].

Insgesamt lässt sich festhalten, dass die Aktivitäten in der ökonomischen Bildung in Rheinland-Pfalz hauptsächlich an betriebswirtschaftlichen Inhalten ausgerichtet sind und im weitesten Sinne auf den Bereich der „Berufsbildung" abzielen. Dies korrespondiert zwar einerseits mit den Forderungen nach Entrepreneurship Education der EU-Kommission an die Mitgliedsstaaten[138], andererseits gelangt so die Vermittlung allgemein wirtschaftswissenschaftlichen Basiswissens ins Hintertreffen. Möglicherweise bieten Classroom Experiments sowohl inhaltlich als auch methodisch eine gute Ergänzung für den Fachunterricht. Denn zum einen handelt es sich um eine Vereinfachung der wirtschaftswissenschaftlichen Forschungsmethode, die eine Einführung in ökonomisches Modelldenken bietet und gleichzeitig die Kritikfähigkeit schulen kann. Zum anderen sind Classroom Experiments eine Unterrichtsmethode, die einen motivierenden und interessanten

---

135 Die Autorin konnte an einer dieser Veranstaltungen in den Räumen der Bitburger Brauerei teilnehmen. Neben einer Betriebsbesichtigung führte ein Marketingexperte der Brauerei in das Konzept des Unternehmens ein.
136 http://www.arbeitslehre.bildung-rp.de/fachberater/fb-aufgaben.htm;Stand: 23.11.2007.
137 Dabei handelt es sich um das Institut für schulische Fortbildung und schulpsychologische Beratung (IFB) in Speyer als zentrale Serviceeinrichtung des Landes Rheinland-Pfalz.
138 Dabei handelt es sich um eine Mitteilung der Kommission an den Rat, das Europäische Parlament, den Europäischen Wirtschafts- und Sozialausschuss und den Ausschuss der Regionen, Aktionsplan: Europäische Agenda für unternehmerische Initiative. KOM(2004) 70, Europäische Kommission, http://ec.europa.eu/enterprise/entrepreneurship/promoting_entrepreneurship/doc/com_70_de.pdf;Stand: 01.12.2007.

Unterricht ermöglicht, sie sollten deshalb den angeführten Methoden in nichts nachstehen[139].

3.2 Ziel und Konzeption der eigenen Erhebung

Die Literaturauswertung in Kap. 2 konnte insgesamt zeigen, dass Laboratory Experiments sich bislang als eine forschungsmethodische Weiterentwicklung in den Wirtschaftswissenschaften etablieren konnten. Aus der Forschungsmethode wurden in den vergangenen Jahren Classroom Experiments abgeleitet. Studien an Hochschulen konnten zeigen, dass diese als Lehrmethode positive Effekte auf Lernprozesse, Motivation und das Interesse an wirtschaftswissenschaftlichen Inhalten bei Studierenden haben. Einige Autoren nehmen zudem an, dass diese Eignung auch für den Schulbereich nachgewiesen werden könnte. Bislang liegt hierzu jedoch international keine Studie vor, die dies wissenschaftlich bestätigen könnte. Dabei ist es m.E. nicht notwendig, dass Classroom Experiments zu „verbesserten" Lernprozessen oder einer höheren Motivation der Schüler führen, um deren Verwendung bzw. Thematisierung im Schulunterricht zu befürworten. Denn der Schulunterricht unterliegt dem Prinzip der Wissenschaftsorientierung (vgl. Kap. 3.1.1). Daraus folgt, dass Erkenntnismethoden der einzelnen Wissenschaften im Unterricht thematisiert werden sollten. Berücksichtigung findet dieses Prinzip beispielsweise in der Durchführung von naturwissenschaftlichen Experimenten. Da es sich bei Classroom Experiments um eine zu Lehrzwecken abgewandelte Form wissenschaftlicher Forschungsmethode handelt, müssten diese, so die These der Arbeit, vergleichbar mit naturwissenschaftlichen Experimenten, im Unterricht Berücksichtigung finden.

In einem ersten Schritt gehe ich deshalb in einer Befragung von Lehrkräften (Expertenbefragung I+II, vgl. Kap. 3.3) der Frage nach, in Anlehnung an die vorherigen Untersuchungen von Frank/Haus (2003), ob Lehrkräfte als Experten für unterrichtliche Lehr-Lernprozesse Classroom Experiments eine ähnliche Eignung für den Schulunterricht zusprechen, wie naturwissenschaftlichen Experimenten zugeschrieben werden (Mattes 2002).

In einem zweiten Schritt untersuche ich beispielhaft in Schulversuchen (Pretest und Hauptuntersuchung, vgl. Kap. 3.4), ob ähnliche Effekte auf Lernergebnisse der Schüler durch den Einsatz von Classroom Experiments in Schulversuchen auftreten, wie für den Hochschulbereich bereits vielfach nachgewiesen wurden[140]. Darüber hinaus werden der Einfluss auf das Interesse an wirtschaftswissenschaftlichen Inhalten, die Motivation und der

---

139 Ein weiterer Vorteil ist, dass sie nicht politisch „gefärbt" sind und sich somit nicht dem Vorwurf des „Lobbyismus" stellen müssen.
140 Exemplarisch werden hierzu Experimente ausgewählt, welche entweder bereits im

selbst eingeschätzte Lernzuwachs der Teilnehmenden abgefragt[141]. Ziel ist es, eine Untersuchung vorzulegen, deren Ergebnisse einen Vergleich mit den Ergebnissen aus dem Hochschulbereich zulassen[142].

Überblick zum Gesamtverlauf der eigenen Erhebung
Der gesamte Untersuchungszeitraum erstreckte sich von Dezember 2003 bis Juni 2005 (vgl. Abb. 11). Innerhalb der Expertenbefragung I wurden Fachlehrkräfte beginnend im Dezember 2003 hinsichtlich ihrer Einschätzung zu Classroom Experiments als Unterrichtsmethode befragt. Dazu war es notwendig, diese Unterrichtsmethode zunächst den Fachlehrkräften vorzustellen, da davon auszugehen war, dass die Methode „Classroom Experiments" bislang unbekannt war (vgl. Abb. 12). Hierzu diente ein halbtägiger Workshop, an dem zwei Gruppen von Fachlehrkräften im Dezember 2003 und Juni 2004 teilnahmen. Der Workshop bestand aus einem Theorieteil, der in die Entstehung der Unterrichtsmethode und die theoretischen Hintergründe einführte und einem Praxisteil, in welchem die Lehrkräfte selbst an zwei verschiedenen Experimenten teilnahmen. Im Anschluss an die Veranstaltung wurden allen Teilnehmenden die zur Durchführung der vorgestellten Experimente notwendigen Unterrichtsmaterialien zur Verfügung gestellt.

Die erste Befragung (Expertenbefragung I) erfolgte unmittelbar im Anschluss an die Veranstaltung. Eine zweite Befragung (Expertenbefragung II) erfolgte ein Jahr später, um zu erheben, ob die Experimente tatsächlich im Unterricht verwendet wurden und ob sich die Einschätzung von Classroom Experiments als Unterrichtsmethode in der Zwischenzeit verändert hat.

Schulunterricht eingesetzt wurden (Geisenberger/Nagel 2002, S. 174ff) oder eigens für diese Untersuchung entwickelt und getestet wurden.

141 Die bislang vorliegenden Studien aus dem Hochschulbereich spezifizieren den Motivations- und Interessenbegriff, sowie den Begriff des Lernens nicht vergleichbar mit der Begriffsverwendung in der Pädagogik oder Psychologie. Da diese Untersuchung eine Vergleichbarkeit der Ergebnisse ermöglichen soll, wird dieses Vorgehen für diese Untersuchung übernommen. Von einer Motivation der Schüler wird im Folgenden dann ausgegangen, wenn diese angeben, mit „Spaß" am Unterricht teilzunehmen und gerne öfters an einem solchen teilnehmen würden. Interesse am Fach wird dann angenommen, wenn die Schüler angeben, sich für die Inhalte zu interessieren und über einen Themenbereich gerne mehr erfahren wollen. Im Bereich Lernen wird der Fokus auf das Lernergebnis bei der Vermittlung deklarativen Wissens (Gruber/Prenzel et al. 2001, S. 127), also Faktenwissens, gelegt.

142 Aus diesem Grund erfolgt die Konzeption des Untersuchungsdesigns der Schulversuche in enger Anlehnung an bereits vorliegende Studien aus dem Hochschulbereich unter besonderer Berücksichtigung der Untersuchung von Rott (2001a). Das Untersuchungsdesign wurde hinsichtlich des Testdesigns, der Fragebogenkonzeption, des zeitlichen Ablaufs und der thematischen Auswahl der Experimente in Anlehnung an das von Rott gewählte Design konzipiert (vgl. Kap. 3.5.1).

Abb. 11: Überblick zum Zeitablauf der gesamten Untersuchung

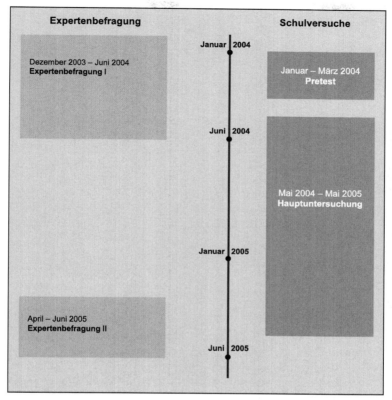

Quelle: Eigene Darstellung

Die Schulversuche erfolgten von Januar 2004 bis Mai 2005[143]. Der Hauptuntersuchung voraus ging ein Pretest (vgl. Abb. 11). Dieser diente im Einzelnen dem Test der für die Schulversuche entwickelten Unterrichtsunterlagen. Überprüft wurden die Angemessenheit der definierten Lernziele, der Schwierigkeitsgrad der konzipierten Unterrichtseinheit und die Verständlichkeit der Experimentbeschreibungen. Zusätzlich sollte der Pretest Hinweise zur Handhabbarkeit der Unterrichtsunterlagen für die Lehrkräfte

---

143 Die ursprüngliche Planung sah einen Zeitraum von Januar 2004 bis Dezember 2004 vor. Diese konnte allerdings aufgrund vielfältiger organisatorischer Schwierigkeiten an den Schulen nicht eingehalten werden.

Abb. 12: Ablauf der Expertenbefragung I+II

Quelle: Eigene Darstellung

geben[144]. Ergebnis sollte eine vollständige Unterrichtseinheit mit Experimentbeschreibungen für Schüler und Lehrkräfte sein.

Diese Unterrichtseinheit wurde auf Basis der Ergebnisse des Pretest überarbeitet und in der Hauptuntersuchung verwendet. In der Hauptuntersuchung wurde durch ein Pre-Post-Posttest Design mit Experimental- und Kontrollgruppe an fünf verschiedenen rheinland-pfälzischen Schulen die Eignung von Classroom Experiments hinsichtlich der bereits genannten Faktoren als Unterrichtsmethode untersucht.

3.3 Expertenbefragung

3.3.1 Methode und Hypothesen

Ziel und Gegenstand dieser Expertenbefragung war es, die Einschätzung von Fachlehrkräften zur Eignung ökonomischer Experimente als Unterrichtsmethode zu erheben. Ferner war von Interesse, zu erfragen, unter welchen Voraussetzungen Fachlehrkräfte bereit wären, diese Methode zu nutzen und welche Literaturquellen sie für die Unterrichtsvorbereitungen nutzen würden. Weiterhin sollte die Frage beantwortet werden, für welche Schulformen Classroom Experiments am besten geeignet sind. Das Ziel der zweiten Befragung des gleichen Personenkreises nach Ablauf eines Jahres war es, festzustellen, ob und wenn ja unter welchen Bedingungen und in welchen Schularten die Experimente tatsächlich im Unterricht eingesetzt wurden. Zusätzlich wurden die Häufigkeit des Einsatzes im Unterricht und der inhaltliche Kontext des Einsatzes im Unterricht erfragt. Interessant war vor allem, ob sich die Einschätzung der Lehrkräfte bezüglich der Eignung von Classroom Experiments nach Ablauf eines Jahres und dem eigenem Einsatz im Unterricht verändert hat. Falls die Experimente nicht durchgeführt wurden, sollten die Gründe hierzu erfragt werden, um mögliche Hin-

---

144 Vermutet wurde im Vorfeld der Untersuchung, dass die Fachkompetenz der einzelnen Lehrkraft entscheidend für den Experimentverlauf ist und dass Lehrkräfte ohne Fachstudium möglicherweise Schwierigkeiten in der Durchführung haben.

derungsfaktoren definieren zu können, die für weitere Studien Verwendung finden könnten.

Aufgrund der Studienfachregelung für das Lehramt war allerdings davon auszugehen, dass die meisten unterrichtenden Fachlehrkräfte kein Fachstudium „Wirtschaftswissenschaften" absolviert haben (vgl. Kap. 3.1.2). Die Auftretenswahrscheinlichkeit der weiteren Anforderungen musste zudem als eher gering eingeschätzt werden[145]. Aus diesem Grund war eine Zufallsauswahl der Lehrkräfte nicht möglich. Um die Untersuchung dennoch durchführen zu können, war es notwendig, Fachlehrkräfte für die Untersuchung zu finden[146]. Zudem mussten vor der Befragung Classroom Experiments als Unterrichtsmethode vorgestellt werden, um den Teilnehmenden die Möglichkeit zu geben, selbst erste Erfahrung mit dieser neuen Unterrichtsmethode zu machen.

Im Vorfeld der Studie wurde deshalb neben den sonst üblichen Genehmigungsverfahren, welche für Untersuchungen an Schulen notwendig sind[147], Kontakt zum Rheinland-Pfälzischen Bildungsministerium aufgenommen. Die zuständige Referentin für den Bereich ökonomische Bildung erklärte sich bereit, dieses Forschungsvorhaben ideell zu unterstützen[148]. So war es möglich über die Durchführung speziell konzipierter Workshops geeignete Lehrkräfte für eine Expertenbefragung zu gewinnen. Dies waren zum einen Fachlehrkräfte, die entweder das Weiterbildungskonzept „Ökonomische Bildung Online – Wirtschaft in die Schule!" erfolgreich absolviert hatten, oder Fachberater „Arbeitslehre" des Landes Rheinland-Pfalz (vgl. Kap. 3.3.1). Bei beiden Gruppen von Lehrkräften konnte folglich von der, für die Durchführung von Classroom Experiments, erforderlichen Fach- und Methodenkompetenz ausgegangen werden.

Beiden Gruppen wurden Classroom Experiments als Unterrichtsmethode innerhalb eines eigens konzipierten Workshops zum Thema „Expe-

---

145 Im Bereich der Wirtschaftsdidaktik werden Classroom Experiments in der Fachliteratur derzeit nicht als Methode für den Unterricht ausgewiesen (vgl. Kap. 2.5.2). Somit konnte nicht von einer generellen Methodenkompetenz der Lehrkräfte ausgegangen werden. Diese Vermutung wurde durch die Befragungsergebnisse dieser Untersuchung bestätigt, nach denen Classroom Experiments bislang unbekannt waren (vgl. Kap. 3.2.3).

146 Formale Voraussetzung war entweder ein nachgewiesenes Fachstudium oder durch berufliche Weiterbildung nachweisbare Fachkompetenz.

147 Im Einzelnen sind das die Genehmigung der Aufsichts- und Dienstleistungsdirektion (ADD), Trier und des Datenschutzbeauftragten des Landes Rheinland-Pfalz.

148 „The Ministry of Education, Women and Youth as the responsible institution for public schools in the land of Rhineland-Palatine is looking forward to learn more about the new possibilities of learning with economic experiments and has a genuine interest in the results of this project." Zitat aus einer Mitteilung von Elisabeth Bittner, Ministerium für Bildung, Frauen und Jugend in Rheinland-Pfalz, September 2003.

rimente als Methode für den Wirtschaftsunterricht" vorgestellt. Der Workshop beinhaltete die Vorstellung des theoretischen Hintergrundes von Classroom Experiments, die Durchführung verschiedener Experimente mit den teilnehmenden Lehrkräften, die Demonstration der Auswertung der Experimente und das Aushändigen der Experimentunterlagen an die Lehrkräfte zur Durchführung im eigenen Unterricht. Bei den Experimenten handelte es sich zum einen um eine Auktion, die Demonstration des „The Winners' Curse" (vgl. Kap. 2.4.3)[149] und zum anderen um das bislang am häufigsten zitierte Experiment zu Angebot und Nachfrage nach Bergstrom/Miller (vgl. ebd.).

Der erste Teil der Expertenbefragungen schloss direkt an diesen Workshop an. Er umfasste die Befragung der Fachlehrkräfte mittels eines standardisierten Fragebogens mit überwiegend geschlossenen Fragen[150]. Im Anschluss wurden den Teilnehmenden die Unterlagen zu den Experimenten für ihren eigenen Unterricht zur Verfügung gestellt. Die Lehrkräfte wurden befragt, ob Classroom Experiments für sie tatsächlich eine bislang unbekannte Unterrichtsmethode waren. Innerhalb des Fragebogens wurde dann die Einschätzung der Fachlehrkräfte durch sechs Items (z.B. „Ökonomische Experimente steigern die Anschaulichkeit wirtschaftswissenschaftlicher Zusammenhänge") erhoben[151]. Die Antwortmöglichkeiten waren in einer vierfach gestuften Skala von 1 = „stimme voll und ganz zu" bis 4 = „stimme auf keinen Fall zu" (vgl. Abb. 13).

Die Skala zur Abfrage der Eignung für verschiedene Schularten („Für welche Schulformen halten Sie wirtschaftswissenschaftliche Experimente als Lehrmethode geeignet?") beinhaltete sowohl den Primarbereich und die Berufsschule, als auch Haupt-, Real- und Sonderschule, sowie Gymnasium, unterteilt in den Sekundarbereich I und II. Die generelle Kenntnis und Nutzung handlungsorientierter Unterrichtsmethoden, die in dieser Arbeit als Voraussetzung für die notwendige Methodenkompetenz zur Bewertung

---

149 Der tatsächliche Wert der im Ei befindlichen Münzen war den Teilnehmern unbekannt. Die Gebote wurden verdeckt abgegeben. Das Experiment zeigt, dass der „Gewinner" einer Auktion aufgrund seiner durch die Wettbewerbssituation erhöhten Zahlungsbereitschaft mehr als den tatsächlichen Wert des Produktes zahlt.

150 Bei dem zur Befragung verwendeten Fragebogen handelt es sich um eine leicht veränderte Version des Fragebogens der Untersuchung von Frank/Haus (2003), in welcher zukünftige Lehrkräfte, die an einem Kurs zu ökonomischen Experimenten an der Universität Koblenz-Landau, Abteilung Landau, teilnahmen, zu ihrer Einschätzung von Classroom Experiments befragt wurden.

151 Die Fragestellungen wurden von Frank/Haus (2003) auf der Basis der von Mattes (2002) genannten Chancen experimentellen Lernens im Schulunterricht formuliert (Mattes 2002, S. 45).

der Classroom Experiments angesehen wurde, wurde durch drei Items (z.B. „Welche Methoden nutzen Sie in Ihrem Unterricht?") abgefragt[152].

Abb. 13: Auszug aus dem Fragebogen der Expertenbefragung I

Das Experiment „Angebot und Nachfrage" ...	Stimme voll und ganz zu	Stimme zu	Stimme eher nicht zu	Stimme auf keinen Fall zu
... steigert die Anschaulichkeit wirtschaftswissenschaftlicher Zusammenhänge.				
... trägt zur Förderung der sozialen Interaktion bei.				
... fördert die Fähigkeit zur Hypothesenbildung.				
... fördert das Verstehen von Gesetzmäßigkeiten.				
... ermöglicht den Erwerb der Fachsprache.				
... ist flexibel in den Unterricht integrierbar.				

Quelle: Eigene Darstellung

Der gleiche Personenkreis wurde nach Ablauf eines Jahres ab April 2005 ein zweites Mal schriftlich gebeten, an einer Befragung zum Thema Classroom Eperiments teilzunehmen. Dabei wurde den Personen freigestellt, entweder postalisch oder per Email den beantworteten Fragebogen zu übersenden. Über den Bildungsserver des Landes Rheinland-Pfalz wurden die Unterlagen zu den Classroom Experiments im Juni 2005 den Teilnehmenden noch einmal zum Download zur Verfügung gestellt[153]. In den Monaten April bis Juni 2005 wurden alle Teilnehmenden insgesamt drei Mal mit der Bitte um Beantwortung des Fragebogens angeschrieben. Falls sie die Classroom Experiments im letzten Jahr nicht im Unterricht ausprobiert haben, wurden sie gebeten, dies vor den Sommerferien im Unterricht nachzuholen. Innerhalb des hierzu verwendeten Fragebogens der zweiten Expertenbefragung wurden Häufigkeit und Kontext der Durchführung der Experimente durch drei Items erfasst (z.B. „Wie oft haben Sie die Experimente zur Wissensvermittlung eingesetzt?"). Es war zu erfassen, ob die Lehrkräfte die Eignung nun anders beurteilen. Hierzu wurden sowohl die sechs Items zur Einschätzung bezüglich verschiedener Faktoren als auch eine direkte Frage

---

152 Classroom Experiments werden von Geisenberger (2006) als handlungsorientierte Unterrichtsmethode angesehen.
153 Falls die Unterlagen aus dem Workshop nicht mehr verfügbar gewesen sein sollten, bestand so für die Lehrkräfte noch einmal die Möglichkeit, die Experimente durchzuführen. Dies geschah mit freundlicher Genehmigung und Unterstützung des IFB in Speyer. Herzlichen Dank an Frau Frauke Mosbach für ihren engagierten Einsatz! Die Unterlagen sind unter der Rubrik „Aktuelles" der Internetseite „Arbeitslehre in Rheinland-Pfalz" einsehbar; http://www.arbeitslehre.bildung-rp.de/index-2.htm. Stand: 01.02.2008.

nach den Gründen für eine Änderung bezüglich der Eignung eingefügt. Um die präferierten Literaturquellen der Lehrkräfte zur Vorbereitung ihres Unterrichts benennen zu können, wurden diese durch vier Items (z.B. „Fachwissenschaftliche Literatur in englischer Sprache") mit vierfach-gestuften Antwortvorgaben von „in jedem Fall" bis „auf keinen Fall" abgefragt.

Hypothesen

In den Naturwissenschaften sind Experimente integraler Bestandteil der Fachdidaktik dieser Fächer. Mattes bezeichnet Experimente als den Kern eines handlungsorientierten naturwissenschaftlichen Unterrichts (Mattes 2002, S. 44). Zu den Chancen des experimentellen Lernens zählt er die Förderung kreativen Denkens (Hypothesenbildung) und planvollen Handelns (Versuchsaufbau). Zudem würden durch Experimente im Unterricht die Beobachtungsfähigkeit der Schüler und deren Sorgfalt im Zeichnen, Schreiben sowie Messen geschult. Der Erwerb der Fachsprache (durch das Anfertigen eines Protokolls) werde ebenso vorangetrieben, wie auch die Förderung der mündlichen und schriftlichen Ausdrucksweise. Dem Verstehen von Gesetzmäßigkeiten seien Experimente ebenso zuträglich.

Frank/Haus (2003) konnten zeigen, dass zukünftige Lehrkräfte, d.h. Lehramtsanwärter, Classroom Experiments eine ähnliche Eignung wie naturwissenschaftlichen Experimenten zusprechen. Dies sollte durch die Einschätzung von Fachlehrkräften, die über Fach- und Methodenkompetenz sowie Berufserfahrung verfügen, bestätigt werden können. Folglich gehe ich davon aus, dass sich Classroom Experiments als Unterrichtsmethode dann eignen, wenn folgende Hypothesen zutreffen:
- Classroom Experiments steigern die Anschaulichkeit wirtschaftswissenschaftlicher Zusammenhänge.
- Classroom Experiments fördern die Fähigkeit zur Hypothesenbildung.
- Classroom Experiments fördern das Verstehen von Gesetzmäßigkeiten.
- Classroom Experiments fördern den Erwerb der Fachsprache.

In Bezug auf die Handhabbarkeit als Unterrichtsmethode und den tatsächlichen Einsatz im Unterricht gehe ich dann von einer Eignung aus, wenn folgende Aussagen zutreffen:
- Classroom Experiments sind flexibel in den Unterricht integrierbar.
- Lehrkräfte würden selbst Classroom Experiments als Unterrichtsmethode durchführen.

Wenn alle diese Aussagen zutreffen, sollten Lehrkräfte motiviert sein, Classroom Experiments auch in ihrem eigenen Fachunterricht durchzuführen. Basierend auf dieser Annahme wurden in der Expertenbefragung II nach Ablauf eines Jahres die Einschätzungen der Lehrkräfte bezüglich der beschriebenen Annahmen wiederholt erfragt. Dieses Vorgehen sollte Hinweise zur Stabilität der Ergebnisse aus der Expertenbefragung I geben. Zusätzlich sollte die Vermutung überprüft werden, dass Lehrkräfte weniger in englischer Sprache verfasste Fachliteratur als Quelle zur Vorbereitung von Unterricht verwenden, sondern eher Experimentbeschreibungen in deutschen Schulbüchern mit oder ohne Kopiervorlagen zum direkten Einsatz im Unterricht verwenden. Dies könnte ein Grund dafür sein, dass Classroom Experiments bislang im Schulunterricht keine Verwendung finden.

3.3.2 Ergebnisse der Expertenbefragung I

Insgesamt nahmen 37 Fachlehrkräfte an den Workshops und der anschließenden Befragung teil. Die Expertengruppe bestand aus 23 Fachberatern für das Fach Arbeitslehre und 14 Teilnehmenden der berufsbegleitenden Lehrerweiterbildung „Ökonomische Bildung Online – Wirtschaft in die Schule!" Die Gruppe setzte sich aus 14 weiblichen und 23 männlichen Befragten zusammen, von denen der überwiegende Teil in der Sekundarstufe I an der Hauptschule (18 Lehrkräfte) und am Gymnasium (6 Lehrkräfte) unterrichtete. Während der überwiegende Teil der Befragten Projektarbeit und Betriebsbesichtigungen in den eigenen Unterricht integrierte, war auffallend, dass Simulationen und Planspiele, welche eine den Classroom Experiments ähnliche Struktur des Lernens am (ökonomischen) Modell aufweisen, weniger Berücksichtigung fanden (vgl. Abb. 14). Obschon dies ein geringerer Anteil war, gaben jedoch immerhin 25 von 37 Personen an, Simulationen

Abb. 14: Üblicherweise im Fachunterricht Verwendung findende Unterrichtsmethoden (nach Häufigkeit der Nennungen in %)

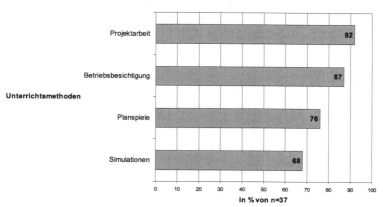

Quelle: Eigene Darstellung

in ihrem Unterricht zu nutzen und 28 verwenden Planspiele[154]. Classroom Experiments als Unterrichtsmethode waren den Teilnehmenden, wie bereits erwartet, bislang weitestgehend unbekannt. Lediglich drei Lehrkräfte gaben an, Experimente aus der Spieltheorie zu kennen und nannten z.B. das „Gefangenendilemma" (vgl. Kap. 2.3.2). Die Annahme, dass Classroom Experiments bislang in wirtschaftsdidaktischen Schulungen weitgehend unberücksichtigt geblieben sind, konnte somit bestätigt werden.

Abb. 15: Eignung von Classroom Experiments für verschiedene Schularten

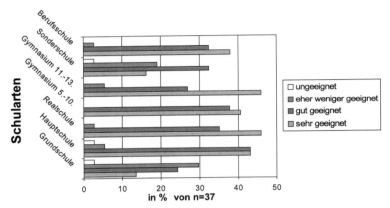

Quelle: Eigene Darstellung

Insgesamt wurde die Eignung der Classroom Experiments als Unterrichtsmethode für alle Schularten durch die Experten bestätigt (vgl. Abb. 15). Die beste Eignung der Experimente als Unterrichtsmethode wird für die Haupt-, Real- und Berufsschule sowie für Gymnasien in Sekundarstufe I und II angenommen. Obschon mit Classroom Experiments komplexe ökonomische Modelle veranschaulicht werden können, ist interessant, dass sogar eine Eignung für den Grund- und Sonderschulbereich angenommen wurde. In beiden Schularten hielt lediglich eine Lehrkraft (2,7%) die Unterrichtsmethode für vollständig ungeeignet.

Die Hypothese der Steigerung der Anschaulichkeit wirtschaftswissenschaftlicher Zusammenhänge konnte eindeutig bestätigt werden (vgl. Abb. 16). Alle 37 befragten Lehrkräfte stimmten dieser Aussage zu.

---

154 Keine Aussage konnte an dieser Stelle über die Häufigkeit der Nutzung gemacht werden. Dies wäre in einer gesonderten Untersuchung genauer zu betrachten. Für die Fragestellung der Arbeit konnte allerdings durch die Antworten der Befragten bestätigt werden, dass diese weitere Unterrichtsmethoden kannten und diese auch zum überwiegenden Teil nutzten. Somit konnte die vorab zur Bewertung von Classroom Experiments notwendige Methodenkompetenz angenommen werden.

Dem Erwerb der Fachsprache durch Classroom Experiments stimmten 28 von 37 Teilnehmenden zu, sechs Lehrkräfte waren dagegen der Meinung, dass dies weniger zutreffe. Der Förderung des Verstehens von Gesetzmäßigkeiten stimmten ebenso drei und zur Fähigkeit zur Hypothesenbildung vier Lehrkräfte eher nicht zu. Jedoch stimmen auch in diesen beiden Punkten über 70% der Lehrkräfte den Aussagen zu.

Abb. 16: Eignung von Classroom Experiments bezüglich verschiedener Faktoren der Wissensvermittlung

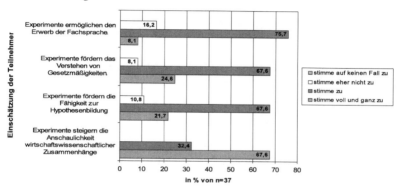

Quelle: Eigene Darstellung

Es stellt sich nun die Frage, ob diese Bewertung möglicherweise auf die Effekte der einzelnen Experimente zurückzuführen war und es zwischen der Bewertung der einzelnen Experimente hinsichtlich dieser Einschätzungen gravierende Unterschiede gab. Bei Betrachtung der einzelnen Experimente wird deutlich, dass das Experiment zu Angebot und Nachfrage von den Teilnehmenden insgesamt „stärker" als die Ü-Ei Auktion beurteilt wurde (vgl. Abb. 17a+b). Dies zeigt sich vor allem bezüglich der Förderung des Verstehens von Gesetzmäßigkeiten und dem Erwerb der Fachsprache. Hier stimmten insgesamt 34 von 37 Lehrkräften der Aussage zu, das Experiment zu Angebot und Nachfrage fördere das Verstehen von Gesetzmäßigkeiten, wohingegen nur 24 Teilnehmer dies auch für die Auktion angaben. 13 Lehrkräfte stimmten dieser Aussage nicht zu.

Durch die im Vergleich positive Einschätzung der Classroom Experiments insgesamt ist allerdings davon auszugehen, dass sich die etwas schlechtere Bewertung auf das ausgewählte Experiment (in diesem Fall die Ü-Ei Auktion) bezieht.

Abb. 17a: Antworten auf die Frage: „Wie stehen Sie nach den im Rahmen dieser Veranstaltung durchgeführten Experimenten zu folgenden Aussagen?"

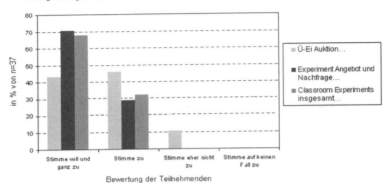

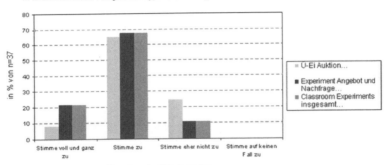

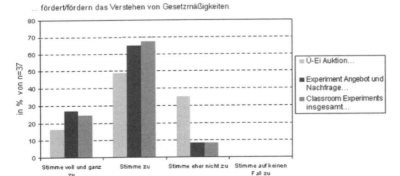

Quelle: Eigene Darstellung

Abb. 17b: Antworten auf die Frage: „Wie stehen Sie nach den im Rahmen dieser Veranstaltung durchgeführten Experimenten zu folgenden Aussagen?"

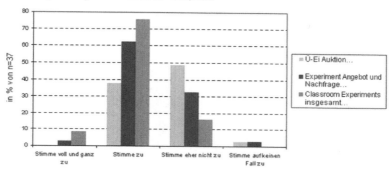

Quelle: Eigene Darstellung

Insgesamt zeigt sich eine Zustimmung der Fachleute zu allen genannten Aussagen, wobei das Angebot-Nachfrage-Experiment insgesamt besser bewertet wurde. Beiden Experimenten wird jedoch in gleichem Maße eine flexible Integrierbarkeit in den Unterricht bestätigt (vgl. Abb. 18).

Abb. 18: Eignung von Classroom Experiments bezüglich flexibler Integrierbarkeit in den Unterricht

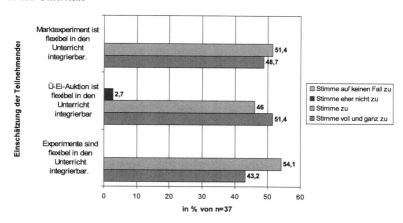

Quelle: Eigene Darstellung

Lediglich eine Lehrkraft konnte sich dieser Aussage in Bezug auf die Auktion nicht anschließen. Auch in Bezug auf die Einschätzung der Förderung sozialer Interaktion wurde dem Experiment zu Angebot und Nachfrage eine

99

bessere Eignung bescheinigt (vgl. Abb. 19). Dies ist jedoch nicht weiter verwunderlich, denn das Marktexperiment beinhaltet das direkte Handeln und Verhandeln in Interaktion mit ständig wechselnden „Geschäftspartnern", während die Auktion ohne Gespräche untereinander und die Auseinandersetzung mit Handelspartnern stattfindet. Da die schlechtere Bewertung der Ü-Ei-Auktion sich nicht in der Bewertung der Experimente insgesamt widerspiegelt, kann m.E. bestätigt werden, dass Lehrkräfte Classroom Experiments insgesamt als förderlich für die soziale Interaktion ansehen.

Abb. 19: Eignung bezüglich der Förderung sozialer Interaktion

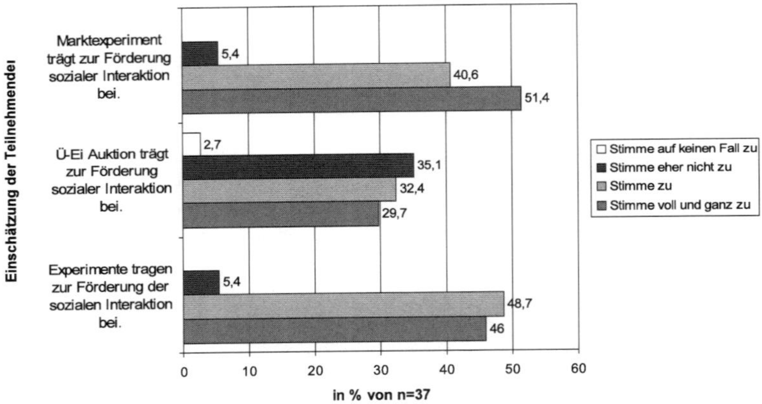

Quelle: Eigene Darstellung

Eine ähnliche Verteilung der Antworten zeigt sich auch in der Beantwortung der Frage, ob Lehrkräfte Experimente selbst im Unterricht durchführen würden (vgl. Abb. 20). Hierbei waren sich die Lehrkräfte einig, dass sie das Experiment zu Angebot und Nachfrage „In jedem Fall!" oder „Unter Umständen" durchführen würden. Die Motivation, die Ü-Ei Auktion durchzuführen, war allerdings mit 30 von 37 Teilnehmenden, die hierzu zustimmten, nur unwesentlich schlechter. Sechs Personen enthielten sich der Angabe. Interesse an der Durchführung weiterer wirtschaftswissenschaftlicher Experimente zeigten insgesamt 33 von 37 Personen. Lediglich drei Personen antworteten auf die Frage, ob sie Classroom Experiments als Unterrichtsmethode verwenden bzw. weiterempfehlen würden, mit „Auf keinen Fall!"

Die Befragungen der Fachlehrkräfte insgesamt zeigen im Vergleich zu den Voruntersuchungen mit zukünftigen Lehrkräften (Frank/Haus 2003) eine durchweg bessere Einschätzung der Experimente. Lehrkräfte mit langjähriger Berufserfahrung sehen die Stärken der Experimente in der flexiblen

Abb. 20: Motivation der Teilnehmenden, selbst Classroom Experiments im Unterricht zu verwenden - „Würden Sie selbst Experimente als Unterrichtsmethode verwenden bzw. weiterempfehlen?"

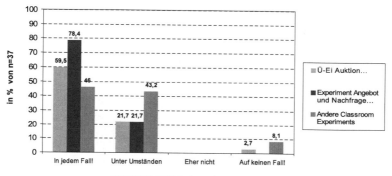

Quelle: Eigene Darstellung

Integrierbarkeit, der Förderung sozialer Interaktion, aber vor allem in der Steigerung der Anschaulichkeit wirtschaftswissenschaftlicher Zusammenhänge.

3.3.3 Ergebnisse der Expertenbefragung II

Insgesamt konnte mit 17 von 37 zurückgesandten Fragebögen ein Fragebogenrücklauf von nahezu 46% erreicht werden. Bei genauerer Betrachtung des Anteils der beiden Gruppen von Experten unterschied sich die Anzahl der beantworteten Fragebögen deutlich. Bei den Teilnehmern von „Ökonomische Bildung Online – Wirtschaft in die Schule!" konnte insgesamt eine Rücklaufquote von nahezu 75% erreicht werden[155]. Von der Gruppe der Fachberater beantworteten lediglich sieben von 23 Personen (≈ 30%) den Fragebogen[156]. Von den insgesamt 17 antwortenden Personen gaben sieben

---

155 Zehn von 14 Teilnehmenden, die ausschließlich Email für ihre Rückantwort nutzten, beantworteten auch den zweiten Fragebogen.
156 Ein Grund für die Rücklaufquote war u.U., dass die Teilnahme an den „Kooperationstreffen der Fachberater", in dessen Rahmen der Workshop stattfand, für die Fachberater verpflichtend war. Nach internen Angaben ist die Zusammenarbeit mit den Fachberatern aus diesem Grund eher unkooperativ. Nach Aussage einiger Fachberater in dem von der Autorin durchgeführten Workshop, sind diese zudem mit einem aus ihrer Sicht zu knappen Stundenkontingent von ihrer eigenen Tätigkeit als Fachlehrkraft für ihre Beratertätigkeit freigestellt worden. Die Arbeit sei umfassender als die tatsächliche Entlohnung. Es ist zu vermuten, dass resultierend aus allen genannten Faktoren die Motivation, an einer Untersuchung zu einer neuen Unterrichtsmethode teilzunehmen, auf Seiten der Fachberater eher gering ist. Insgesamt ist nicht davon auszugehen, dass der mangelnde Fragebogenrücklauf auf die Unterrichtsmethode, sondern vielmehr auf die Umstände der Erhebung, zurückzuführen ist. Für diesen

Personen an, Classroom Experiments als Unterrichtsmethode im vergangenen Jahr nicht in ihren eigenen Unterricht eingesetzt zu haben. Leider gaben nur zwei der Befragten hierzu eine Begründung an. Sie seien als Lehrkräfte in dem Schuljahr 2004/2005 nicht im Fach „Wirtschaft" eingesetzt worden. Insgesamt setzten lediglich neun Teilnehmende Classroom Experiments in ihrem eigenen Unterricht im Schuljahr 2004/2005 ein. Drei davon waren aus der Gruppe der Fachberater[157], sechs davon aus der Gruppe „Ökonomische Bildung Online – Wirtschaft in die Schule!"[158]. Das Ziel, einen Vergleich der Einschätzung der Eignung von Classroom Experiments vor und nach der eigenen Anwendung im Unterricht zu erhalten und mögliche Änderungen in den Einschätzungen erklären zu können, musste aufgrund der geringen Anzahl (neun von 37 Personen der Expertengruppe) verworfen werden. Jedoch sind die Angaben der Personen, welche die Experimente tatsächlich durchgeführt haben, für weitere Forschungsarbeiten von Interesse. Aus diesem Grund werden die Ergebnisse nun kurz zusammengefasst:

Das Marktexperiment wurde, wie aufgrund der positiven Bewertung in der Expertenbefragung I zu erwarten war, am häufigsten eingesetzt (von insgesamt acht Personen). Es wurde im Unterricht ein bis zwei Mal von jeder der neuen Lehrkräfte durchgeführt. Es wurde als Unterrichtsmethode neben den Themen „Modell der Marktwirtschaft", „Gleichgewichtspreisbildung", „Angebot und Nachfrage" auch die Themen „E-Business und Verbraucherverhalten", „Kaufhaltung und Werbung", sowie „Wirtschaftliches Handeln - Der Jugendliche als Konsument" eingesetzt. Nach Angaben einer Lehrkraft führte die Durchführung des Marktexperiments „zu einer besseren Durchdringung des Themas". Die Auktion wurde von sechs Lehrkräften zwischen ein und zwei Mal zum Themenbereich „Marktmechanismen" und „Flexibilität und Risiko" eingesetzt[159]. Eine Lehrkraft betonte, dass dieses Classroom Experiment ein „guter Aufhänger" und „motivierend" sei und zudem die Übertragbarkeit des Unterrichtsstoffes in die Praxis erleichtere. Zur Frage „Hat sich nach der Durchführung Ihre Meinung über die Eignung der Experimente für den Wirtschaftsunterricht geändert?" machten

---

Faktor spricht auch der relativ hohe Fragebogenrücklauf der ersten Gruppe von Lehrkräften.

157 Interessant dabei ist, dass speziell in dieser (kleinen) Gruppe die Lehrkräfte zwischen 50 und 53 Jahre alt waren, obschon man hätte annehmen können, dass eher jüngere Lehrkräfte bereit sind, eine neue Unterrichtsmethode in ihr Methodenrepertoire zu integrieren.

158 Dabei ist zu beachten, dass fünf der befragten Lehrkräfte auch an den Schulversuchen teilnahmen.

159 Die angeführten Begriffe sind Zitate der Lehrkräfte auf die offenen Fragen „Zu welchem Unterrichtsthema haben Sie die jeweiligen Experimente durchgeführt und welche Faktoren haben Sie mit ihnen veranschaulicht?"

die befragten Personen u.a. folgende Angaben: „Die Experimente wirken sehr motivierend. Im Gegensatz zu herkömmlichem Unterricht habe ich festgestellt, dass die Ergebnisse auch noch nach über einem Jahr erstaunlich präsent sind (was schon bemerkenswert ist)" oder „Die emotionale Bedeutung für die Schüler hatte ich unterschätzt. Sie waren mit Kopf und Bauch motiviert dabei."[160]

Bei der Bewertung der Experimente gab es, wie aus den Ergebnissen der ersten Expertenbefragung zu erwarten war, Unterschiede zwischen den Experimenten (vgl. Abb. 21). Das Marktexperiment hatte die größte Ak-

Abb. 21: Antworten auf die Frage „Werden Sie Experimente als Unterrichtsmethode für den Wirtschaftsunterricht weiter verwenden bzw. weiterempfehlen?"

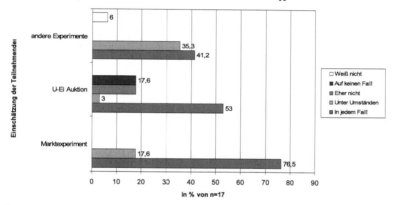

Quelle: Eigene Darstellung

zeptanz bei den Lehrkräften. 13 von 17 Teilnehmenden gaben an, dieses Experiment „In jedem Fall!" selbst durchführen zu wollen und/oder weiterzuempfehlen. Mit der Ü-Ei-Auktion zeigten sich lediglich drei Personen nicht einverstanden.

Die Gründe dieser Personen, die auf keinen Fall die Auktion durchführen würden, waren leider, wie auch schon in der Expertenbefragung I, nicht nachvollziehbar, da diese keine Angaben hierzu machten. Die Vermutung liegt jedoch nahe, dass das Marktexperiment durch seine größere Anschaulichkeit und die Interaktion der Teilnehmenden insgesamt positiver bewer-

---

160 In weiteren Untersuchungen wäre nun zu prüfen, ob Classroom Experiments nicht nur eine motivierende Funktion haben, sondern ob sie, wie Frank (1997b) u.a. vermutet, möglicherweise „nachhaltiger" wirken. Schüler können sich u.U. langfristiger an die gelernten Inhalte erinnern und Zusammenhänge behalten, da die Lernsituation mit einem positiven Lernerlebnis verknüpft wurde (vgl. hierzu auch Krapp 2006, S. 284).

tet wird. Anhand der Angaben der Lehrkräfte zu den Inhalten, die mit dem Marktexperiment veranschaulicht wurden, lässt sich zudem eine größere thematische Bandbreite annehmen, die mit diesem Experiment behandelt werden kann.

Deutlich wurde zudem, dass englischsprachige Fachliteratur in der befragten Gruppe keine üblicherweise genutzte Vorbereitungsgrundlage für den Unterricht darstellt (vgl. Abb. 22). Für den Schulunterricht scheint zu gelten: umso einfacher, umso besser. Die höchste Akzeptanz haben „Bücher mit für den Schulunterricht vereinfachten Experimentbeschreibungen und Kopiervorlagen". Diese lagen allerdings allen Personen durch ihre vorherige Teilnahme an den Workshops vor. Es bleibt insgesamt Bedarf an weiteren Untersuchungen, die diesen Aspekt vertieft betrachten. Die Angaben der Fachlehrkräfte zu den von ihnen vorzugsweise genutzten Literaturquellen legt folgenden Rückschluss nahe: Sollen Classroom Experiments Verbreitung finden, dürfen Lehrkräfte nicht auf Fachliteratur in englischer Sprache als Quelle zur Unterrichtsvorbereitung angewiesen sein.

Akzeptiert werden Experimentbeschreibungen in deutschen Schulbüchern mit oder ohne Kopiervorlagen zum direkten Einsatz im Unterricht.

Abb. 22: Literaturquellen für die Unterrichtsvorbereitung mit Classroom Experiments

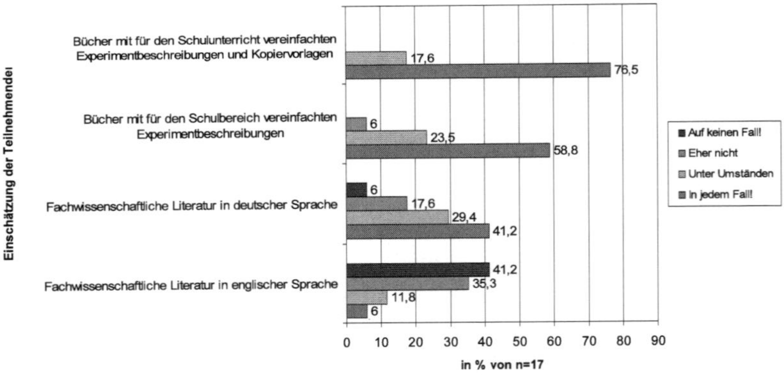

Quelle: Eigene Darstellung

Obschon die Experimente nicht in erwartetem Umfang im Schulunterricht eingesetzt wurden, war der Wille zum Einsatz von Seiten der Lehrkräfte nahezu „ungebrochen". Die 17 Lehrkräfte antworteten unabhängig davon, ob sie die Experimente im Unterricht durchgeführt hatten oder nicht, dass sie diese überwiegend „In jedem Fall!" oder „Unter Umständen" durchführen würden. Dies deckt sich mit den Ergebnissen von Weiß (vgl.

Kap. 3.1.2), der generell Interesse an neuen Unterrichtsmethoden seitens der Lehrkräfte bestätigte.

Allerdings kann auch in dieser Untersuchung nicht erklärt werden, warum die Experimente tatsächlich nur von einer geringen Anzahl an Lehrkräften durchgeführt wurden. Weitere Hinderungsgründe sollten in folgenden Studien isoliert betrachtet werden.

3.4 Schulversuche

3.4.1 Methode und Hypothesen der Schulversuche

Die Gestaltung des Untersuchungsdesigns der Schulversuche erfolgte in Anlehnung an bereits vorliegende Studien aus dem Hochschulbereich (vgl. Kap. 2.4.5). Folgende methodische Anforderungen wurden berücksichtigt:
- Experimental-Kontrollgruppen-Design mit Pre- und Posttests (vgl. u.a. Dickie 2000; Gremmen/Potters 1997; Rott 2001a)
- Zufallsauswahl der Schulen (vgl. Rott 2001a)[161]
- Identische Unterrichtskonzeptionen für Experimental- und Kontrollgruppe in Bezug auf Lernziele und Unterrichtsabschnitte, lediglich Variation der Unterrichtsmethode (Frank 1997a; Rott 2001a)

Diese Anforderungen wurden zur Berücksichtigung der Besonderheiten des Schulunterrichts durch Einzelaspekte der vorliegenden Praxisberichte aus dem Schulbereich ergänzt. Hierbei wurde auf die Erfahrungswerte von Geisenberger/Nagel 2002 zurückgegriffen[162]. Die Auswahl des Themenbereiches der Experimente erfolgte in Anlehnung an die Untersuchung von Rott (2001a), welcher das Apfelmarkt-Experiment nach Bergstrom/Miller zur Ermittlung eines Gleichgewichtspreises und ein eigens konzipiertes Experiment zur empirischen Ermittlung der Nachfragefunktion für seine Untersuchung wählte[163]. Dieses Vorgehen gewährleistete einerseits die Vergleich-

---

[161] Eine zufällige Aufteilung der Schüler in Experimental- und Kontrollgruppe konnte nicht gewährleistet werden, da die Schüler in einem festen Klassenverband unterrichtet werden und die Unterrichtssituation als „unüblich" empfinden würden.

[162] Zum Zeitpunkt dieser Untersuchung war dies die einzige Veröffentlichung zu diesem Thema im deutschsprachigen Raum. Die Autoren beschreiben darin den Einsatz von Classroom Experiments in einer 9. Klasse einer Realschule (Geisenberger/Nagel 2002, S. 191 ff). Sie empfehlen, dass der Unterricht in Experimental- und Kontrollgruppen durch eine, auch regulär in diesen Klassen unterrichtende, Lehrkraft stattfinden sollte (ebd. S. 191).

[163] Das Thema „Markt" ist in Rheinland-Pfalz in den Lehrplänen der Sekundarstufe I in jeder Schulart vorgesehen. Für die Realschulen im Wahlpflichtfach Wirtschafts- und Sozialkunde wird es zu Marktarten und den Grundbegriffen, Angebot, Nachfrage und Preisbildung u.a. unter der Leitfrage „Wie wirken sich Angebot und Nachfrage auf den Markt aus?" zusammengefasst. Der Lehrplan der Hauptschule für das

barkeit der Ergebnisse. Andererseits war es auch deshalb sinnvoll, da für den Schulbereich zu diesem Zeitpunkt bereits eine Adaption des Apfelmarkt-Experiments von Geisenberger/Nagel (2002) vorlag, welche als Grundlage für die in dieser Untersuchung konzipierten Experimentbeschreibungen dienen konnte (vgl. Experimentbeschreibung in Kap. 2.4.3)[164]. Zur Ermittlung einer Angebots- und einer Nachfragefunktion wurden zwei Auktionen in Anlehnung an Rott (2001a) ausgewählt, die für diese Untersuchung angepasst wurden (s. Anhang)[165]. Durch eine Zufallsauswahl sollten ursprünglich in dieser Untersuchung fünf Realschulen in Rheinland-Pfalz ausgewählt werden, an denen innerhalb einer Unterrichtseinheit die ausgewählten Experimente getestet werden sollten[166]. An jeder Schule sollten jeweils eine Experimental- und eine Kontrollgruppe der Klassenstufe 9 bestimmt werden[167]. Die Befragung der Schüler erfolgte durch ein Pre-Post-Posttest-Design. Befragung I wurde direkt vor der, Befragung II direkt im Anschluss an die Unterrichtseinheit innerhalb von zwei Wochen durchgeführt. Befragung III sollte vier bis sechs Wochen später erfolgen (vgl. Abb. 23).

Fach Arbeitslehre sieht dieses Thema bereits in den Grundzügen für die 7. Klasse im Handlungsfeld „Einführung in Wirtschaften und Verwalten" und greift diese wieder für die freiwillige 10. Klasse im Handlungsfeld „Volkswirtschaft - Global denken - regional handeln" zum Lernziel „Einblick in Kennzeichen von Marktwirtschaft" auf. Der Lehrplan für das Fach Sozialkunde an Gymnasien sieht diese Lerninhalte für das Thema „Wirtschaft und Umwelt" der 9. Klasse im Problembereich „Wirtschaftliche Freiheit - soziale Gerechtigkeit, Ökonomie - Ökologie" vor.

164 Aus wirtschaftsdidaktischer Sicht wird gerade bei der Vermittlung dieses Themas im regulären Unterricht kritisiert, dass bei der Vermittlung des Modells der Preisbildung zwar die Faktoren Angebot und Nachfrage, nicht aber in ausreichendem Maße die Grundannahmen (rationales Verhalten, vollkommene Information etc.) thematisiert würden (Kaiser/Kaminski 1999, S. 112). Für das ausgewählte Experiment gilt allerdings, dass eben diese Grundannahmen bereits in der Konzeption angelegt sind. So herrscht im Klassenraum bei der Durchführung Markttransparenz, Produkthomogenität und nahezu vollkommene Information; ein weitestgehend rationales Verhalten der Beteiligten kann aufgrund der Anreiz-Struktur angenommen werden.
165 Anregungen bei der Auswahl der Experimente und Hinweise zu deren Anpassung an den Schulunterricht kamen hierbei aus dem Forscherkreis der Experimentellen Ökonomie. Ein Dankeschön an Heike Henning-Schmidt, Andreas Ortmann, Michael Pickhardt und Armin Rott.
166 Die Konzentration auf ein Bundesland ist aufgrund der Länderhoheit im Bildungssystem sinnvoll.
167 Jede Schule muss dabei aufgrund ihres unterschiedlichen sozioökonomischen Umfeldes als „ein Fall" behandelt werden, d.h. Experimental- und Kontrollgruppe können jeweils nur pro Schule miteinander verglichen werden.

Abb. 23: Untersuchungsschritte der Hauptuntersuchung im Überblick

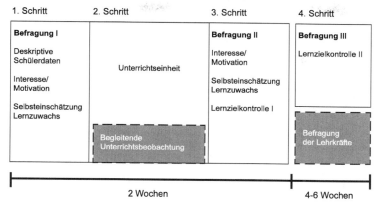

Quelle: Eigene Darstellung

Diesem quantitativen Untersuchungsdesign wurden zusätzlich qualitative Erhebungselemente hinzugefügt. So erfolgte parallel zur abschließenden Befragung III der Schüler eine Befragung der teilnehmenden Lehrkräfte, die Auskunft über die Rahmenbedingungen des regulären Unterrichts geben sollte. Als weitere qualitative Methode sollte während der Unterrichtsphase eine teilnehmende Beobachtung durch externe Beobachter stattfinden, die z.B. darüber Auskunft geben sollte, wie die Experimente im Unterricht verliefen.

Die Auswertung der Fragebögen und die begleitende Unterrichtsbeobachtung sowie die abschließende Befragung der Lehrkräfte sollten, unterschieden nach Experimental- und Kontrollgruppe, folgende Fragen beantworten:
- Wie schätzen die Schüler der einzelnen Klassen ihren Lernzuwachs vor der Unterrichtseinheit generell durch dieses Fach und nach der Unterrichtseinheit in Bezug auf den Unterricht der letzten vier Unterrichtsstunden ein?
- Welche Lernergebnisse konnten erzielt werden?
- Welche Inhalte können nach Ablauf von 4-6 Wochen noch erinnert werden?
- Wie interessiert und motiviert waren die Schüler vor und nach der Unterrichtseinheit?
- Wie verlief der Unterricht in den Klassen? Welche besonderen Vorkommnisse traten im Unterricht auf? Wie verliefen die Experimente aus Sicht der Lehrkräfte?

In der Konzeptionsphase der Untersuchung zeigte sich, dass die Auswahl der Schulen sowohl hinsichtlich der Schulart, als auch in Bezug auf die

Zufallsauswahl, nicht realisierbar war[168]. So stellte sich in Bezug auf die Auswahl der Schulen nach der Datenauswertung heraus, dass in rheinland-pfälzischen Realschulen keine zwei Jahrgangsklassen von der gleichen Lehrkraft im Fach Wirtschaftslehre unterrichtet werden[169]. Aufgrund des zu erwartenden „Lehrereffektes", der eine unumstrittene Auswirkung auf den Unterricht und somit den Lerneffekt hat, wäre somit eine Vergleichbarkeit der Experimental- und Kontrollgruppe nicht möglich (Hedges/Konstantopoulos/Nye 2003, S. 2).

Gegen eine Zufallsauswahl der teilnehmenden Schulen sprach, dass die so ausgewählten Lehrkräfte mit hoher Wahrscheinlichkeit „fachfremd" unterrichten (vgl. Kap. 3.1.2) und deshalb vermutlich ihnen fremde Methoden weniger „sicher" im Unterricht umgesetzt hätten[170]. Doch gerade die Fachkompetenz ist für die Durchführung und Auswertung von Classroom Experiments unbedingt erforderlich (vgl. Ausführungen in Kap. 3.1.2). Dies hätte einen objektiven Vergleich zwischen Experimental- und Kontrollgruppe verhindert. Für die Untersuchung wurde aus diesen Gründen ein quasi-experimentelles Untersuchungsdesign gewählt, in dem von einer Zufallsauswahl der Schulen und Klassen abgesehen wurde. Aufgrund der für die Untersuchung notwendigen Fachkompetenz der Lehrkräfte wurden die Teilnehmer der Expertenbefragung um ihre Unterstützung gebeten[171]. Fünf Fachlehrkräfte, von drei Gymnasien, einer Realschule und einer Regionalen Schule waren bereit, an der Untersuchung teilzunehmen. An jeder Schule wurden zwei Klassen mit einer durchschnittlichen Schülerzahl von rd. 25 pro Klasse bestimmt (Experimental- und Kontrollgruppe)[172].

---

168 Das Statistische Landesamt in Rheinland-Pfalz stellte auf Anfrage Ende 2003 Listen aller rheinland-pfälzischen Realschulen zur Verfügung. Diese Listen enthielten zudem Informationen über die Anzahl der Klassen in den einzelnen Jahrgängen und das Vorhandensein von den Klassen im Wahlpflichtfach Wirtschaftslehre.

169 Der Grund hierfür ist, dass in dieser Schulart das Fach „Wirtschafts- und Sozialkunde" parallel zu den anderen wählbaren Fächern unterrichtet wird, da es sich um ein Wahlpflichtfach handelt. Dies bedeutet in der Praxis, dass der Unterricht in einem festen „Tagesabschnitt" stattfindet (beispielsweise sind in Klasse 9a montags die 1. und 2. Stunde für das Wahlpflichtfach vorgesehen). Falls zwei Kurse im Wahlpflichtfach „Wirtschaftslehre" in einer Jahrgangsstufe zustande kommen, müssen diese aus organisatorischen Gründen von verschiedenen Lehrkräften unterrichtet werden.

170 Für die Bewältigung der komplexen Anforderungssituationen im Unterricht benötigen Lehrkräfte das Wissen der Fachwissenschaft und der Didaktik. Wie bislang gezeigt werden konnte, werden allerdings weder in einführenden Fachlehrbüchern der Wirtschaftswissenschaften noch in Büchern der Wirtschaftsdidaktik Classroom Experiments hinreichend thematisiert.

171 Es handelte sich dabei um die Lehrkräfte der Weiterbildung „Ökonomische Bildung Online - Wirtschaft in die Schule!"

172 Insgesamt konnten 266 Schüler befragt werden, was der durchschnittlichen Anzahl der bislang Befragten der Studien aus dem Hochschulbereich entspricht.

Da Schulen verschiedener Schulformen an der Untersuchung teilnehmen sollten, musste für die Unterrichtseinheit ein mittleres Anforderungsniveau gefunden werden (vgl. Abb. 15)[173]. Deshalb wurde dem Untersuchungsdesign ein Pretest hinzugefügt, der die Unterrichtsmaterialien zur Durchführung der Experimente hinsichtlich ihrer Verständlichkeit für Lehrkräfte und Schüler, der Angemessenheit der formulierten Lernziele und der Konzeption der Unterrichtsmaterialien testen sollte. Hierbei wurde die Methode einer teilnehmenden Unterrichtsbeobachtung und abschließender Befragung der Lehrkräfte gewählt. Da die Ausführlichkeit und Qualität des Feedbacks der Lehrkräfte zur Konzeption der Unterrichtseinheit und der vorbereiteten Unterlagen für das Ergebnis des Pretest entscheidend war, wurde auf eine Zufallsauswahl der Schule verzichtet. Ausgewählt wurde eine Integrierte Gesamtschule zu der bereits aus vorherigen Untersuchungen Kontakt bestand und deren Schulleitung sich interessiert an neuen Unterrichtsmethoden zeigte[174].

Unterrichtskonzeption und Experimente

Die Unterrichtseinheit stellt den Rahmen des Unterrichtsverlaufs dar, in welche die Experimente integriert werden sollten. Die Problematik der Praxisferne von wissenschaftlichen Untersuchungen wurde konsequent von Beginn an berücksichtigt. So wurden im Vorfeld Gespräche mit Schulleitungen und Lehrkräften geführt, um die Konzeption der Untersuchung und der Unterrichtsmaterialien eng an der Schulwirklichkeit orientiert zu konzipieren. Da eine solche Untersuchung immer auch einen Eingriff in das reguläre Unterrichtsgeschehen ist, wurden, um das Zeitintervall einer Untersuchungseinheit an der Schulpraxis orientiert zu gestalten, zur Konzeption verschiedene Experten zu Rate gezogen. Unter Berücksichtigung ihrer Expertise wurde eine 4-stündige Unterrichtseinheit konzipiert[175]. Die

---

173 Im Folgenden wird dieser Test als Pretest bezeichnet. Die Bestandteile des Pre-Post-Posttests werden bezeichnet als Befragung I, Befragung II und Befragung III.
174 Die Klassen an Integrierten Gesamtschulen setzen sich aus Schülern verschiedener Leistungsniveaus zusammen. Sie umfassen Hauptschule, Realschule und Gymnasium. Weiterhin können die Lehrkräfte an Integrierten Gesamtschulen in Rheinland-Pfalz, da das Fach Wirtschaftslehre dort als Wahlfach angeboten wird, relativ flexibel auf den organisatorischen Aufwand von Untersuchungen im Unterricht reagieren. Informationen zur Schulform unter http://igs.bildung-rp.de/allgemeine-informationen.html, Stand: 25.10.2007. Die teilnehmende Lehrkraft unterrichtete zu diesem Zeitpunkt fachfremd. Nach Absprache mit dieser wurde das für die Untersuchung ausgewählte Thema bis zu dem Zeitpunkt des Pretest nicht behandelt. Ursprünglich sollten die Unterlagen im Schuljahr 2003/2004 an einer zweiten Gesamtschule vorab getestet werden, allerdings kam aufgrund der geringen Zahl an Anmeldungen zum Wahlfach Wirtschaft dieser Kurs nicht zustande.
175 Bei den Experten handelte es sich um Herrn Surges, Schulleiter der Realschu-

Messzeitpunkte wurden wie folgt definiert: Vor der Unterrichtseinheit (T1), direkt im Anschluss an diese (T2) und 4-6 Wochen nach der letzten Unterrichtsstunde (T 3)[176].

Für den Unterrichtsverlauf wurden für Experimental- und Kontrollgruppe neben den Lernzielen Sozialformen, Handlungsmuster und Unterrichtsschritte definiert.[177] Das Hauptproblem bestand in einer möglichst objektiven Konzeption beider Unterrichtseinheiten, die aus Gründen der Vergleichbarkeit der beiden Gruppen keinen erweiterten Handlungsspielraum für die Lehrkraft lassen durften. Für die Kontrollgruppe wurde unterrichtsmethodisch traditioneller Frontalunterricht gewählt[178].

Die Unterrichtskonzeption der Experimentalgruppe unterschied sich im Vergleich zur Kontrollgruppe in Bezug auf die Sozialformen kaum, da auch dort, bis auf die Experimentphasen, ein eher lehrerzentrierter Frontalunterricht statt fand. Wesentlicher Unterschied waren die Handlungsmuster, die in der Experimentalgruppe durch die Experimente geprägt waren. Die Unterrichtsschritte in beiden Gruppen wurden weitestgehend identisch konzipiert (vgl. Abb. 24). Für den Unterrichtsverlauf wurden Unterrichtsphasen, Lerninhalte, Unterrichtsmethode und Medien sowie Arbeitsmaterialien definiert, um der Lehrkraft einen Orientierungsrahmen zur Verfügung zu

---

le Remagen und Mitautor der Richtlinien für Ökonomische Bildung des Landes Rheinland-Pfalz, Herrn Neunkircher, Fachlehrer an der Realschule Remagen für das Fach Wirtschafts- und Sozialkunde, sowie Frau Fandel, Lehrerin an der Hauptschule Neuerburg, die vor allem mit Rat und Tat in der konkreten Konzeptionsphase der Unterrichtseinheit beratend tätig war. Vielen Dank!

176 Für den oft nur in zwei Stunden pro Woche ablaufenden Wirtschaftsunterricht stellt dies trotzdem einen umfangreicheren Eingriff in den Unterrichtsverlauf dar. Für die Lehrkraft bedeutet eine solche Untersuchung konkret, dass ihr neben den ebenfalls auf diese Stunden verfallenden Besuchen im Berufsinformationszentrum, Betriebserkundungen, Tests und Klassenarbeiten etc. wenig Zeit zur Notenfindung bleibt. Zudem musste ein Zeitfenster zur Durchführung der Befragung III eingeplant werden. Der tatsächliche Zeitpunkt der Befragung III war aus organisatorischen Gründen durchgängig drei Wochen nach der letzten Stunde. Dies war ein möglicherweise zu knapp bemessener Zeitraum, um aussagekräftige Ergebnisse zu erzielen.

177 Sozialformen des Unterrichts regeln die Beziehungsstruktur des Unterrichts, wie z.B. Frontalunterricht, Gruppenarbeit, Partnerarbeit. Handlungsmuster beinhalten Formen des Handelns, wie z.B. den Lehrervortrag, das Experiment, Unterrichtsgespräche und Tests. Die Prozessstruktur des Unterrichts wird durch die Aufteilung sowohl zeitlich in bestimmte Abschnitte (Einstieg, Hinführung, Erarbeitung) als auch hinsichtlich ihres methodischen Ganges (deduktiv oder induktiv, vom theoretischen Wissen hin zur praktischen Anwendung) in verschiedenen Unterrichtsschritten deutlich (Vgl. hierzu Meyer 1994a, S. 236 ff; Peterßen 1991, S. 256ff).

178 Gemeint ist an dieser Stelle traditioneller Frontalunterricht, gekennzeichnet durch Lehrervortrag, Lehrer-Schüler-Gespräch unter zu Hilfenahme von Grafiken und Texten zur Veranschaulichung und Vertiefung des behandelten Unterrichtsstoffes durch Arbeitsblätter.

stellen. Die Unterrichtsphasen waren gegliedert in Einstieg, Hinführung, Problematisierung und Sicherung sowie Vertiefung.

Abb. 24: Auszug aus dem ersten Entwurf der Unterrichtsverlaufsplanung für die Lehrkraft

Unterrichtsphase	Lerninhalte	Methode	Medien, Arbeitsmaterialien
Einstieg	Frage „Welche Marktformen kennt ihr zudem?" Systematisierung der Begriffe in sachlich, räumlich-zeitliche Gliederung und die Gliederung nach Aufgaben von Märkten; Hinführung auf die Marktform Auktion	Befragung der Schüler	Einstiegsfolie aus Buch S. 150 Sammlung der Beispiele an der Tafel + Systematisierung
Hinführung	Durchführung einer Auktion	Experiment	Anzahl der Meldungen bei den verschiedenen Preisen werden an der Tafel notiert
Problematisierung I	Was sind Auktionen? Definition: Versteigerungen sind Märkte, bei denen die Waren dem meistbietenden Nachfrager zugeschlagen werden.	Befragung der Schüler	Tafel
Problematisierung II	Was versteht man unter dem Begriff Nachfrage?		

Quelle: Eigene Darstellung

Folgende Lernziele sollten durch die Unterrichtseinheit „Markt und Preisbildung" in Experimental- und Kontrollgruppe erreicht werden[179]:
Der Schüler kann...
1) ...verschiedene Marktarten nennen.
2) ...den Begriff „Markt" definieren als Ort, an dem Anbieter und Nachfrager aufeinander treffen.
4) ...den Begriff „Auktion" definieren und ihre Funktionsweise erklären.
5) ...eine Nachfragekurve in einem Preis-Mengen-Diagramm erstellen.
6) ...den Zusammenhang zwischen Preis und Nachfrage beschreiben.
7) ...eine Angebotskurve in einem Preis-Mengen-Diagramm erstellen.
8) ...den Zusammenhang zwischen Preis und Angebot beschreiben.
9) ...den Begriff „Preis" definieren als Gegenwert für Güter und Dienstleistungen.
10) ...die Begriffe „Güter" und „Dienstleistungen" definieren und Beispiele nennen.

---

[179] Die Lernziele wurden direkt aus dem für den Realschulbereich vorliegenden Schulbuch abgeleitet und deshalb keiner inhaltlichen Prüfung hinsichtlich der fachwissenschaftlichen Korrektheit unterzogen. Sie dienten als Grundlage zur Formulierung der Lernzielkontrollfragen in den nachfolgenden Befragungen II und III.

11) ...den Zusammenhang zwischen Preis und Nachfrage auf alltägliche Dinge übertragen (Transferleistung).
12) ...die Funktionsweise des Marktes anhand eines einfachen Marktmodells erläutern.
13) ...den Begriff „Gleichgewichtspreis" definieren als den Preis, der Anbieter und Nachfrager gleichermaßen zufrieden stellt.
14) ...ein Preis-Mengen-Diagramm zeichnen und den Gleichgewichtspreis einzeichnen.

Eine Durchführung durch eine externe Person in der Experimental- und Kontrollgruppe kam aufgrund der möglicherweise auftretenden reaktiven Effekte (Schnell et al. 1995, S. 210) nicht in Frage, so dass bei der Konzeption sehr viel Wert auch auf eine präzise Beschreibung des Unterrichtsverlaufes und die Verständlichkeit der Handlungsanweisungen für die Lehrkraft gelegt werden musste. Da beabsichtigt war, verschiedene Schulformen in die Untersuchung mit einzubeziehen, musste bezüglich des Anforderungsniveaus und der zu erreichenden Lernziele der Unterrichtseinheit ein „mittleres Niveau" gefunden werden. Die Unterrichtseinheit wurde deshalb auf der Basis des Lehrplanes für Realschulen (MBWW 1999, S. 21) und des in Rheinland-Pfalz einheitlich an Realschulen verwendeten Schulbuches (Abriß et al. 2003, S. 150-157) definiert[180].

Erhebungsinstrumente
Für jede der Befragung I-III wurde ein Fragebogen entwickelt, welcher jeweils durch eine Schüler-ID gekennzeichnet war. Diese diente der Feststellung der Teilnahme an den verschiedenen Unterrichtsstunden mit folgenden Bestandteilen: 2. Buchstabe des Vornamens des Vaters, 2. Buchstabe des Vornamens der Mutter und den ersten zwei Zahlen des Geburtsdatums. In Fragebogen I wurden von jedem Schüler einmalig Angaben zu Alter, Geschlecht und Muttersprache erhoben. Die Schüler wurden gebeten, sowohl eine Angabe zu den Zeugnisnoten im Fach Mathematik als auch im Fach Wirtschaft zu machen[181].

Ziel des Fragebogen I war es, den Ist-Stand des Interesses der Schüler

---

[180] Dieses Buch diente ebenso der Festlegung der Lernziele, der Sozialformen und Handlungsmuster für die gesamte Hauptuntersuchung. Im Bereich der Sozialformen wurde für die Kontrollgruppe lehrerzentrierter Frontalunterricht gewählt, der sowohl durch kürzere Phasen von Einzel- als auch Partnerarbeit unterbrochen wurde. Die Haupt-Handlungsmuster waren der Lehrervortrag und das Unterrichtsgespräch. Ein vergleichbar flächendeckend eingesetztes Schulbuch für Gymnasien gibt es in Rheinland-Pfalz nicht.

[181] Dabei handelte es sich um das Fach Sozialkunde an den untersuchten Gymnasien, das Fach Wirtschafts- und Sozialkunde an der teilnehmenden Realschule und das Fach Informationstechnik an der untersuchten Regionalen Schule.

am Fach und ihre Motivation für den Unterricht zu erheben (vgl. Abb. 25). Außerdem war von Interesse, wie Schüler ihren eigenen Lernzuwachs durch dieses Fach einschätzen. Interessant war dies im Hinblick auf die Frage, inwiefern sie die Bedeutsamkeit der Inhalte für ihr eigenes Leben erkannt haben und ob sie selbst der Meinung sind, sich die Inhalte auf Dauer merken zu können. Die Antwortvorgaben waren für alle Aussagen durchgängig vierfach gestuft in „Trifft völlig zu", „Trifft eher zu", „Trifft eher nicht zu" und „Trifft überhaupt nicht zu"[182]. Fragebogen II befasste sich mit Fragen zur Motivation, dem selbst eingeschätzten Lernzuwachs und dem Interesse an den Inhalten der Unterrichtseinheit (vgl. Abb. 25).

Abb. 25: Ausgewertete Fragen zu selbsteingeschätztem Lernzuwachs, Interesse und Motivation in Fragebogen I und II

Bereich	Interesse am Fach
Items Fragebogen I	Es ist mir wichtig, etwas über „die Wirtschaft" zu erfahren. Die Themen sind eigentlich immer interessant. Eigentlich ist mir egal, welche Themen wir im Unterricht behandeln.
Items Fragebogen II	Es ist mir wichtig, mehr über das Thema „Markt" zu erfahren. Das Thema „Markt" war sehr interessant. Es war mir ziemlich egal, was im Unterricht behandelt wurde.
Bereich	**Motivation**
Items Fragebogen I	Weil mir das Fach Spaß macht, würde ich nur ungern darauf verzichten.
Items Fragebogen II	In diesem Unterricht machte das Lernen richtig Spaß! Solche Unterrichtsstunden hätte ich gerne öfter.
Bereich	**Selbsteingeschätzter Lernzuwachs**
Items Fragebogen I	Ich weiß oft nicht, ob ich die Zusammenhänge in diesem Unterricht verstanden habe. Ich kann den Unterrichtsstoff auch auf aktuelle Beispiele anwenden.
Items Fragebogen II	Ich bin mir sicher, die wichtigsten Zusammenhänge erkannt zu haben. Ich kann den Unterrichtsstoff auch auf aktuelle Beispiele anwenden.

Quelle: Eigene Darstellung

---

[182] Die Formulierungen der Fragen für den Fragebogen I und jeweils die ersten Teile der Fragebögen II und III zu motivationalen Aspekten, Interesse am Fach und subjektiv eingeschätztem Lernerfolg wurden an die Fragen der Erhebung von Rott (2001a) angelehnt. Zur zielgruppengerechten Frageformulierung für Schüler wurden diese mit den Formulierungen anderer Studien aus dem Schulbereich abgeglichen (vgl. Kunter et al. 2003, S. 124ff), hierbei vor allem mit den Erhebungsinstrumenten eines Projektes der Universität des Saarlandes, Lehrstuhl für Empirische Humanwissenschaften „Optimierung von Implementationsstrategien bei innovativen Unterrichtskonzeptionen am Beispiel Chemie im Kontext" (www.chemie-im-kontext.de). Die Fragebögen zu dieser Untersuchung wurden mir von Frau Prof. Dr. Gräsel zur Verfügung gestellt. Vielen Dank!

Zusätzlich erfolgte eine Lernzielkontrolle (s. Anhang)[183]. Diese bestand aus einem Multiple-Choice-Test, der den objektiven Lernzuwachs, unterteilt in Fragen zu Faktenwissen und Anwendungswissen, abprüfen sollte. Die insgesamt 14 Fragen wurden direkt aus den Lernzielen der Unterrichtseinheit abgeleitet. Die ersten neun Fragen bezogen sich unmittelbar auf die zu erlernenden Begriffe, vier weitere auf die Anwendung des Erlernten.

Fragebogen III diente der längerfristigen Überprüfung der Lernziele. Dieser wurde, um Frustration bei den Teilnehmenden zu vermeiden, leicht gekürzt. Er umfasste 11 Fragen zu den Lernzielen der Unterrichtseinheit, davon drei Anwendungsfragen (s. Anhang). Die abschließende Befragung der Lehrkräfte erfolgte durch ein offenes Interview mit Interviewleitfaden (s. Anhang)[184]. Folgende Fragen wurden hierbei beantwortet:

- Seit wann kennen und unterrichten Sie die einzelnen Klassen?
- Wie schätzen Sie die einzelnen Klassen bezüglich ihres Leistungs- und Motivationsniveaus ein?
- Wie schätzen Sie die Unterrichtseinheit bezüglich des zeitlichen Rahmens, der Anschaulichkeit und des Schwierigkeitsgrades der Inhalte und die unterrichtsmethodische Umsetzung ein?

Die teilnehmende Unterrichtsbeobachtung erfolgte anhand des Unterrichtsverlaufsplanes der Unterrichtseinheit, nach welchem besondere Vorkommnisse zu den einzelnen Unterrichtsschritten von externen Beobachtern dokumentiert werden sollten.

Hypothesen

In Hochschulen gelten Classroom Experiments als eine Bereicherung der Hochschullehre. Studien aus diesem Bereich konnten positive Effekte beim

---

183 Das Leistungsniveau des Schülers im Fach Wirtschaft wurde durch die Abfrage seiner bisherigen Noten erhoben. Von einer Prüfung von Vorkenntnissen wurde abgesehen (vgl. auch Rott 2001a). Eine Überprüfung des Vorwissens der Schüler hätte diese möglicherweise für die Untersuchung sensibilisiert und deren Bereitschaft zur Teilnahme erhöht bzw. verringert. So hätten die Schüler möglicherweise z.B. eine „überhöhte" Leistungsmotivation, bedingt durch eine mit Klassenarbeiten vergleichbaren Testsituation, gezeigt. Aus diesem Grund wurde sowohl auf eine Erhebung des Vorwissens bei den Schülern verzichtet als auch auf eine Ankündigung, dass mehrere Fragebögen ausgefüllt werden müssen. Die teilnehmenden Schüler wurden nicht über das Ziel der Untersuchung informiert. Es erfolgte lediglich eine Ankündigung, dass es um die Verbesserung des Unterrichts im Fach Wirtschaft im Rahmen eines Dissertationsprojektes geht. Nach Absprache mit den teilnehmenden Lehrkräften wurde das Thema „Markt" bis zum Untersuchungsbeginn nicht im Unterricht thematisiert.

184 Jede Schule stellt „einen Fall" dar. Die Ergebnisse der einzelnen Schulen werden getrennt ausgewertet, da es sich um Schulen unterschiedlicher Schularten und mit unterschiedlichem sozio-ökonomischen Umfeld handelt. Zudem sind nur die Angaben der Schüler auswertbar, die an der gesamten Unterrichtseinheit teilgenommen haben und die zumindest Fragebogen I und II ausgefüllt haben.

Einsatz von Classroom Experiments in Bezug auf die Steigerung des Interesses am Fach und die Motivation der Teilnehmenden, den selbst eingeschätzten und tatsächlichen Lernzuwachs, nachweisen. Ein vergleichbar positiver Einfluss auf den Schulunterricht wird angenommen. Anhand der bislang vorliegenden Ergebnisse aus dem Hochschulbereich gehe ich davon aus, dass mit Classroom Experiments Lernziele in vergleichbarer Weise wie durch traditionellen Frontalunterricht erreicht werden können (Frank 1997a; Mullin/Sohan 1999; Rott 2001a).

Im Gegensatz zu den Aussagen von Gremmen/Potters (1997) gehe ich allerdings nicht davon aus, dass zu einer Forderung, Classroom Experiments in den Wirtschaftunterricht zu integrieren, eine Überlegenheit dieser Methode gegenüber dem Frontalunterricht notwendig ist. Da es sich bei dieser Methode um eine Forschungsmethode handelt, ist deren Thematisierung im Unterricht aufgrund der Weiterentwicklungen in den Wirtschaftswissenschaften m.E. selbstverständlich. Zu einer Forderung, Classroom Experiments in den Unterricht zu integrieren, ist m.E. ausreichend, wenn nachgewiesen werden kann, dass Lernziele vergleichbar mit Frontalunterricht erreicht werden können.

Dabei vermute ich weiterhin, dass sich die Experimentalgruppe nach Ablauf von 4-6 Wochen die Inhalte vergleichbar gut mit der Kontrollgruppe erinnert. Weiterhin erwarte ich einen positiven Einfluss auf das Interesse am Fach und die Motivation der Schüler in der Experimentalgruppe. Zudem gehe ich davon aus, dass die Schüler der Experimentalgruppe ihren Lernzuwachs höher einschätzen, als die Schüler der Kontrollgruppe. Wenn sich diese Vermutungen durch die Ergebnisse dieser Untersuchung bestätigen, dann gehe ich davon aus, dass sich Classroom Experiments als Unterrichtsmethode für den Wirtschaftunterricht eignen.

3.4.2 Ergebnisse des Pretests

Ziel des Vortests war es, festzustellen, ob die Unterlagen zu Unterrichtsplanung und zu Experimenten für Lehrkräfte und Schüler gleichermaßen verständlich und nachvollziehbar waren. Die Materialien bestanden aus einem tabellarischen Unterrichtsverlaufsplan[185] und der Beschreibung zum Ablauf der Experimente für die Lehrkraft und Schüler. Die Unterlagen wurden der

---

185 Die Unterrichtsübersicht beinhaltete die Bezeichnung der Unterrichtsphase, Lerninhalte, Methode und Arbeitsmaterialien. Es ist allerdings zu vermuten, dass hierdurch die eigentliche Stärke der Methode des Experiments (zur Diskussion anzuregen und einen Perspektivenwechsel der Teilnehmer zu ermöglichen) nicht zum Tragen kommen kann (vgl. auch Frank 1997a). Die vorgegebene Abfolge der Unterrichtsphasen lässt aufgrund von Gründen der Vergleichbarkeit zwischen beiden Gruppen keinen zusätzlichen Freiraum für Diskussionen.

Lehrkraft vor Beginn der Untersuchung ausgehändigt und das Vorgehen mit ihr während des Unterrichts genau erläutert. Der Pretest wurde durch eine externe Unterrichtsbeobachtung begleitet. Die Auswertung erfolgte durch eine abschließende Befragung der Fachlehrkraft mittels eines Fragebogens mit offenen und geschlossenen Fragen.

Handlungsanweisungen und Experimente
Die Fachlehrkraft bewertete die Verständlichkeit und Nachvollziehbarkeit der Handlungsanweisungen für die Schüler insgesamt mit „sehr gut"[186]. Alles in allem habe die Anschaulichkeit etwas unter der geringen Anzahl der teilnehmenden Schüler gelitten[187]. Die Veranschaulichung des Begriffes der Nachfrage sei nach ihrer Meinung durch die Versteigerung der Tüte Schokobons sehr gelungen. Das Marktexperiment sei insgesamt sehr geeignet, um sowohl die Entstehung des Gleichgewichtspreises, als auch Angebot und Nachfrage zu veranschaulichen. Ihrer Einschätzung nach sei der Aufbau des Experiments logisch und der Erkenntnisgewinn bezüglich des Gleichgewichtspreises hoch[188]. Die Befragung zeigte zudem, dass Änderungen bezüglich der Auktion zur Herleitung einer Angebotskurve vorgenommen werden mussten. Ausserdem offenbarte der Pretest, dass die Wahl der Thematik zur Veranschaulichung des Angebotes durch die Dienstleistung „Tafelwischen" weniger gut geeignet war, da die Schüler diese normalerweise umsonst wischen. Deshalb wurde die zweite Auktion auf Anraten der Lehrkraft in eine „Schuh-Putz-Auktion" umgewandelt, in dem die Lehrkraft ein Paar Schuhe zum Putzen in den Unterricht bringen sollte. Zum Verlauf während des Unterrichts zeigte sich insgesamt, dass bei Durchführung der Experimente darauf zu achten ist, nach der ersten Spielrunde Verständnisfragen mit den Schülern zu klären[189].

Zeitrahmen
Der Zeitrahmen der Unterrichtseinheit mit vier Unterrichtsstunden erwies sich zwar einerseits für die Durchführung der Experimente als angemessen

---

186 Die Bewertung konnte gemäß der Unterteilung in Schulnoten abgegeben werden.
187 Entgegen der Erwartung der Schulleitung konnten nur 25 Schüler für das Wahlfach Wirtschaft im Schuljahr 2003/2004 an der teilnehmenden Schule gewonnen werden. Die Gruppe reduzierte sich nach dem ersten Schulhalbjahr auf nur noch 10 Schüler, die regelmäßig am Unterricht im Wahlfach Wirtschaftslehre teilnahmen.
188 Die Schüler begannen nach Austeilen der Rollenkarten sofort zu handeln, der Gleichgewichtspreis bildete sich relativ schnell. Nach Angaben der Schüler nutzte keiner die Preisangaben der letzten Vertragsabschlüsse an der Tafel. Sie beteiligten sich rege sowohl an dem Experiment als auch an der späteren Auswertung.
189 Beispielsweise hatten die Schüler Schwierigkeiten nachzuvollziehen, wer sich gerade in der Rolle des „Nachfragers" und „Anbieters" befand. Die Begriffszuordnung schien den Schülern vor allem während den Auktionen Schwierigkeiten zu bereiten.

konzipiert, andererseits führten Unterrichtsstörungen zu einer zeitlichen Ausdehnung, so dass für die Unterrichtskonzeption, d.h. die einzelnen Unterrichtsphasen, möglicherweise großzügigere Zeitfenster eingeplant werden müssen.[190]

Umfangreiche Änderungen mussten dagegen an der Unterrichtsverlaufsplanung für die Lehrkraft vorgenommen werden, die ursprünglich offener konzipiert war. Die Unterrichtsbeobachtungen wie auch das Interview der Lehrkraft zeigten, dass dies von Nachteil für den Unterrichtsverlauf war. Bei der Durchführung der Unterrichtseinheit kam es zum Auslassen verschiedener Unterrichtsschritte, z.B. der schriftlichen Fixierung verschiedener Definitionen. Dies könnte in der Hauptuntersuchung die Vergleichbarkeit zwischen Experimental- und Kontrollgruppe verhindern. Insgesamt wurde der beabsichtigte Unterrichtsverlauf deshalb wesentlich präzisiert und „kleinschrittiger" vorgegeben.

Dem Unterrichtsverlaufsplan wurde deshalb eine weitere Spalte „Zeit" mit Minutenangaben hinzugefügt, um den Lehrkräften einen Anhaltspunkt während des Unterrichts zu geben (vgl. Abb. 26)[191]. Die vorgesehene Rubrik „Lerninhalte" wurde weiter ausdifferenziert in die Untergliederungen „Geplantes Lehrerverhalten" und „Erwartetes Schülerverhalten" und die zu erreichenden Lernziele noch einmal inhaltlich präzisiert sowie auch optisch hervorgehoben. Die Spalte „Methode" wurde erweitert zu „Aktionsformen/Medien" und beinhaltete nun nicht nur die Beschreibung der Unterrichtsmethode, wie z.B. Schüler-Lehrer-Gespräch oder Experiment, sondern auch die notwendigen Hilfsmittel, wie Overhead-Projektor, Tafel, Arbeitsblätter u.s.w. Der Verlaufsplanung hinzugefügt wurde eine Spalte mit didaktischen Kommentaren. Diese enthielt Handlungsalternativen und Anregungen für die Lehrkraft, wie stumme Impulse, Beispiele etc., falls das erwünschte Schülerverhalten nicht eintreten sollte. Um die Durchführung der Unterrichtseinheit für die Lehrkraft zu erleichtern, wurden Folien (OHP), Arbeitsblätter, Tafelanschrieb (TA) und Texte (T) in der Verlaufsplanung an der entsprechenden Stelle nummeriert vermerkt. Die vorgefertigten Vorlagen wurden hierzu ebenfalls mit Nummern versehen und als komplettes „Unterrichtspaket" an die Lehrkräfte ausgehändigt. Jedem Unterrichtsschritt wurden die entsprechenden Lernziele (LZ) zugeordnet, um ein höchstmögliches Maß an Nachvollziehbarkeit der Unterrichtsschritte für die Lehrkraft zu erreichen.

---

190 So musste der Unterricht in der 2. Doppelstunde mit 10-minütiger Verspätung beginnen, da der Klassenraum noch nicht vorbereitet war. Es fehlte der Overhead-Projektor und der freie Raum für den „Markttag" war noch nicht vorbereitet. Zudem nahmen nur 9 von 10 Schülern an dem Unterricht teil.
191 Dies war vor allem eine Anregung der Lehrkraft.

Abb. 26: Auszug aus der überarbeiteten Version der Unterrichtsverlaufsplanung

Phasen	Lerninhalte/Leitfragen			Didaktische Kommentare
Zeit in Min.		Geplantes Lehrerverhalten	Erwartetes Schülerverhalten	Aktionsformen/ Medien	
10	Einstieg	Welche Marktformen gibt es?			
	LZ 1: S. sollen verschiedene Marktformen nennen können.	L. zeigt eine Folie mit Zitaten.	S. lesen die Folie leise und äußern sich spontan dazu.	L-S-Gespräch Folie 1, OHP	Stummer Impuls Begriff „Markt" ist auf der Folie gegeben.
	LZ 2: ... verschiedene Marktformen nach sachlichen, räumlich-zeitlichen Gesichtspunkten und deren Aufgaben unterscheiden, indem sie passende Oberbegriffe zuordnen.	L. „Wie nennt man den Ort, wo jemand, der etwas zu verkaufen hat, auf einen anderen trifft, der etwas kaufen möchte?' L.: ‚Welche Marktformen kennt ihr außerdem?' L. sammelt die Begriffe an der Tafel und teilt sie nach sachlichen, räumlich-zeitlichen Gesichtspunkten und nach den Aufgaben von Märkten jedoch zunächst ohne Überschrift.	S. Antwort: Markt S. nennen verschiedene Marktarten, u.U. auch die Auktion.	Frontal TA1	Wenn S. die „Auktion" nicht nennen, Hinführung durch Beispiel „Ebay" an einer konkreten Frage „Welche Marktform ist...?" Wenn die Tabellenüberschriften für die Schüler nicht klar sind, dann mit Fragen, wie z.B. ‚Was bedeutet denn überhaupt Import und Export? Und was beinhalten diese Begriffe?'

Quelle: Eigene Darstellung

Der Pretest bestätigte insgesamt die Vermutung, dass Schwierigkeiten dadurch auftreten können, dass die Lehrkraft Classroom Experiments noch nicht selbst im Vorfeld durchführen konnte[192]. Ohne entsprechende Routine ist es schwierig, die Schüler im Unterricht korrekt anzuleiten. Unterrichtsstörungen und Verzögerungen wirken sich zudem nachteilig aus. Die daraus entstehenden Probleme verlangsamen den zeitlichen Ablauf und erschweren letztlich die korrekte Auswertung der Experimentergebnisse.

3.4.3 Ergebnisse der Schulversuche

In den teilnehmenden Schulen wurden im Vorfeld Gespräche mit den Schulleitern geführt, um diese über den Verlauf der Untersuchung und die

---

[192] Dieser Effekt sollte deshalb bei den für die Untersuchung ausgewählten Lehrkräften durch ihre Teilnahme an dem Workshop geringer ausfallen.

Abb. 27: Zeitlicher Verlauf der Schulversuche in den teilnehmenden Schulen

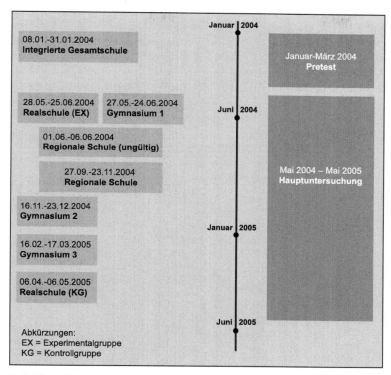

Quelle: Eigene Darstellung

Art der Befragung zu informieren[193]. Die Unterlagen zu den Unterrichtseinheiten lagen den Lehrkräften schon einige Wochen vor den Gesprächen vor, so dass ihnen Gelegenheit gegeben wurde, sich damit vertraut zu machen. Die Befragungen sollten an allen beteiligten Schulen von März 2004 bis April 2005 durchgeführt werden (vgl. Abb. 27)[194]. Bei der Zeitplanung zur

---

193 Mit jeder an der Untersuchung teilnehmenden Lehrkraft fand ein persönliches Gespräch vor Beginn des Schulversuches statt, um ihr Ablauf und die Ziele der Untersuchung zu verdeutlichen und noch offene Fragen zum Ablauf des Experimentes zu klären.

194 Die Lehrkräfte wurden gebeten, den Schülern die Befragungen als eine Untersuchung zur Verbesserung des Unterrichtsangebotes bzw. zur Verbesserung von Unterrichtsmethoden anzukündigen, sie allerdings nicht auf den abweichenden Unterricht hinzuweisen. Zur Durchführung der Untersuchung mussten sowohl die Genehmigung durch die Aufsichts- und Dienstleistungsdirektion (ADD) Trier als auch die des Landesbeauftragten für Datenschutz des Landes Rheinland-Pfalz eingeholt werden. Zu den Auflagen für einen Schulversuch gehört zudem die Information aller Eltern, der von der Untersuchung betroffenen Schüler. Da eine Information der einzelnen Eltern

Durchführung der Unterrichtseinheiten in der Kontrollgruppe, wie auch in der Experimentalgruppe, wurde darauf geachtet, dass sie sich im gleichen „Zeitfenster" bewegten. Fiel z.B. in der Kontrollgruppe eine Unterrichtsstunde aus, so fand auch der Unterricht in der Experimentalgruppe nicht statt. Die Termine der Schulferien und schon feststehende Schulausflüge, Klassenfahrten, Fortbildungen der Fachlehrkräfte und Zeiträume für Klassenarbeiten wurden bereits zu Beginn weitestgehend in die Zeitplanung integriert. Eine Ausnahme war der Verlauf in der Realschule, da dort Experimental- und Kontrollgruppe in zwei verschiedenen Schuljahren unterrichtet wurden (vgl. Abb. 27)[195].

Insgesamt trugen einzelne Ereignisse, wie Berufsberatungstermine etc., dazu bei, dass die Termine mit den Schulen mehrfach verschoben werden mussten[196]. Ursprünglich geplant war eine Durchführung der dritten Befragungsrunde vier bis sechs Wochen nach der Durchführung der Unterrichtseinheit. Dieser Termin ließ sich aufgrund der geringen Anzahl an Stunden pro Woche und den Terminverschiebungen nicht realisieren. Die Befragung III fand in allen Schulen zwei Wochen nach Durchführung der Unterrichtseinheit statt.

Ergebnisse in der Übersicht

Innerhalb der Hauptuntersuchung wurden insgesamt 266 Schüler der 9. Klasse an fünf Schulen (zwei Klassen je Schule) verschiedener Schularten (drei Gymnasien, eine Regionale Schule und eine Realschule) befragt (vgl. Tab. 1)[197].

---

wahrscheinlich zu einem stärkeren Bewusstsein der Schüler bzgl. Änderungen im regulären Unterrichtsverlauf geführt hätte, wurde mit Sondergenehmigung der ADD, lediglich der Elternbeirat und nicht die einzelnen Eltern in einem Schreiben über Inhalte und Absicht der Untersuchung informiert.

195 Die Lehrkraft unterrichtete aufgrund der Fächerregelung keine zweite Klasse eines Jahrganges in diesem Fach.
196 Obschon einige dieser Ereignisse im Vorfeld mit berücksichtigt wurden, hatten diese stärkeren Einfluss auf den Unterrichtsverlauf als angedacht. Der Grund hierfür liegt in der Tatsache, dass der Unterricht im Fach Wirtschaft in den Gymnasien zweistündig pro Woche, allerdings in Einzelstunden an verschiedenen Tagen stattfindet. Diese Einzelstunden dauern 45 Minuten und werden zumeist durch notwendige Raumwechsel der Schüler oder Pausen zeitlich noch weiter verkürzt. Gerade das „Marktexperiment" erfordert jedoch, wenn Schüler Verständnisschwierigkeiten bzgl. des Ablaufes haben, insgesamt einen längeren Zeitraum.
197 Die Untersuchung wurde an den teilnehmenden Gymnasien im Pflichtfach Sozialkunde, in der Realschule im Wahlpflichtfach Wirtschafts- und Sozialkunde und in der Regionalen Schule im Wahlpflichtfach Informationstechnik durchgeführt.

Tab. 1: Anzahl der Schüler in Experimental- und Kontrollgruppen nach Schulen von n=266

	EX	KG	Summe
Gymnasium 1	29	25	54
Realschule	28	23	51
Regionale Schule	24	16	40
Gymnasium 2	30	27	57
Gymnasium 3	32	32	64
Gesamt	143	123	266

EX: Experimentalgruppe
KG: Kontrollgruppe

Quelle: Eigene Darstellung

Experimental- und Kontrollgruppe an jeder Schule wurden von der gleichen Lehrkraft unterrichtet, die auch regulär in diesen Klassen unterrichtete. Die jeweils größere Klasse einer Schule wurde als Experimentalgruppe festgelegt[198]. Die Verteilung zwischen männlichen und weiblichen Schülern der teilnehmenden Schulklassen insgesamt, mit Ausnahme des Gymnasiums 1, bei welchem es sich um ein reines Mädchengymnasium handelt, waren sehr unterschiedlich (vgl. Tab. 2). Die Anzahl der Jungen überwog in Experimental- und Kontrollgruppe der Realschule. Der Anteil der Mädchen war dagegen in beiden Gruppen des Gymnasiums 3 größer. Im Gymnasium 2 war der Anteil der Jungen in der Experimentalgruppe mit 21 von insgesamt 30 Schülern wesentlich höher als in der Kontrollgruppe, wo das Verhältnis ungefähr ausgeglichen war. Diese Relation fand sich ebenso in der

Tab. 2: Geschlechterverteilung nach Schulen und Gruppen von n=266

	Experimentalgruppe				Kontrollgruppe			
	m	%	w	%	m	%	w	%
Gymnasium 1	0	0,0%	29	100,0%	0	0,0%	25	100,0%
Realschule	26	92,9%	2	7,1%	21	95,5%	1	4,5%
Regionale Schule	12	50,0%	12	50,0%	14	87,5%	2	12,5%
Gymnasium 2	21	70,0%	9	30,0%	13	48,1%	14	51,9%
Gymnasium 3	12	37,5%	20	62,5%	13	40,6%	19	59,4%

m: männlich
w: weiblich

Quelle: Eigene Darstellung

---

198 Die größere Klasse wurde als Experimentalgruppe gewählt, da mit dem Ausfall einzelner Schüler während der Untersuchung gerechnet werden musste. Erfahrungen aus einem Seminar zur Wirtschaftsdidaktik an der Universität Koblenz-Landau zeigten, dass mit einer geringen Anzahl an Schülern die Durchführung des Marktexperiments schwierig wird, da eine Mindestanzahl von Anbietern und Nachfragern für den optimalen Verlauf des Experiments vorhanden sein muss.

Experimentalgruppe der Regionalen Schule mit einem ausgeglichenen Geschlechterverhältnis in der Experimentalgruppe und einer Relation von 14 Jungen zu zwei Mädchen in der Kontrollgruppe.

Die Schüler wurden zu drei verschiedenen Zeitpunkten gebeten, einen Fragebogen auszufüllen, der ihrer Person durch eine selbst ausgewählte Schüler-ID zugeordnet werden konnte. Durch diese Zuordnung konnte gewährleistet werden, dass nur die Fragebögen derjenigen Schüler ausgewertet wurden, welche auch tatsächlich an der gesamten Unterrichtseinheit teilgenommen hatten. Insgesamt auswertbar waren die Fragebögen bei 88 von 143 Schülern der Experimentalgruppe und 93 von 123 Schülern der Kontrollgruppe (vgl. Tab. 3)[199]. Die Gründe für die Reduktion waren unterschiedlich: Teilweise konnten die Fragebögen einer Klasse zu einem Messzeitpunkt nur zu ca. 75% für die Dateneingabe verwendet werden, da diese nicht ordnungsgemäß ausgefüllt waren (z.B. fehlte die Schüler-ID).

Tab. 3: Anzahl der auswertbaren Fragebögen (FB) nach Schulen

Schule	Experimentalgruppe				Kontrollgruppe				
	n =	alle FB ausgefüllt	in % von Gesamt	alle FB und nur 1+2 ausgefüllt	in % von Gesamt	n=	alle FB ausgefüllt	in % von Gesamt	alle FB und nur 1+2 ausgefüllt	in % von Gesamt
Gymnasium 1	29	17	59%	20	69%	25	17	68%	19	76%
Realschule	28	13	46%	16	57%	23	20	87%	20	87%
Regionale Schule	24	10	42%	12	50%	16	10	63%	13	81%
Gymnasium 2	30	14	47%	18	60%	27	20	74%	22	82%
Gymnasium 3	32	19	59%	22	69%	32	18	56%	19	56%
Gesamt	143	73	51%	88	62%	123	85	69%	93	76%

Quelle: Eigene Darstellung

---

199 Entsprechend wird sich die folgende Auswertung der Befragung II auf die Gruppe beziehen, für welche die Bedingung gilt „Alle Fragebögen und nur 1+2 ausgefüllt". In die Auswertung der Befragung III, die drei Wochen nach der Durchführung der Unterrichtseinheit erfolgte, konnten nur diejenigen Fälle einbezogen werden, für welche gilt „Alle Fragebögen ausgefüllt". Im folgenden Text wird aus Gründen der Vereinfachung von „der Untersuchungsgruppe" gesprochen. Gemeint ist die auf n=188 reduzierte Gruppe.

Tab. 4: Geschlechterverteilung nach Schulen und Gruppen von n=188

Schule	Experimentalgruppe				Kontrollgruppe			
	m	%	w	%	m	%	w	%
Gymnasium 1	0	0%	20	100%	0	0%	19	100%
Realschule	15	94%	1	6%	19	95%	1	5%
Regionale Schule	2	17%	10	83%	11	85%	2	15%
Gymnasium 2	11	61%	7	39%	10	46%	12	55%
Gymnasium 3	9	41%	13	59%	4	21%	15	79%

Quelle: Eigene Darstellung

m: männlich
w: weiblich

An anderer Stelle fehlten die Antworten von Fragegruppen vollständig. Teilweise versäumten aber auch die Schüler aufgrund von Krankheit oder Terminen zu Einzelgesprächen bei der Berufsberatung den Fachunterricht[200]. Der Vergleich dieser Gruppe mit der reduzierten Erhebungsgruppe (n=181) zeigt, dass die überwiegende Anzahl der Ausfälle durch männliche Schüler verursacht wurden (vgl. Tab. 4). Besonders deutlich wird dies in den Experimentalgruppen des Gymnasiums 2, der Realschule und der Regionalen Schule, wo durchschnittlich von zehn männlichen Schülern die Ergebnisse nicht ausgewertet werden konnten[201]. Neben dem Geschlecht wurden Muttersprache, Alter, Mathematik- und Wirtschaftsnote des letzten Zeugnisses erhoben. Bei der verbliebenen Gruppe auswertbarer Fälle, n=181, konnten folgende Ergebnisse hierzu festgehalten werden: Das Alter der Schüler

Tab. 5: Altersverteilung nach Schulen und Gruppen von n=181

Schule	Experimentalgruppe				Kontrollgruppe			
	Mw	Min	Max	Sw	Mw	Min	Max	Sw
Gymnasium 1	15	15	15	0	15	15	14	0
Realschule	15	16	15	1	16	17	14	1
Regionale Schule	14	16	14	1	15	17	14	1
Gymnasium 2	15	15	14	1	15	16	14	1
Gymnasium 3	15	16	14	1	15	15	14	1

Quelle: Eigene Darstellung

Mw: Mittelwert
Min: Minimum
Max: Maximum
Sw: Standardabweichung

---

200 Aufgrund der reduzierten Anzahl an auswertbaren Fällen wurde von statistischen Auswertungsverfahren durch Signifikanztests abgesehen. Die Auswertung der Befragung erfolgt unter Berücksichtigung der Ergebnisse aus den Unterrichtsbeobachtungen und der abschließenden Befragung der Lehrkräfte.

201 Die Unterrichtsbeobachtungen in diesen Schulen zeigten zudem, dass vor allem die männlichen Schüler durch Disziplinprobleme auffielen, was möglicherweise durch das Alter der Schüler erklärt werden kann.

betrug durchschnittlich 15 Jahre (vgl. Tab. 5). Abweichungen hiervon gab es in der Kontrollgruppe der Realschule (Mittelwert: 16 Jahre) und der Experimentalgruppe der Regionalen Schule (Mittelwert: 14 Jahre).

Das Leistungsniveau der Experimental- und Kontrollgruppen im Fach Mathematik bewegte sich insgesamt auf einem ähnlichen Niveau um den Mittelwert der Note 3 (vgl. Tab. 6). Eine Ausnahme stellte die Realschule dar, in der die Experimentalgruppe durchschnittlich fast eine halbe Note besser abschnitt als die Kontrollgruppe (EX Mittelwert: 2,8; KG Mittelwert: 3,2). Das Leistungsniveau in Bezug auf die Wirtschaftsnote war in den einzelnen Schulen vergleichbar mit dem Fach Mathematik (insgesamt um den Mittelwert der Note 3, vgl. Tab. 7). In Gymnasium 1 und Realschule war dabei die Experimentalgruppe durchschnittlich eine halbe Note besser als die Kontrollgruppe. In der Regionalen Schule und Gymnasium 3 fielen die Unterschiede geringer aus. In Gymnasium 2 lagen zum Zeitpunkt der Untersuchung im Fach Wirtschaft im November des Schuljahres 2004/2005 noch keine Zeugnisnoten vor.

Tab. 6: Durchschnittliche Mathematiknote letztes Zeugnis nach Schulen und Gruppen von n=181

Schule	Experimentalgruppe				Kontrollgruppe			
	Mw	Min	Max	Sw	Mw	Min	Max	Sw
Gymnasium 1	3,3	5	2	1	3,0	4	1	1
Realschule	2,8	4	2	1	3,2	5	1	1
Regionale Schule	3,5	5	2	1	3,4	4	2	1
Gymnasium 2	2,6	4	1	1	2,8	4	1	1
Gymnasium 3	2,9	4	2	1	2,8	4	1	1

Mw: Mittelwert
Min: Minimum
Max: Maximum
Sw: Standardabweichung

Quelle: Eigene Darstellung

Tab. 7: Durchschnittliche Wirtschaftsnote nach Schulen und Gruppen von n=181

Schule	Experimentalgruppe				Kontrollgruppe			
	Mw	Min	Max	Sw	Mw	Min	Max	Sw
Gymnasium 1	2,9	4	2	0	3,4	4	1	1
Realschule	2,7	4	2	1	3,3	5	1	1
Regionale Schule	2,6	4	2	1	2,4	3	2	1
Gymnasium 2	0,0	0	0	0	0,0	0	0	0
Gymnasium 3	2,8	4	1	1	2,9	4	1	1

Mw: Mittelwert
Min: Minimum
Max: Maximum
Sw: Standardabweichung

Quelle: Eigene Darstellung

Die Auswertung der Lernzielkontrolle in Befragung II zeigte nach der Unterrichtseinheit, dass in drei Schulen (Gymnasium 1, Regionale Schule und Gymnasium 2) die Experimentalgruppen schlechter abschnitten, als die Kontrollgruppen (vgl. Tab. 8). In Realschule und Gymnasium 3 waren die Ergebnisse dagegen auf einem vergleichbaren Niveau. Auffallend war in vier der teilnehmenden Schulen, dass die Standardabweichungen der Experimentalgruppen wesentlich höher ausfielen, als die in den Kontrollgruppen (Ausnahme: Regionale Schule). Dies deutet auf größere Leistungsunterschiede innerhalb der Klassen hin. Ein vergleichbares Bild zeigte sich ebenfalls in der wiederholten Lernzielkontrolle in beiden Gruppen nach Ablauf von drei Wochen (vgl. Tab. 9). In dieser Lernzielkontrolle schnitt die Kontrollgruppe an vier Schulen durchschnittlich besser ab als die Experimentalgruppe[202]. Ausnahme war das Gymnasium 2, an welchem die Experimentalgruppe einen Mittelwert von 9,1 und die Kontrollgruppe einen Mittelwert von 8,1 erreichte. Insgesamt wurden die elf maximal möglichen richtigen Antworten von keiner Gruppe erreicht.

Tab. 8: Anzahl der richtigen Antworten von 14 möglichen, Lernzielkontrolle I aus Fragebogen II nach Schulen und Gruppen von n=188

	Experimentalgruppe			Kontrollgruppe		
Schule	n	Mw	Sw	n	Mw	Sw
Gymnasium 1	20	10,3	2,0	19	11,7	1,2
Realschule	16	9,2	2,5	20	9,4	1,9
Regionale Sch.	12	7,3	1,3	13	10,1	1,7
Gymnasium 2	18	9,0	2,7	22	10,2	1,8
Gymnasium 3	22	11,5	2,7	19	11,0	1,6

n: Anzahl Schüler pro Gruppe
Mw: Mittelwert
Sw: Standardabweichung

Quelle: Eigene Darstellung

Tab. 9: Anzahl der richtigen Antworten von elf möglichen, Lernzielkontrolle II aus Fragebogen III nach Schulen und Gruppen von n=158

	Experimentalgruppe			Kontrollgruppe		
Schule	n	Mw	Sw	n	Mw	Sw
Gymnasium 1	17	8,8	1,4	17	9,6	0,8
Realschule	13	8,5	1,4	20	9,0	1,0
Regionale Sch.	10	6,7	1,4	10	7,9	2,3
Gymnasium 2	14	9,1	1,8	20	8,1	2,5
Gymnasium 3	19	9,2	1,3	18	9,7	1,2

n: Anzahl Schüler pro Gruppe
Mw: Mittelwert
Sw: Standardabweichung

Quelle: Eigene Darstellung

---

202 Allerdings ist bei der Interpretation der Ergebnisse zu beachten, dass sich in allen Klassen die Anzahl der auswertbaren Fälle von Befragung II zu Befragung III reduzierte (insgesamt von n=188 auf n=158).

Zur weiteren Interpretation werden im Folgenden nun die Schulen nach Experimental- und Kontrollgruppen als einzelne Fälle gesondert betrachtet. Zur Auswertung der Befragungen I bis III werden die Ergebnisse der begleitenden Unterrichtsbeobachtungen, sowie der abschließenden Befragung der Lehrkräfte mit einbezogen (vgl. Abb. 28).

Abb. 28: Auswertungsvorgehen der Befragungen I bis III zur Beantwortung der Forschungsfragen

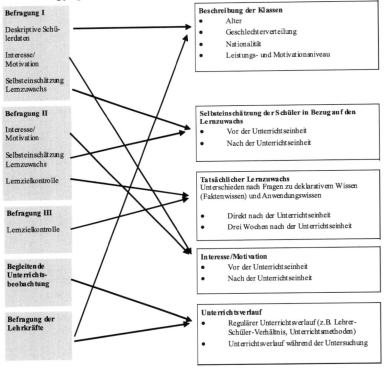

Quelle: Eigene Darstellung

Zunächst erfolgt eine Beschreibung der Klassen nach Experimental- und Kontrollgruppe. Die Selbsteinschätzung der Schüler in Bezug auf ihren Lernzuwachs wird vor und nach der Unterrichtseinheit verglichen. Hierbei liegt weniger der Fokus auf einem Vergleich der beiden Gruppen, als vielmehr auf der Veränderung der Werte innerhalb der einzelnen Klassen. Der tatsächliche Lernzuwachs wird anhand des Vergleichs der Gruppenergebnisse zwischen Befragung II und III erhoben. Auskünfte zu Veränderungen in Bezug auf Motivation und Interesse der Teilnehmenden gibt der Vergleich zwischen den Aussagen der Schüler in Befragung I und II. Der Unterrichtsverlauf kann nachvollzogen werden durch die Aussagen der Lehrkräfte, aus den abschließenden Befragungen und den begleitenden Unterrichtsbeobachtungen.

Einzelbetrachtung der Ergebnisse – Gymnasium 1

Bei Gymnasium 1 handelte es sich um ein Mädchengymnasium mit Schülern ausschließlich deutscher Muttersprache (vgl. Tab. 10)[203]. Das durchschnittliche Alter in beiden Klassen betrug 15 Jahre. Experimental- und Kontrollgruppe hatten in dem Fach Mathematik einen vergleichbaren Leistungstand (Mittelwert um die Note 3).

Tab. 10: Deskriptive Statistik, Gymnasium 1 von n=39

	Experimentalgruppe, n=20				Kontrollgruppe, n=19			
	Mw	Max	Min	Sw	Mw	Max	Min	Sw
Alter	15	15	15	0	15	15	14	0
Note in Mathe	3,3	5	2	1	3,0	4	1	1
Note in Wirtschaft	2,9	4	2	0	3,4	4	1	1

Mw: Mittelwert
Min: Minimum
Max: Maximum
Sw: Standardabweichung

	Experimentalgruppe		Kontrollgruppe	
	n	% von n	Anzahl	% von n
Geschlecht männlich	0	0%	0	0%
Geschlecht weiblich	20	100%	19	100%
Muttersprache Deutsch	20	100%	19	100%
andere Sprachen	0	0%	0	0

Quelle: Eigene Darstellung

In Fach Wirtschaft war die Experimentalgruppe um durchschnittlich eine halbe Note besser (Mittelwert: 2,9) als die Kontrollgruppe (Mittelwert: 3,4). Dabei war die Streuung der Notenwerte in der Experimentalgruppe im Fach Wirtschaft geringer als in der Kontrollgruppe (Standardabweichung: 0, Min: 2 und Max: 4), d.h. die Klasse hatte ein homogeneres Leistungsniveau als die Kontrollgruppe. Die Lehrkraft unterrichtete beide Klassen pro Woche seit Beginn des Schuljahres zweistündig. Ihre reguläre Unter-

---

203 Die Angaben zu den Klassen beziehen sich in den Einzelbetrachtungen der Schulen jeweils auf n=181 und nicht auf die gesamten Klassen. Aus Gründen der besseren Lesbarkeit wird trotzdem die Formulierung „% der Schüler" oder „Anzahl der Schüler" gewählt.

Abb. 29: Antworten auf Fragen zum selbst eingeschätzten Lernzuwachs aus Fragebogen I und II nach Gruppen, Gymnasium 1

a) FB 1: Ich weiß oft nicht, ob ich die Zusammenhänge in diesem Unterricht verstanden habe.

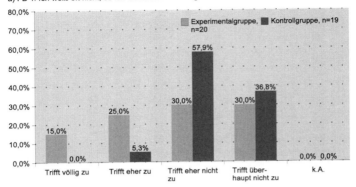

b) FB 2: Ich bin mir sicher, die wichtigsten Zusammenhänge erkannt zu haben.

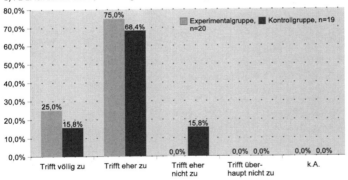

c) FB 1: Ich kann den Unterrichtsstoff auch auf aktuelle Beispiele anwenden.

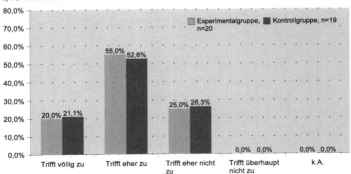

d) FB 2: Ich kann den Unterrichtsstoff auch auf aktuelle Beispiele anwenden.

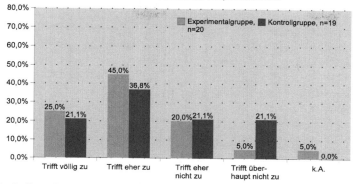

Quelle: Eigene Darstellung

richtsgestaltung beschrieb die Lehrkraft als von der Unterrichtseinheit der Untersuchung abweichend. Es werde weniger schriftlich fixiert und der Unterricht verlaufe häufiger in Gruppenarbeit und mit Unterrichtsdiskussionen[204]. Offene Unterrichtsmethoden, wie Experimente, seien den Schülern bekannt[205].

Die Befragung zur Einschätzung des Lernzuwachses im Fachunterricht Wirtschaft zeigte, dass sich die Kontrollgruppe vor der Unterrichtseinheit zwar durchschnittlich stärker in Bezug auf das Verstehen von Zusammenhängen, allerdings gleich gut in Bezug auf die Anwendung von Wissen, einschätzte wie die Experimentalgruppe (vgl. Abb. 29). In der Kontrollgruppe waren insgesamt 18 von 19 (93,8%) der Schüler der Meinung, dass die Aussage „Ich weiß oft nicht, ob ich die wichtigsten Zusammenhänge in diesem Unterricht verstanden habe." für sie nicht zutreffe (vgl. Abb. 29a)[206]. In der Experimentalgruppe waren dies lediglich zwölf von 20 (60%) der Schüler. Nach der Unterrichtseinheit blieb die Einschätzung der Kontrollgruppe gleich, während sich die der Experimentalgruppe deutlich verbesserte (um sechs Schüler) (vgl. Abb. 29b).

Vor der Unterrichtseinheit waren beide Gruppen mehrheitlich der Ansicht, die im Unterricht erlernten Unterrichtsinhalte auf aktuelle Beispiele

---
204 Ein Schulbuch wird im Fach Wirtschaft an dieser Schule nicht verwendet.
205 Die Erfahrung im Umgang mit offenen Unterrichtsmethoden stellt während der Durchführung und für den Ablauf der Experimente einen wichtigen Einflussfaktor dar (Geisenberger/Nagel 2002, S. 167). Es ist anzunehmen, dass die Durchführung der Experimente in Klassen ohne Erfahrungen mit offenen Unterrichtsmethoden schwieriger ist.
206 Aufgrund der geringen Anzahl auswertbarer Fälle werden an dieser Stelle und in der folgenden Auswertung die Antwortvorgaben „Trifft völlig zu" und „Trifft eher zu", ebenso wie die Antwortvorgaben „Trifft eher nicht zu" und „Trifft überhaupt nicht zu" zusammengefasst.

anwenden zu können (15 Schüler der Experimental- und 14 Schüler der Kontrollgruppe, ca. 75% beider Gruppen vgl. Abb. 29c). Insgesamt bestätigten dies nach der Unterrichtseinheit in der Experimentalgruppe immer noch 75%, in der Kontrollgruppe allerdings nur noch 57,9% der Schüler.

Zur Auswertung der Lernzielkontrolle in Befragung II wurden drei verschiedene Fragegruppen gebildet. Fragegruppe 1 gab den Überblick zur Anzahl der richtigen Antworten in Bezug auf alle Lernzielkontrollfragen 1-14. Fragegruppe 2 bestand aus den Fragen 1-9 des Fragebogens zur Abfrage deklarativen Faktenwissens. Fragegruppe 3 bestand aus den Fragen 10-14, welche die Anwendung des Gelernten auf Beispiele abfragen sollten[207]. Die Lernzielkontrolle in Fragebogen II zeigte, dass die Experimentalgruppe durchschnittlich 70% und die Kontrollgruppe durchschnittlich 85% der 14 Fragen der Lernzielkontrolle richtig beantworteten[208]. Die Kontrollgruppe schnitt dabei sowohl bei der Fragegruppe 1 insgesamt (Lernzielkontrolle 1-14), als auch in den beiden Gruppen 2 und 3 (Lernzielkontrolle 1-9 und 10-14) besser ab (vgl. Tab. 11). So beantworteten im Rahmen der Lernzielkontrolle 1-14 die Schüler der Experimentalgruppe am häufigsten 10,3 Fragen richtig, während dies in der Kontrollgruppe durchschnittlich 11,7 richtig beantwortete Fragen waren. Die höhere Standardabweichung in der Experimentalgruppe deutete jedoch darauf hin, dass in dieser Klasse größere Leistungsdifferenzen zwischen stärkeren und schwächeren Schülern waren (EX: Mittelwert 10,3, bei Standardabweichung von 2,0 und KG: Mittelwert 11,7 bei Standardabweichung von 1,2). Bei genauerer Betrachtung der Lernzielergebnisse zeigte sich, dass die Unterschiede zwischen den beiden

Tab. 11: Anzahl der richtigen Antworten der Lernzielkontrolle I aus Fragebogen II, Gymnasium 1 von n=39

	Experimentalgruppe			Kontrollgruppe		
	n	Mw	Sw	n	Mw	Sw
Lernzielkontrolle 1-14	20	10,3	2,0	19	11,7	1,2
Lernzielkontrolle 1-9	20	7,6	1,2	19	8,0	0,8
Lernzielkontrolle 10-14	20	2,8	1,4	19	3,7	0,7

n: Anzahl Schüler pro Gruppe
Mw: Mittelwert
Sw: Standardabweichung

Quelle: Eigene Darstellung

---

207 Die Fragegruppen zur Lernzielkontrolle der Befragung III wurden entsprechend dem Vorgehen in Befragung II gebildet. Fragegruppe 1 bestand aus den Fragen insgesamt (Fragen 1-11), Fragegruppe 2 aus den Fragen zu deklarativem Wissen (Fragen 1-9) und Fragegruppe 3 aus den Fragen zu Anwendungswissen (Fragen 10 und 11).
208 Anzahl der richtig beantworteten Fragen im Verhältnis zur maximal möglichen Anzahl.

Gruppen in der Abfrage der Fragen 10-14 lagen. Die Experimentalgruppe beantwortete hier durchschnittlich eine Frage weniger richtig als die Kontrollgruppe.

Die wiederholte Lernzielkontrolle in Fragebogen III zeigte, dass sich beide Gruppen gut an die Inhalte der Unterrichtseinheit erinnerten. Die Experimentalgruppe erreichte durchschnittlich 82%, die Kontrollgruppe 90% der maximal möglichen richtigen Antworten der Lernzielkontrolle (vgl. Tab. 12). Die Mittelwerte der Experimentalgruppe fielen auch nach dem Zeitraum von drei Wochen etwas geringer aus als die Werte der Kontrollgruppe. Das durchschnittlich leicht schlechtere Abschneiden der Experimentalgruppe war auf einige wenige Schüler zurückzuführen (EX: Mittelwert 8,8, KG: Mittelwert 9,6).

Tab. 12: Anzahl der richtigen Antworten der Lernzielkontrolle II aus Fragebogen III, Gymnasium 1 von n=34

	Experimentalgruppe			Kontrollgruppe		
	n	Mw	Sw	n	Mw	Sw
Lernzielkontrolle 1-11	17	8,8	1,4	17	9,6	0,8
Lernzielkontrolle 1-9	17	7,4	1,0	17	7,7	0,8
Lernzielkontrolle 10-11	17	1,4	0,7	17	1,9	0,3

n: Anzahl Schüler pro Gruppe
Mw: Mittelwert
Sw: Standardabweichung

Quelle: Eigene Darstellung

Die Befragung zum thematischen Interesse in Befragung I vor der Unterrichtseinheit zeigte, dass einer größeren Anzahl der Schüler der Experimentalgruppe im Vergleich zur Kontrollgruppe die Themen, die im Unterricht behandelt werden, gleichgültig waren. In der Experimentalgruppe stimmten fünf von 20 Schüler (25%) der Aussage zu, es sei ihnen eigentlich egal, welche Themen im Unterricht behandelt würden, in der Kontrollgruppe war dieser Meinung lediglich ein Schüler (5,3%) (vgl. Abb. 30a). Das Interesse beider Gruppen am Thema „Wirtschaft" war in der ersten Befragung vergleichbar ausgeprägt. Zwölf Schüler beider Gruppen (ca. 60%) gaben an, Interesse am Thema „Wirtschaft" zu haben (vgl. Abb. 30c). Die Schüler der Kontrollgruppe zeigten nach der Unterrichtseinheit geringeres Interesse am Fach als die Schüler der Experimentalgruppe. In der Kontrollgruppe gaben acht Schüler an, es sei ihnen egal, welche Themen im Unterricht behandelt worden wären (vgl. Abb. 30b). In der Experimentalgruppe blieb die Anzahl gleich. Die Fragen in Bezug auf das Thema „Markt" zeigten, dass für 17 Schüler der Kontrollgruppe das Thema uninteressant war (89,5%, vgl. Abb. 30e). In der Experimentalgruppe waren dagegen elf der insgesamt

Abb. 30: Antworten auf Fragen zum Interesse am Fach aus Fragebogen I und II nach Gruppen, Gymnasium 1

a) FB 1: Eigentlich ist mir egal, welche Themen wir im Unterricht behandeln.

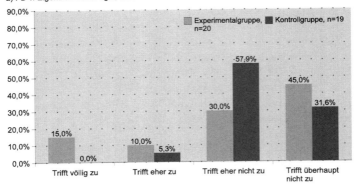

b) FB 2: Es war mir ziemlich egal, was im Unterricht behandelt wurde.

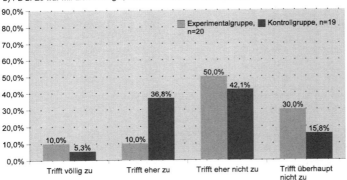

c) FB 1: Es ist mir wichtig, etwas über "die Wirtschaft" zu erfahren.

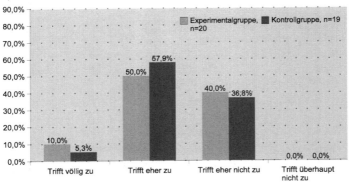

d) FB 2: Es ist mir wichtig, mehr über das Thema "Markt" zu erfahren.

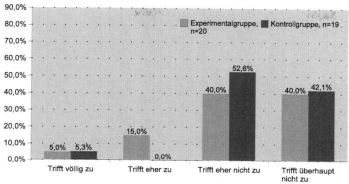

Quelle: Eigene Darstellung

20 Schüler der Meinung, dass sie das Thema „Markt" interessiert habe. In Bezug auf die Frage, ob sie mehr über das Thema „Markt" erfahren wollen, waren beide Gruppen mehrheitlich der Meinung, dass dies nicht zutreffe. Jedoch fiel auch hier die Einschätzung der Experimentalgruppe positiver aus - vier Schüler der Experimentalgruppe und nur ein Schüler der Kontrollgruppe waren der Meinung, dass sie mehr über dieses Thema wissen wollten (vgl. Abb. 30d).

Bezüglich der Motivation der Schüler vor der Unterrichtseinheit zeigte die Befragung, dass beide Klassen nur zu einem „Mittelmaß" motiviert waren. Lediglich elf Schüler beider Gruppen (ca. die Hälfte beider Klassen) stimmten der Aussage zu „Weil mir das Fach Spaß macht, würde ich nur ungern darauf verzichten." (vgl. Abb. 31a)[209].

Die Kontrollgruppe war anschließend an die Unterrichtseinheit mehrheitlich der Meinung, dass der Unterricht keinen Spaß gemacht habe (dieses antworteten insgesamt 16 der 19 befragten Schüler, vgl. Abb. 31b). Sie gaben an, solche Unterrichtsstunden nicht öfter haben zu wollen (vgl. Abb. 31c). In der Experimentalgruppe blieb die Anzahl der Schüler, denen der Unterricht Spaß machte, im Vergleich zur ersten Befragung gleich. 11 der insgesamt 20 Schüler (55%) waren nach der Unterrichtseinheit der Meinung, dass ihnen der Unterricht Spaß gemacht habe (vgl. Abb. 31b), 16 Schüler (80%) der Auffassung, dass dieser Unterricht öfter stattfinden sollte (vgl. Abb. 31c).

Die Unterrichtsbeobachtung zeigte, dass die Lehrkraft mit der Durchführung des Experiments und der Auswertung der Experimentergebnisse

---

209 Die Lehrkraft beschrieb das Schüler-Lehrer-Verhältnis in der abschließenden Befragung in beiden Klassen als „gut". Die Schüler seien motiviert und „bei der Sache".

Abb. 31: Antworten auf Fragen zur Motivation aus Fragebogen II nach Gruppen, Gymnasium 1

a) FB 1: Weil mir das Fach Spaß macht, würde ich nur ungern darauf verzichten.

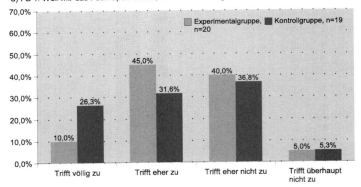

b) FB 2: In diesem Unterricht machte das Lernen richtig Spaß!

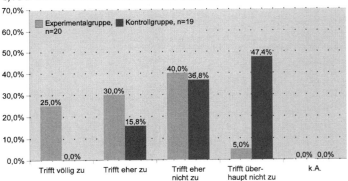

c) FB 2: Solche Unterrichtsstunden hätte ich gerne öfters.

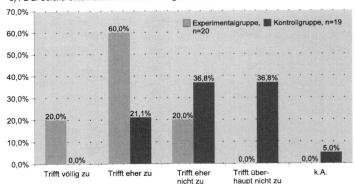

Quelle: Eigene Darstellung

während des Unterrichtsverlaufes Schwierigkeiten hatte[210]. Möglicherweise resultierte dies daraus, dass sie bis zum Untersuchungszeitpunkt keine Gelegenheit hatte, die Experimente selbst als „Versuchsleiter" auszuprobieren. Weiterhin schränkte der relativ statisch durch die Untersuchung vorgegebene Unterrichtsverlauf, welcher die Vergleichbarkeit der Ergebnisse ermöglichen sollte, die Lehrkraft ein[211]. In der abschließenden Befragung betonte die Lehrkraft die Wichtigkeit der korrekten Auswertung der Experimentergebnisse. Die Lehrkraft schätzte weiterhin den zeitlichen Rahmen der Unterrichtseinheit für die Kontrollgruppe als „eher zu lang bemessen" ein. Es habe ihres Erachtens „zu viele Wiederholungen" gegeben. Die Inhalte seien „zu einfach und nachvollziehbar" gewesen. Die Unterrichtseinheit der Experimentalgruppe sei vom Zeitrahmen, Schwierigkeitsgrad und Anschaulichkeit der Inhalte angemessen.

Insgesamt hatten beide Gruppen eine vergleichbare Ausgangssituation hinsichtlich der Durchschnittsnote in Mathematik, der Altersstruktur und der Geschlechterverteilung[212]. Im Fach Wirtschaft war die Experimentalgruppe gemessen an ihrem Notendurchschnitt die leistungsfähigere Klasse. Beide Gruppen erreichten in der Lernzielkontrolle der Befragung II zufrieden stellende Ergebnisse, die Experimentalgruppe durchschnittlich 70%, die Kontrollgruppe 85% der maximal möglichen richtigen Antworten. Allerdings schienen in der Experimentalgruppe die Experimente zu „polarisieren", d.h. es gab stärkere Leistungsunterschiede der Schüler gemessen an der Standardabweichung, als in der Kontrollgruppe. In der wiederholten Lernzielkontrolle erreichte die Experimentalgruppe 82%, die Kontrollgruppe 90% der Punktzahl. Das bessere Abschneiden der Kontrollgruppe kann möglicherweise durch die Einschätzung der Lehrkraft erklärt werden, die Schüler seien durch die Unterrichtseinheit unterfordert gewesen. Das

---

210 Dies zeigte sich beispielsweise darin, dass die Lehrkraft versäumte, für das Marktexperiment einen Assistenten zu benennen, Zeitangaben für die Marktrunden vorzunehmen und die Strichliste für alle sichtbar an der Tafel oder mit Overhead-Projektor zu dokumentieren. Hinzu kam, dass die Lehrkraft selbst innerhalb der beiden Auktionen Begrifflichkeiten verwechselte, was die Schüler verwirrte.
211 Der Nachteil einer solchen „Führung" des Unterrichtsgeschehens durch einen Unterrichtsverlaufsplan ist, dass die Lehrkraft nicht spontan Gedanken und Anregungen der Schüler aufgreifen und diese vertieft behandeln kann. Gerade das Marktexperiment bietet jedoch sehr viel Raum für Diskussion und Auswertung. Dazu fehlte letztendlich die Zeit.
212 Die Kontrollgruppe hatte insgesamt eine größere Anzahl besserer und schlechterer Schüler in diesem Fach, allerdings war sie insgesamt ruhiger und disziplinierter als die Experimentalgruppe. Denn in der Experimentalgruppe bemühten sich drei Schüler konsequent darum, dass Unterrichtsgeschehen durch Zwischenrufe oder die Nicht-Teilnahme am Experiment zu stören. Unterrichtsstörungen in dieser Form traten in der Kontrollgruppe nicht auf.

geringfügig schlechtere Abschneiden der Experimentalgruppe kann möglicherweise durch die beobachteten Disziplinprobleme im Unterricht und die Unsicherheit der Lehrkraft bei der Durchführung der Experimente erklärt werden.

Insgesamt verbesserte sich nach der Unterrichtseinheit allerdings nicht nur die Einschätzung der Experimentalgruppe hinsichtlich des Verstehens von Zusammenhängen im Unterricht, sondern auch das Interesse an den Inhalten. In der Kontrollgruppe verringerten sich Interesse und Motivation nach der Unterrichtseinheit, was ebenfalls durch die Aussage der Lehrkraft in Bezug auf das Anforderungsniveau erklärbar wird. Dass es in beiden Klassen nicht zu der Aussage kam, die Schüler würden gern mehr über das Thema „Markt" erfahren, ist möglicherweise durch die „Theorielastigkeit" des Themas zu begründen. Auffallend war jedoch, dass die Motivation der Experimentalgruppe nicht gesteigert werden konnte. Möglicherweise war auch hier der Grund, dass die Experimente im Unterricht nicht „reibungslos" verliefen und die Unterrichtsstörungen einzelner Schüler den Mitschülern „den Spaß" nahmen.

Einzelbetrachtung der Ergebnisse – Realschule
Die Besonderheit der Untersuchung an der Realschule war, dass die beiden Gruppen nicht im gleichen Schuljahr untersucht werden konnten, da die Fachlehrkraft pro Schuljahr jeweils nur eine Klasse unterrichtete. Die Experimentalgruppe wurde deshalb im Juni 2004, die Kontrollgruppe im Mai 2005 untersucht. Die Klassen setzten sich, da es sich um ein Wahlpflichtfach handelte, aus Schülern verschiedener Klassen zusammen[213]. Die Lehrkraft unterrichtete beide Klassen seit Beginn des Schuljahres und zusätzlich im Fach Sport[214]. In der teilnehmenden Realschule unterschied sich der Altersdurchschnitt beider Gruppen. So lag der Mittelwert der Experimentalgruppe bei einem Alter von 15 Jahren, während die Kontrollgruppe durchschnittlich ein Jahr älter war (Minimum 14 Jahre und Maximum 17 Jahre, vgl. Tab. 13). In beiden Gruppen waren über 90% der Schüler männlich. Die Muttersprache beider Gruppen war überwiegend Deutsch (in der Experimentalgruppe waren 14 von 16 Schülern Deutsche, in der Kontrollgruppe 17 von 20, vgl. Tab. 13).

---

213 Dies hatte nach Aussage der Lehrkraft Einfluss auf die Disziplin während des Unterrichts.
214 Die Lehrkraft verwendete das Buch „Wirtschafts- und Sozialkunde für Realschulen" Abriß/Baumann/Metzler 2003, welches als Grundlage zur Konzeption der Unterrichtseinheit diente.

Tab. 13: Deskriptive Statistik, Realschule von n=36

	Experimentalgruppe, n=16				Kontrollgruppe, n=20			
	Mw	Max	Min	Sw	Mw	Max	Min	Sw
Alter	15	16	15	1	16	17	14	1
Note in Mathe	2,8	4	2	1	3,2	5	1	1
Note in Wirtschaft	2,7	4	2	1	3,3	5	1	1

	Experimentalgruppe		Kontrollgruppe	
	n	% von n	n	% von n
Geschlecht männlich	15	93,8%	19	95,0%
Geschlecht weiblich	1	6,3%	1	5,0%
Muttersprache Deutsch	14	87,5%	17	94,4%
andere Sprachen	2	12,6%	1	5,6%

Mw: Mittelwert
Min: Minimum
Max: Maximum
Sw: Standardabweichung

Quelle: Eigene Darstellung

Das Leistungsniveau beider Gruppen lag sowohl im Fach Mathematik, als auch im Fach Wirtschaftslehre bei einem Notendurchschnitt von 3. Allerdings waren die Leistungen der Experimentalgruppe gemessen an den Mittelwerten in beiden Fächern höher (Mathe: 2,8, Wirtschaft: 2,7). Die Noten der Kontrollgruppe wiesen eine größere Differenz zwischen guten und schlechten Schülern auf (Max: 5, Min: 1 in beiden Fächern). Die Lehrkraft schätzte das Leistungsniveau der Experimentalgruppe entgegen den Notenangaben durch die Schüler innerhalb der Befragung als „eher schwach" ein. Die Schüler ließen sich schnell ablenken. Die Motivation zum Lernen sei nur bei einigen Schülern vorhanden. Der Großteil der Schüler säße „ohne Ziel" im Unterricht. Im Vergleich dazu schätzte die Lehrkraft die Kontrollgruppe als insgesamt leistungsstärker ein, auch die Motivation sei insgesamt in dieser Klasse höher.

In Bezug auf den selbsteingeschätzten Lernzuwachs fiel nach Betrachtung der Ergebnisse aus der ersten Befragung auf, dass die Schüler der Experimentalgruppe sich insgesamt besser einschätzten als die Schüler der Kontrollgruppe (vgl. Abb. 32a).

So waren zwölf Schüler (75%) der Experimentalgruppe der Meinung, die Zusammenhänge im Unterricht meistens zu verstehen. In der Kontrollgruppe waren dies lediglich zehn Schüler (50%) (vgl. Abb. 32a). Allerdings waren beide Gruppen der Ansicht, den Unterrichtsstoff auch auf aktuelle

Abb. 32: Antworten auf Fragen zum selbst eingeschätzten Lernzuwachs aus Fragebogen I und II nach Gruppen, Realschule

a) FB 1: Ich weiß oft nicht, ob ich die Zusammenhänge in diesem Unterricht verstanden habe.

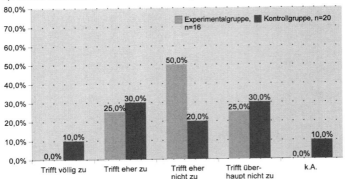

b) FB 2: Ich bin mir sicher, die wichtigsten Zusammenhänge erkannt zu haben.

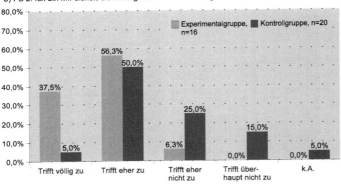

c) FB 1: Ich kann den Unterrichtsstoff auch auf aktuelle Beispiele anwenden.

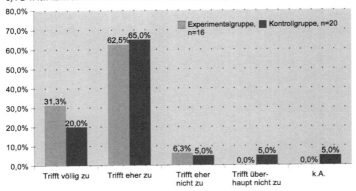

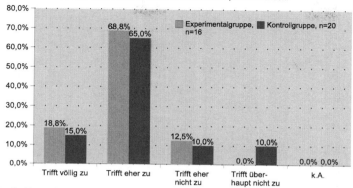

d) FB 2: Ich kann den Unterrichtsstoff auch auf aktuelle Beispiele anwenden.

Quelle: Eigene Darstellung

Beispiele anwenden zu können (vgl. Abb. 32c). Die Überprüfung beider Aussagen in Befragung II zeigte, dass wiederum vor allem die Experimentalgruppe davon ausgeht, die wichtigsten Zusammenhänge erkannt zu haben (15 von 16 Schülern, vgl. Abb. 32b). In der Kontrollgruppe schätzten sich die Schüler durchweg schlechter ein. Acht von 20 Schülern (40%) waren der Auffassung, die Zusammenhänge nicht erkannt zu haben. Jedoch schätzten beide Klassen überwiegend ein, sie seien in der Lage, das Gelernte auf aktuelle Beispiele anzuwenden (vgl. Abb. 32d).

Die Lernzielkontrolle der Fragen 1-14 zeigte, dass Experimentalgruppe und Kontrollgruppe insgesamt nahezu gleich gut bzw. schlecht abschnitten (vgl. Tab. 14). Die Experimentalgruppe erreichte durchschnittlich 66%, die Kontrollgruppe 67% der maximal möglichen Punkte. Die Standardabweichung um den erreichten Mittelwert war in der Experimentalgruppe größer (EX: 2,5 bei Mittelwert 9,2; KG: 1,9 bei Mittelwert 9,4, vgl. Tab. 14).

Tab. 14: *Anzahl der richtigen Antworten der Lernzielkontrolle I aus Fragebogen II, Realschule von n=36*

	Experimentalgruppe			Kontrollgruppe		
	n	Mw	Sw	n	Mw	Sw
Lernzielkontrolle 1-14	16	9,2	2,5	20	9,4	1,9
Lernzielkontrolle 1-9	16	6,3	1,7	20	6,6	1,2
Lernzielkontrolle 10-14	16	2,9	1,2	20	2,8	1,1

n: Anzahl Schüler pro Gruppe
Mw: Mittelwert
Sw: Standardabweichung

Quelle: Eigene Darstellung

Die wiederholte Lernzielkontrolle nach Ablauf von drei Wochen zeigte ein geringfügig schlechteres Abschneiden der Experimentalgruppe

(EX: Mittelwert 8,5; KG: Mittelwert 9,0, vgl. Tab. 15). Die Standardabweichung ließ vermuten, dass dieses Ergebnis in der Experimentalgruppe durch einzelne schwächere Schüler verursacht wurde. Insgesamt erreichten die Schüler der Experimentalgruppe 77%, die Schüler der Kontrollgruppe 82% der maximal möglichen richtigen Antworten.

Tab. 15: Anzahl der richtigen Antworten der Lernzielkontrolle II in Fragebogen III, Realschule von n=33

	Experimentalgruppe			Kontrollgruppe		
	n	Mw	Sw	n	Mw	Sw
Lernzielkontrolle 1-11	13	8,5	1,4	20	9,0	1,0
Lernzielkontrolle 1-9	13	7,0	1,1	20	7,3	0,7
Lernzielkontrolle 10-11	13	1,5	0,8	20	1,7	0,6

Quelle: Eigene Darstellung

n: Anzahl Schüler pro Gruppe
Mw: Mittelwert
Sw: Standardabweichung

Die Schüler beider Gruppen zeigten vor der Unterrichtseinheit ein vergleichbares Interesse am Unterricht und auch an dem Thema „Wirtschaft". So gaben in beiden Gruppen drei Viertel der Befragten an, dass ihnen die Themen des Unterrichts nicht egal seien (vgl. Abb. 33a). Das Thema „Wirtschaft" interessierte nahezu alle Schüler (vgl. Abb. 33c). Nach der Unterrichtseinheit verbesserte sich die Einschätzung in beiden Gruppen. Insgesamt waren beide weniger der Meinung, der Unterrichtsstoff sei ihnen egal (vgl. Abb. 33b). Das thematische Interesse war in der Experimentalgruppe höher als in der Kontrollgruppe. Sechs Schüler der Kontrollgruppe (30%) fanden das Thema „Markt" uninteressant, während dies in der Experimentalgruppe nur zwei Schüler angaben (12,5%, vgl. Abb. 33e). Dieses Interesse führte allerdings nicht bei allen Schülern zu der Aussage, mehr über das Thema „Markt" erfahren zu wollen (vgl. Abb. 33d). Allerdings gaben insgesamt elf der 16 Schüler der Experimentalgruppe (68,8%) und elf von 20 Schülern (55%) der Kontrollgruppe an, mehr zu diesem Thema erfahren zu wollen.

In Bezug auf die Motivation für den Unterricht waren in beiden Gruppen die Mehrheit der Schüler der Meinung, nur ungern auf das Fach verzichten zu wollen (in der Experimentalgruppe zehn von 16, in der Kontrollgruppe 13 von 20 Schülern, vgl. Abb. 34a). Nach der Untersuchung stieg die Anzahl in der Experimentalgruppe auf 13 von 16 Schülern. In der Kontrollgruppe sank der Anteil derjenigen, die angaben, das Lernen in diesem Unterricht mache richtig Spaß auf sechs von 20 Schülern (vgl. Abb. 34b).

Abb. 33: Antworten auf Fragen zum Interesse aus Fragebogen I und II nach Gruppen, Realschule

a) FB 1: Eigentlich ist mir egal, welche Themen wir im Unterricht behandeln.

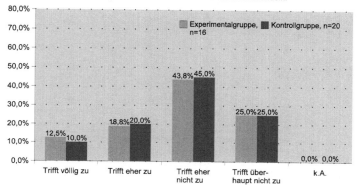

b) FB 2: Es war mir ziemlich egal, was im Unterricht behandelt wurde.

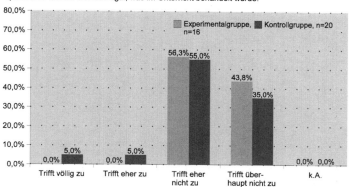

c) FB 1: Es ist mir wichtig, etwas über "die Wirtschaft" zu erfahren.

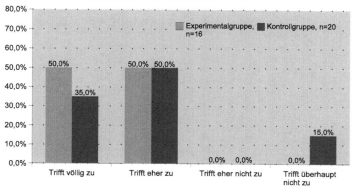

c) FB 1: Es ist mir wichtig, etwas über "die Wirtschaft" zu erfahren.

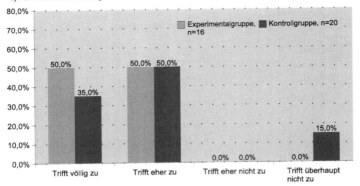

e) FB 2: Das Thema "Markt" war sehr interessant.

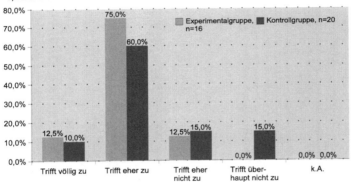

Abb. 34: Antworten auf Fragen zur Motivation aus Fragebogen II nach Gruppen, Realschule, n=36

a) FB 1: Weil mir das Fach Spaß macht, würde ich nur ungern darauf verzichten.

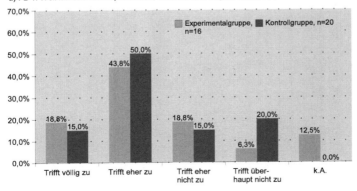

b) FB 2: In diesem Unterricht machte das Lernen richtig Spaß!

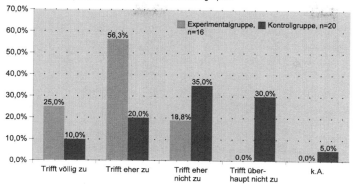

c) FB 2: Solche Unterrichtsstunden hätte ich gerne öfters.

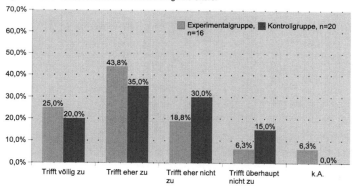

Quelle: Eigene Darstellung

Neun Schüler der Kontrollgruppe (45%) gaben an, solche Unterrichtsstunden nicht öfter haben zu wollen. In der Experimentalgruppe waren dieser Meinung dagegen nur vier Schüler (15,1%)[215].

Die Unterrichtsbeobachtungen zeigten schon beim Ausfüllen der Fragebögen in beiden Gruppen, dass erhebliche Disziplinprobleme in der Klasse herrschten[216]. Die Experimente wurden von den Schülern als „willkommene Abwechslung" empfunden. In der Kontrollgruppe fiel dagegen auf, dass durchweg einige Schüler „dagegen" waren, keinen Spaß am Unterricht hat-

---

215 Insgesamt deckten sich die Ergebnisse mit der Einschätzung der Lehrkraft, die das Schüler-Lehrer-Verhältnis als gut einschätzte. Die Schüler kämen gern in den Fachunterricht.
216 Beispielsweise verzögerte sich der Unterrichtsbeginn durch Herumrennen, Zwischenrufe, Verständnisprobleme beim Fragebogenausfüllen etc.

ten und kein Interesse am Fach zeigten. Insgesamt bereitete die Durchführung der Experimente der Lehrkraft einige Schwierigkeiten[217].

Wie auch schon in der Untersuchung im Gymnasium 1 lag der Schluss nahe, den Grund für diese Problematik in der relativ „starren" Unterrichtskonzeption zu suchen. Möglicherweise war ein weiterer Grund, dass die Lehrkraft bis zu diesem Zeitpunkt noch keine Routine in der Durchführung und Auswertung der Experimente entwickeln konnte und deshalb die Unterrichtsstörungen wesentlich zum Nachteil der Durchführung der Experimente beitrugen. Die abschließende Befragung der Lehrkraft ergab, dass diese den zeitlichen Rahmen der Unterrichtseinheit der Experimentalgruppe aufgrund der Disziplinprobleme der Klasse als „zu knapp kalkuliert" einschätzte, allerdings sei das Niveau inhaltlich angemessen gewesen. Üblicherweise beinhalte der Fachunterricht mehr Transfer in die Praxis, was in der Unterrichtseinheit zu kurz gekommen sei. Den Ablauf der Auktionen beurteilte die Lehrkraft insgesamt als sehr gut. Das Marktexperiment habe allerdings „sehr viel Unruhe in die Klasse gebracht" und die Schüler hätten Täuschungsversuche unternommen. Die Unterrichtseinheit der Kontrollgruppe sei zeitlich angemessen kalkuliert, ein zusätzliches Zeitfenster allerdings wünschenswert gewesen, zur Beantwortung häufiger Nachfragen während des Unterrichts. Der Schwierigkeitsgrad sei angemessen gewählt, jedoch „sehr theoretisch",[218] trotzdem insgesamt anschaulich und verständlich gestaltet gewesen. Die Durchführung der Unterrichtseinheit der Kontrollgruppe habe keine Probleme bereitet. Insgesamt sei ihrer Meinung nach eine Kombination zwischen Experimenten und Frontalunterricht zur Behandlung vorteilhaft. Die Disziplinprobleme in den Klassen resultierten ihrer Meinung nach aus der teilnehmenden Unterrichtsbeobachtung.

Insgesamt reduzierte sich an dieser Schule die Anzahl der auswertbaren Fragebögen in der Experimentalgruppe von 28 auf 16 und in der Kontrollgruppe von 22 auf 20 Schüler. Die Ergebnisse konnten m.E. deshalb nur als bedingt aussagekräftig angenommen werden, da möglicherweise die „schwächeren" Schüler der Experimentalgruppe nicht an der Befragung teilnahmen[219]. Bei den tatsächlich befragten Schülern kann dennoch davon ausgegangen werden, dass, obschon offensichtliche Disziplinprobleme vor-

---

217 So hielt sich diese weniger genau an die Vorgaben der Unterrichtseinheit für die Experimentalgruppe, z.B. wurde weniger der Vergleich zwischen Theorie und den Ergebnissen aus den Experimenten beachtet und die Lehrkraft benannte im Marktexperiment keinen Assistenten. Dies wurde von einigen Schülern dazu genutzt, „Preisabsprachen" zu treffen, um so gemeinsam ihren Gewinn zu maximieren.
218 Entsprechend den Vorgaben aus dem verwendeten Schulbuch, Anm. d. Verf.
219 Diese Vermutung konnte durch die Beobachtung des Unterrichts gestützt werden. Beispielsweise füllten die verhaltensauffälligen Schüler die Fragebögen fehlerhaft oder mit „Spaßantworten" aus.

lagen, die Lernziele in beiden Klassen erreicht werden konnten. Motivation und Interesse am Fach waren vor der Unterrichtseinheit in beiden Gruppen vergleichbar hoch, nach der Unterrichtseinheit in der Experimentalgruppe wesentlich höher, ebenso der selbst eingeschätzte Lernzuwachs. Die Schüler der Kontrollgruppe waren durch die traditionelle Unterrichtsmethode weniger der Meinung, Zusammenhänge erkannt zu haben.

Einzelbetrachtung der Ergebnisse – Regionale Schule
In der Regionalen Schule musste die Untersuchung im ersten Versuch nach der vierten Unterrichtsstunde aufgrund von Disziplinproblemen der Schüler abgebrochen werden[220]. Bei der Wiederholung der Untersuchung im darauf folgenden Schuljahr, erstreckte sich der Untersuchungszeitraum im Gegensatz zum Verlauf an den anderen Schulen über einen Gesamtzeitraum von zwei Monaten[221]. In der Experimentalgruppe waren von insgesamt zwölf Schülern zehn weiblichen Geschlechts (vgl. Tab. 16). Das durchschnittliche Alter betrug 14 Jahre. Drei der zwölf Schüler hatten nicht Deutsch als Muttersprache. In der Kontrollgruppe, mit Schülern ausschließlich deutscher Muttersprache war das Geschlechterverhältnis umgekehrt. Elf der 13 Personen waren männlich und das Durchschnittsalter betrug 15 Jahre und somit ein Jahr älter als die Schüler in der Experimentalgruppe.

---

[220] So wurden beispielsweise Gegenstände durch das Klassenzimmer geworfen, die Klasse war laut und von der Lehrkraft nicht zu bändigen. Nach Rücksprache mit der Lehrkraft vermutete diese den Grund hierfür in der bevorstehenden Schulentlassung dieser Klassen.

[221] Mehrfach musste der Unterricht durch Fortbildungsveranstaltungen der Lehrkraft, der Teilnahme verschiedener Schüler an einem Schulprojekt und einem Ausflug ins Berufsinformationszentrum ausfallen. Um den Unterricht dennoch möglichst parallel in beiden Gruppen stattfinden zu lassen, wurde bei dem Ausfallen des Unterrichts in der Kontrollgruppe auch der Unterricht in der Experimentalgruppe nicht weitergeführt. Nach längerer Unterbrechung wiederholte die Lehrkraft dann in beiden Klassen etwas ausführlicher die vorangegangenen Stunden und die Zusammenhänge. Aus diesem Grund musste die Unterrichtseinheit über einen verlängerten Zeitraum und auch mit einem größeren Zeitbudget von zusätzlich einer Stunde ablaufen. Insgesamt benötigte die Lehrkraft in Experimental- und Kontrollgruppe fünf Unterrichtsstunden (eine Stunde länger als geplant), da durch die Unterbrechungen der Unterrichtsstoff bei den Schülern öfter wieder „aufgefrischt" werden musste.

Tab. 16: Deskriptive Statistik, Regionale Schule von n=25

	Experimentalgruppe, n=12				Kontrollgruppe, n=13			
	Mw	Max	Min	Sw	Mw	Max	Min	Sw
Alter	14	16	14	1	15	17	14	1
Note in Mathe	3,5	5	2	1	3,4	4	2	1
Note in Wirtschaft	2,6	4	2	1	2,4	3	2	1

n: Anzahl Schüler pro Gruppe
Mw: Mittelwert
Sw: Standardabweichung

	Experimentalgruppe		Kontrollgruppe	
	n	% von n	Anzahl	% von n
Geschlecht männlich	2	16,7%	11	84,6%
Geschlecht weiblich	10	83,3%	2	15,4%
Muttersprache Deutsch	9	75,0%	13	100,0%
andere Sprachen	3	25,0%	0	0,0%

Quelle: Eigene Darstellung

Experimental- und Kontrollgruppe hatten sowohl im Fach Mathematik als auch im Fach Wirtschaft gemessen anhand der Mittelwerte eine vergleichbare Ausgangssituation[222]. Die Lehrkraft unterrichtete die Schüler beider Gruppen bereits seit der 7. Klasse zweistündig pro Woche. Ihren eigenen Unterricht beschrieb die Lehrkraft als eine unterrichtsmethodische Mischung aus Projektarbeit und Gruppenarbeit. Insgesamt bevorzuge sie den erarbeitenden Unterricht. Demzufolge waren die Schüler von der Lehrkraft weniger traditionellen Frontalunterricht gewohnt.

Elf von zwölf Schülern der Experimentalgruppe gaben zu Beginn der Unterrichtseinheit an, oft nicht zu wissen, ob sie die Zusammenhänge im Unterricht verstanden haben (vgl. Abb. 35a). In der Kontrollgruppe war dieser Anteil wesentlich geringer (sechs von 13 Schülern). Nach der Unterrichtseinheit verbesserte sich diese Einschätzung in beiden Klassen deutlich. Die Schüler waren häufiger der Ansicht, die Zusammenhänge erkannt zu haben (vgl. Abb. 35b).

---

[222] Die teilnehmende Regionale Schule stellte insofern eine Ausnahme dar, da die Untersuchung in Experimental- und Kontrollgruppe im Informationstechnik- und nicht im Arbeitslehreunterricht stattfand. Zudem setzten sich die Klassen, da es sich bei dem Fach Informationstechnik um ein Wahlpflichtfach handelte, aus Schülern verschiedener Klassen zusammen.

Abb. 35: Antworten auf Fragen zum selbst eingeschätzten Lernzuwachs aus Fragebogen I und II nach Gruppen, Regionale Schule

a) FB 1: Ich weiß oft nicht, ob ich die Zusammenhänge in diesem Unterricht verstanden habe.

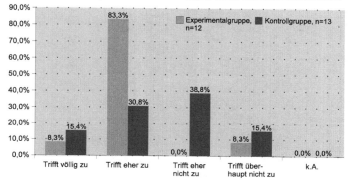

b) FB 2: Ich bin mir sicher, die wichtigsten Zusammenhänge erkannt zu haben.

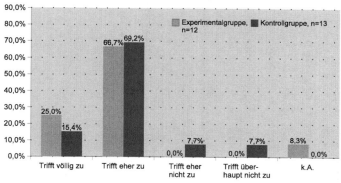

c) FB 1: Ich kann den Unterrichtsstoff auch auf aktuelle Beispiele anwenden.

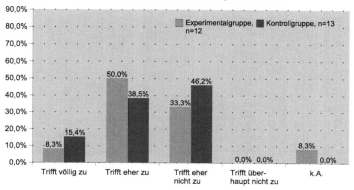

c) FB 1: Ich kann den Unterrichtsstoff auch auf aktuelle Beispiele anwenden.

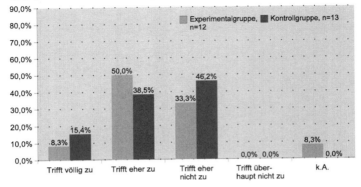

Quelle: Eigene Darstellung

Die Einschätzung bezüglich ihrer Fähigkeiten, den Unterrichtsstoff auf aktuelle Beispiele anwenden zu können, war vor der Unterrichtseinheit in beiden Gruppen vergleichbar. So waren in beiden Klassen sieben Schüler der Meinung, dass ihnen dies in der Regel möglich sei. Nach der Unterrichtseinheit stieg dieser Anteil in der Experimentalgruppe, während er in der Kontrollgruppe sank. Konkret waren dies neun Schüler der Experimentalgruppe (75%) und lediglich vier Schüler der Kontrollgruppe (30,8%).

Tab. 17: Anzahl der richtigen Antworten der Lernzielkontrolle I in Fragebogen II, Regionale Schule von n=25

	Experimentalgruppe			Kontrollgruppe		
	n	Mw	Sw	n	Mw	Sw
Lernzielkontrolle 1-14	12	7,3	1,3	13	10,1	1,7
Lernzielkontrolle 1-9	12	5,5	1,3	13	6,5	1,3
Lernzielkontrolle 10-14	12	1,8	0,8	13	3,5	1,3

n: Anzahl Schüler pro Gruppe
Mw: Mittelwert
Sw: Standardabweichung

Quelle: Eigene Darstellung

Innerhalb der ersten Lernzielkontrolle erzielte sowohl insgesamt (Lernzielkontrolle 1-14), als auch unterteilt nach den beiden Fragegruppen, die Kontrollgruppe deutlich bessere Ergebnisse (vgl. Tab. 17). Während die Experimentalgruppe von 14 Fragen nur 7,3 (52%) der Fragen richtig beantwortete, erreichte die Kontrollgruppe 10,1 (72%) richtige Antworten. Die Überlegenheit der Kontrollgruppe wurde am deutlichsten in der Beantwortung der Anwendungsfragen (Lernzielkontrolle 10-14). Hier wurde am häufigsten lediglich eine richtige Antwort in der Experimentalgruppe erzielt, während die Kontrollgruppe am häufigsten fünf richtige Antworten erzielte.

In der zweiten Lernzielkontrolle in Fragebogen III zeigte sich, dass die Überlegenheit der Kontrollgruppe immer noch deutlich auftrat (vgl. Tab. 18). Insgesamt erreichten die zehn befragten Schüler der Experimentalgruppe nur durchschnittlich 6,7 von 11 richtigen Antworten (61%), die Kontrollgruppe 7,9 richtige Antworten (72%). Dabei waren die Leistungsunterschiede zwischen den Schülern in der Kontrollgruppe größer (Standardabweichung: 2,3). Insgesamt fiel jedoch im Vergleich mit der Kontrollgruppe der Unterschied zwischen den beiden Gruppen geringer aus, als in der ersten Lernzielkontrolle.

Tab. 18: Anzahl der richtigen Antworten der Lernzielkontrolle II in Fragebogen III, Regionale Schule von n=20

	Experimentalgruppe			Kontrollgruppe		
	n	Mw	Sw	n	Mw	Sw
Lernzielkontrolle 1-11	10	6,7	1,4	10	7,9	2,3
Lernzielkontrolle 1-9	10	5,6	1,5	10	6,4	1,7
Lernzielkontrolle 10-11	10	1,1	0,3	10	1,5	0,7

n: Anzahl Schüler pro Gruppe
Mw: Mittelwert
Sw: Standardabweichung

Quelle: Eigene Darstellung

In Bezug auf das thematische Interesse stieg dies in der Experimentalgruppe nach der Unterrichtseinheit an, während es in der Kontrollgruppe unverändert blieb. Zu Beginn der Unterrichtseinheit waren rund 35% der

Abb. 36: Antworten auf Fragen zum Interesse aus Fragebogen I und II nach Gruppen, Regionale Schule

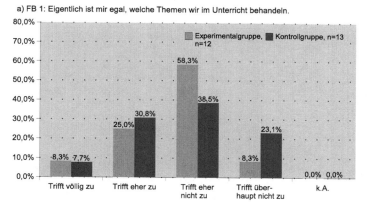

a) FB 1: Eigentlich ist mir egal, welche Themen wir im Unterricht behandeln.

b) FB 2: Es war mir ziemlich egal, was im Unterricht behandelt wurde.

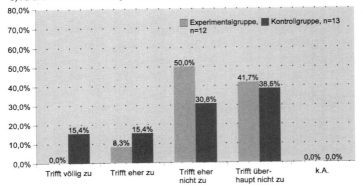

c) FB 1: Es ist mir wichtig, etwas über "die Wirtschaft" zu erfahren.

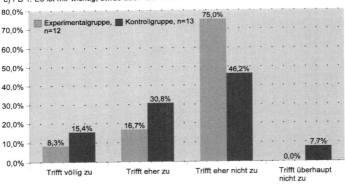

d) FB 2: Es ist mir wichtig, mehr über das Thema "Markt" zu erfahren.

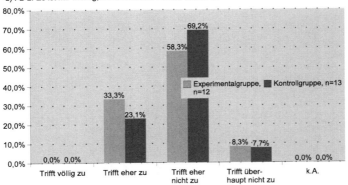

e) FB 2: Das Thema "Markt" war sehr interessant.

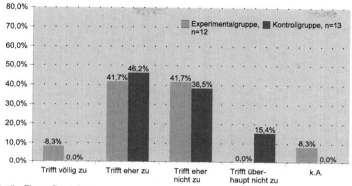

Quelle: Eigene Darstellung

Schüler beider Gruppen (EX: vier; KG: fünf, vgl. Abb. 36a) der Meinung, dass es ihnen eigentlich egal sei, welche Themen im Unterricht behandelt würden. Nach der Unterrichtseinheit sank dieser Anteil in der Experimentalgruppe auf einen Schüler, während er in der Kontrollgruppe mit vier Schülern gleich blieb (vgl. Abb. 36b). Zu Beginn der Unterrichtseinheit gaben lediglich drei Schüler der Experimental- und fünf Schüler der Kontrollgruppe an, dass es ihnen wichtig sei, etwas über „die Wirtschaft" zu erfahren. Nach der Unterrichtseinheit gaben jeweils sechs Schüler der Experimental- (50%) und der Kontrollgruppe (46,2%) an, das Thema „Markt" sei sehr interessant gewesen. Allerdings war es beiden Gruppen weniger wichtig, mehr über das Thema „Markt" zu erfahren (vgl. Abb. 36d). In Bezug auf die Motivation am Fach im Vorfeld der Untersuchung zeigte sich, dass die Experimental-

Abb. 37: Antworten auf Fragen zur Motivation aus Fragebogen II nach Gruppen, Regionale Schule

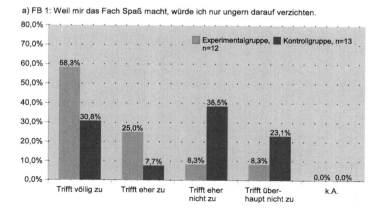

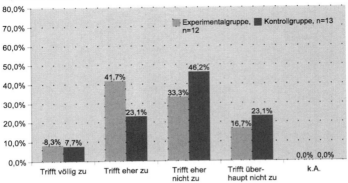

b) FB 2: In diesem Unterricht machte das Lernen richtig Spaß!

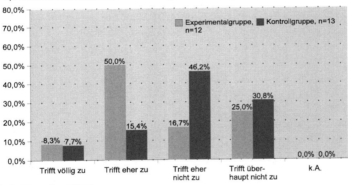

c) FB 2: Solche Unterrichtsstunden hätte ich gerne öfters.

Quelle: Eigene Darstellung

gruppe häufiger angab, das Fach mache „Spaß" (EX: zehn Schüler; KG: fünf Schüler, vgl. Abb. 37a). Nach der Unterrichtseinheit beantworteten nur noch sechs Schüler der Experimentalgruppe (50%) diese Frage mit „trifft zu" (vgl. Abb. 37b). In der Kontrollgruppe blieb der Anteil unverändert. Sieben Schüler der Experimental- und nur drei Schüler der Kontrollgruppe waren der Ansicht, solche Unterrichtsstunden gerne öfter zu haben.

Das „Abfallen" der Motivation der Experimentalgruppe war nach Auffassung der Lehrkraft in der abschließenden Befragung auf die Tatsache zurückzuführen, dass die Schüler gerne am Informatikunterricht teilnahmen und auf eine Änderung im Unterricht mit Frustration reagierten. Die Schüler seien weniger gerne bereit, auf diesen Unterricht zu verzichten. Die teilnehmende Unterrichtsbeobachtung zeigte in beiden Klassen Disziplinprobleme[223]. Die Lehrkraft musste sehr oft zur Ruhe ermahnen. Auffallend war

---

223 Diese äußerten sich beispielsweise durch Zwischenrufe, die auch durch mehrfache

zudem, dass sich die Lehrkraft wenig an den Vorgaben zu Tafelanschrieb und der schriftlichen Sicherung der Ergebnisse orientierte[224]. Allerdings ist zu vermuten, dass sich dies vor allem auf die Ergebnisse der Experimentalgruppe schlecht auswirkte, da besonders die Experimente einer sorgfältigen Nachbesprechung bedürfen. Die Schüler waren außerdem, da es sich um Informationstechnikunterricht handelte, von diesem Unterricht weder die Arbeit mit einem Schulbuch, noch das „Mitschreiben" gewohnt. Ihnen lag kein „Fachheft" für Unterrichtsnotizen vor. Die abschließende Befragung der Lehrkraft ergab weiterhin, dass diese die Unterrichtseinheiten beider Gruppen als angemessen betrachtete, sich allerdings zur Auswertung der Experimente mehr Zeit gewünscht hätte, da die Erklärung des Ablaufs des Marktexperiments längere Zeit in Anspruch genommen hätte. Den Schwierigkeitsgrad beider Unterrichtseinheiten schätzte die Lehrkraft als angemessen ein. In Bezug auf die Anschaulichkeit seien die Experimente der Unterrichtskonzeption der Kontrollgruppe deutlich überlegen gewesen. Das Marktexperiment habe sie selbst überzeugt[225].

Insgesamt unterschieden sich Experimental- und Kontrollgruppe dieser Schule in jeglicher Hinsicht: die Experimentalgruppe (nach Aussage der Lehrkraft in Bezug auf den Fachunterricht Informatik) eine eher leistungsschwächere Mädchenklasse, im Gegensatz dazu die Kontrollgruppe als leistungsstärkere Jungenklasse. Die Befragungen zur Motivation waren vergleichend mit anderen Schulen nicht auswertbar, da sie m.E. vor allem zeigten, dass die Schüler darüber frustriert waren, nicht in dem Unterrichtsfach unterrichtet zu werden, dass sie erwartet hatten. Dieser Effekt zeigte sich in den Unterrichtsbeobachtungen besonders deutlich in der, im Fach

---

Ermahnungen seitens der Lehrkraft und Strafandrohungen nicht zu stoppen waren. Das Ausfüllen der Fragebögen dauerte in dieser Schule doppelt so lange wie in den drei Gymnasien. Nach Abschluss der Schulversuche an der Regionalen Schule wurde das Vorgehen innerhalb der ausstehenden Schulen (Gymnasium 2 und 3) geändert. Dort wurde auf eine teilnehmende Unterrichtsbeobachtung weitestgehend verzichtet, da sie offensichtlich zum weiteren „Aufheizen" der Klassenstimmung geführt hatte. Die externe Beobachtung erfolgte nur noch in der ersten Stunde der Unterrichtseinheit, da in dieser die erste Schülerbefragung durchgeführt werden musste. Ein Überlassen dieser Tätigkeit an die Lehrkraft hätte die Glaubhaftigkeit der Anonymität der Befragung verhindert.

224 Möglicherweise war ein Grund hierzu, dass die Schüler im Informatikunterricht üblicherweise kein Heft für Niederschriften verwenden und sich über den Arbeitsauftrag, Dinge aufzuschreiben, offensichtlich ärgerten und ihrem Ärger durch Stören Luft machten.

225 Drei Wochen nach Beendigung der Untersuchung an dieser Schule teilte die Lehrkraft mit, sie habe das Marktexperiment erneut mit großer Begeisterung in einer Klasse durchgeführt. Allerdings habe sie erneut das Problem gehabt, dass der Zeitrahmen einer Doppelstunde zur Vorbereitung, Durchführung und Auswertung des Experiments kaum ausreichen würde.

IT-Technik generell höher motivierten, Experimentalgruppe, die nach der Unterrichtseinheit eher demotiviert war. Allerdings gaben die Schüler trotzdem an, die im Unterricht behandelten Themen hätten ihr Interesse geweckt, was als Effekt positiv unter den sonst eher negativen Umständen zu bewerten ist. Die Ergebnisse der Lernzielkontrolle zeigten ein deutlich stärkeres Abschneiden der Kontrollgruppe, vor allem in der Beantwortung der Anwendungsfragen, allerdings konnten mehr als die Hälfte der Befragungen der Experimentalgruppe nicht ausgewertet werden. Generell kann festgehalten werden, dass Lernziele in beiden Gruppen erreicht worden sind. Die positive Einschätzung der Lehrkraft zu den Experimenten und ihrem Verlauf lässt vermuten, dass im Fachunterricht Wirtschaft diese negativen Effekte nicht aufgetreten wären.

Einzelbetrachtung der Ergebnisse – Gymnasium 2

Die Schüler des Gymnasiums 2 waren in der Experimentalgruppe (n=18) sowie in der Kontrollgruppe (n=22) durchschnittlich 15 Jahre alt (vgl. Tab 19). Dabei differierte das Alter in der Kontrollgruppe zwischen 16 und 14 und in der Experimentalgruppe zwischen 15 und 14 Jahren. In der Experimentalgruppe waren elf von 18 Schülern männlich, in der Kontrollgruppe zehn von 22 Schülern. In beiden Klassen waren jeweils zwei Schüler nicht deutscher Muttersprache. Das Leistungsniveau im Mathematikunterricht

Tab. 19: Deskriptive Statistik, Gymnasium 2 von n=40

	Experimentalgruppe, n=18				Kontrollgruppe, n=22			
	Mw	Max	Min	Sw	Mw	Max	Min	Sw
Alter	15	15	14	1	15	16	14	1
Note in Mathe	2,6	4	1	1	2,8	4	1	1
Note in Wirtschaft	0	0	0	0	0	0	0	0

n: Anzahl Schüler pro Gruppe
Mw: Mittelwert
Sw: Standardabweichung

	Experimentalgruppe		Kontrollgruppe	
	n	% von n	Anzahl	% von n
Geschlecht männlich	11	61,1%	10	45,5%
Geschlecht weiblich	7	38,9%	12	54,5%
Muttersprache Deutsch	16	88,9%	19	90,5%
andere Sprachen	2	11,1%	2	9,5%

Quelle: Eigene Darstellung

war in beiden Gruppen auf einem vergleichbaren Niveau (EX: 2,6; KG: 2,8). Eine Benotung im Fach Wirtschaft lag zum Zeitpunkt der Untersuchung in beiden Gruppen noch nicht vor. Die Lehrkraft unterrichtete die beiden Klassen in unterschiedlichem Umfang: die Kontrollgruppe zweistündig jeweils in Sport und Sozialkunde und die Experimentalgruppe lediglich zweistündig in Sozialkunde. Beiden Klassen war die Lehrkraft allerdings bereits seit dem 6. Schuljahr aus dem Sportunterricht bekannt. Das Leistungsniveau der Experimentalgruppe schätzte die Lehrkraft aus ihrer Unterrichtserfahrung im Fach Sozialkunde eher schwächer als das der Kontrollgruppe ein, allerdings sei dagegen die Motivation der Schüler in der Experimentalgruppe höher als in der Kontrollgruppe. Die Schüler der Kontrollgruppe seien nach Aussage der Lehrkraft eher „Individualisten" mit weniger Gemeinschaftsgefühl.

Abb. 38: Antworten auf Fragen zum selbst eingeschätzten Lernzuwachs aus Fragebogen I und II nach Gruppen, Gymnasium 2

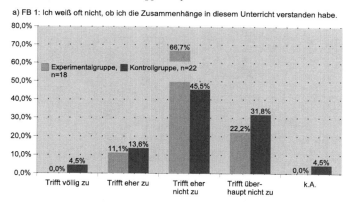

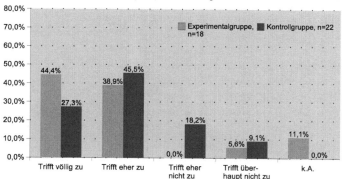

c) FB 1: Ich kann den Unterrichtsstoff auch auf aktuelle Beispiele anwenden.

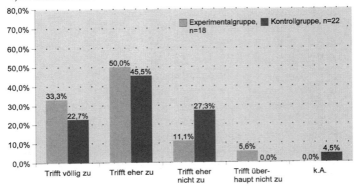

d) FB 2: Ich kann den Unterrichtsstoff auch auf aktuelle Beispiele anwenden.

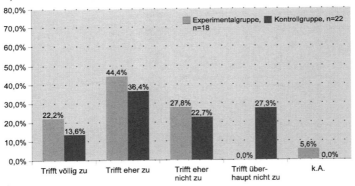

Quelle: Eigene Darstellung

Experimental- und Kontrollgruppe waren vor der Unterrichtseinheit mehrheitlich der Meinung, die Zusammenhänge im Unterricht verstanden zu haben (EX: 16 Schüler, 88,9%; KG: 17 Schüler, 77,3%, vgl. Abb. 38a). Weiterhin waren die Schüler der Experimentalgruppe zu 83,3 % und die Schüler der Kontrollgruppe zu 66,2% der Auffassung, den Unterrichtsstoff generell auf aktuelle Beispiele anwenden zu können (vgl. Abb. 38c). Nach der Unterrichtseinheit waren zwar beide Klassen weiterhin mehrheitlich der Ansicht, die Zusammenhänge im Unterricht verstanden zu haben, schätzten allerdings ihre Fähigkeiten, den gelernten Unterrichtsstoff auch auf aktuelle Beispiele anwenden zu können, schlechter ein als zuvor. Im Vergleich mit der Kontrollgruppe schätzte sich die Experimentalgruppe weiterhin besser ein.

Die Auswertung der Lernzielkontrolle aus Fragebogen II zeigte, dass die Schüler der Experimentalgruppe durchschnittlich neun von 14 Fragen

(64%) richtig beantworteten, während die Schüler der Kontrollgruppe 10,2 richtige Antworten (73%) erreichten (vgl. Tab. 20). Die Standardabweichung ließ jedoch vermuten, dass dies aufgrund einzelner „Ausreisser" der Fall war, d.h. die Durchführung der Experimente führte möglicherweise, wie auch schon in vorangegangenen Fällen, zu einer stärkeren Leistungsdifferenzierung zwischen den Schülern. In der wiederholten Lernzielkontrolle in Befragung III erzielte die Experimentalgruppe dagegen insgesamt ein besseres Ergebnis als die Kontrollgruppe (vgl. Tab. 21)[226]. Die Experimentalgruppe beantwortete durchschnittlich neun von elf Fragen richtig (Mittelwert: 9,1), während dies in der Kontrollgruppe nur acht von elf waren (Mittelwert: 8,1). Auffallend war dabei die Standardabweichung in der Kontrollgruppe vor allem in der Abfrage des deklarativen Faktenwissens (Standardabweichung: 2,3).

Tab. 20: Anzahl der richtigen Antworten der Lernzielkontrolle I in Fragebogen II, Gymnasium 2 von n=40

	Experimentalgruppe			Kontrollgruppe		
	n	Mw	Sw	n	Mw	Sw
Lernzielkontrolle 1-14	18	9,0	2,7	22	10,2	1,8
Lernzielkontrolle 1-9	18	6,6	2,0	22	7,2	1,0
Lernzielkontrolle 10-14	18	2,4	1,4	22	3,1	1,3

Quelle: Eigene Darstellung

n: Anzahl Schüler pro Gruppe
Mw: Mittelwert
Sw: Standardabweichung

Tab. 21: Anzahl der richtigen Antworten der Lernzielkontrolle II aus Fragebogen III, Gymnasium 2 von n=34

	Experimentalgruppe			Kontrollgruppe		
	n	Mw	Sw	n	Mw	Sw
Lernzielkontrolle 1-11	14	9,1	1,8	20	8,1	2,5
Lernzielkontrolle 1-9	14	7,9	1,4	20	6,7	2,3
Lernzielkontrolle 10-11	14	1,2	0,6	20	1,4	0,8

Quelle: Eigene Darstellung

n: Anzahl Schüler pro Gruppe
Mw: Mittelwert
Sw: Standardabweichung

Experimental- und Kontrollgruppe zeigten zu Beginn der Unterrichtseinheit ein vergleichbar hohes Interesse an den Unterrichtsthemen. Ledig-

---

226 Allerdings sind diese Daten nicht ohne Weiteres mit denen der Befragung II vergleichbar, da sich die Experimentalgruppe noch weiter um insgesamt vier Schüler verkleinert hatte.

Abb. 39: Antworten auf Fragen zum Interesse aus Fragebogen I und II nach Gruppen, Gymnasium 2

a) FB 1: Eigentlich ist mir egal, welche Themen wir im Unterricht behandeln.

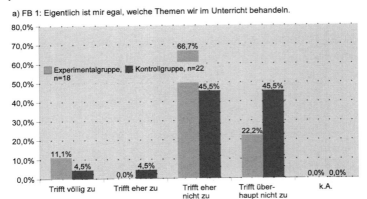

b) FB 2: Es war mir ziemlich egal, was im Unterricht behandelt wurde.

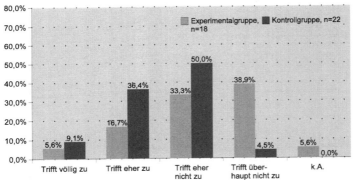

lich zwei Schüler beider Gruppen waren der Meinung, dass ihnen die Unterrichtsthemen egal seien (vgl. Abb. 39a).

14 Schüler der Experimental- (77,8%) und 15 Schüler der Kontrollgruppe (68,2%) gaben weiterhin an, es sei für sie „wichtig, etwas über die Wirtschaft zu erfahren". Nach der Unterrichtseinheit fiel das Ergebnis der Befragung in der Kontrollgruppe sowohl absolut als auch im Vergleich mit der Experimentalgruppe wesentlich schlechter aus (vgl. Abb. 39b). Während in der Experimentalgruppe lediglich vier Schüler (22,3%) der Meinung waren, es wäre ihnen „egal" gewesen, was im Unterricht behandelt wurde, waren dies in der Kontrollgruppe insgesamt zehn Schüler (45,5%). Auch in Bezug auf die Einschätzung der Wichtigkeit des Themas Markt und des Interesses an diesem fielen die Ergebnisse in der Experimentalgruppe wesentlich besser aus. Zwölf Schüler der Experimentalgruppe (66,6%) und nur sechs

c) FB 1: Es ist mir wichtig, etwas über "die Wirtschaft" zu erfahren.

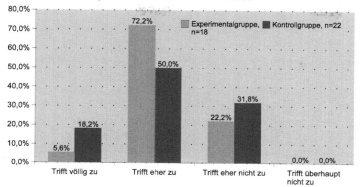

d) FB 2: Es ist mir wichtig, mehr über das Thema "Markt" zu erfahren

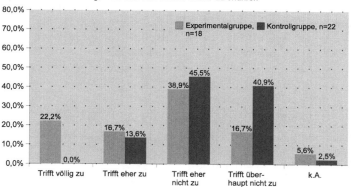

e) FB 2: Das Thema "Markt" war sehr interessant.

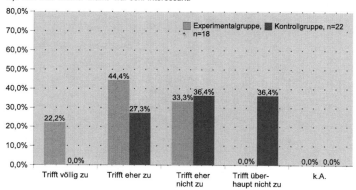

Quelle: Eigene Darstellung

Schüler der Kontrollgruppe (27,3%) gaben an, das Thema „Markt" sei für sie interessant gewesen (vgl. Abb. 39e). Mehr über das Thema wissen wollten insgesamt sieben Schüler (38,9 %) der Experimental- und lediglich drei Schüler (13,6%) der Kontrollgruppe (vgl. Abb. 39d). Auffallend war, dass, obschon das Interesse der Schüler der Kontrollgruppe zu Beginn der Unterrichtseinheit auf einem vergleichbaren Niveau mit dem der Experimentalgruppe war, nach der Unterrichtseinheit acht bzw. neun Schüler scheinbar vollkommen desinteressiert waren (vgl. Abb. 39d und 39e).

Die Beantwortung der Frage nach dem „Spaß am Fach" zeigte allerdings vor der Unterrichtseinheit, dass die Schüler der Experimentalgruppe wesentlich lieber am Fachunterricht teilnahmen als die der Kontrollgruppe[227]. So waren in der Experimentalgruppe insgesamt 15 Schüler (83,4%) der Meinung, sie würden nur ungern auf das Fach verzichten, in der Kontrollgruppe nur neun Schüler (47,7%) (vgl. Abb 40a). Nach der Unterrichtseinheit gaben 14 von 18 Schülern (77,7 %) der Experimentalgruppe an, der Unterricht habe Spaß gemacht. 15 Schüler (83,4%) hätten gerne öfters einen solchen Unterricht (vgl. Abb. 40c). Die Kontrollgruppe war überwiegend gegenteiliger Meinung. Dort gaben nur fünf von 19 Schülern (22,7 %) an, der Unterricht habe ihnen Spaß gemacht (vgl. Abb. 40b).

Die Unterrichtsbeobachtungen erfolgten in beiden Gruppen des Gymnasiums 2 ausschließlich in der ersten Unterrichtsstunde. Beobachtet werden konnte, dass die Kontrollgruppe insgesamt etwas unruhiger war als die

Abb. 40: Antworten auf Fragen zur Motivation aus Fragebogen II nach Gruppen, Gymnasium 2

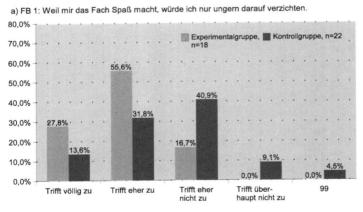

---

227 Dies bestätigte die Einschätzung der Lehrkraft, dass die Experimentalgruppe die motiviertere Klasse sei.

b) FB 2: In diesem Unterricht machte das Lernen richtig Spaß!

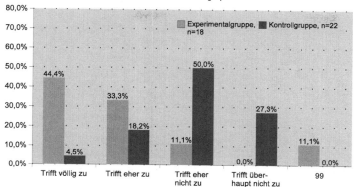

c) FB 2: Solche Unterrichtsstunden hätte ich gerne öfters.

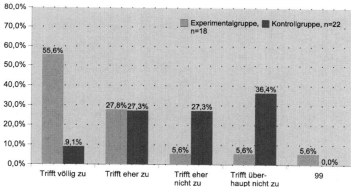

Quelle: Eigene Darstellung

Experimentalgruppe[228]. Der Unterricht verlief in beiden Gruppen beinahe störungsfrei und ruhig. Aufgrund der guten Vorbereitung der Lehrkraft erfolgten die Auktionen und deren Auswertung reibungslos. Unsicherheiten traten nicht auf. In der abschließenden Befragung kritisierte die Lehrkraft die häufigen Wiederholungen in der Unterrichtseinheit der Kontrollgruppe. Dies habe die Schüler „genervt"[229]. Die Anschaulichkeit und der Lebensweltbezug hätten gefehlt. Innerhalb der Unterrichtseinheit für die Experimentalgruppe sei die schriftliche Fixierung eher etwas zu umfangreich

---

228 Allerdings wurde der Unterricht maßgeblich durch die Beteiligung eines Schülers beeinflusst, der offensichtlicher Leistungsträger der Klasse war. Beispielsweise regte dieser mit Kommentaren zur Diskussion an und beantwortete als erster die gestellten Fragen (weitere Kommentare waren z.B. „In Deutschland besteht das Bruttoinlandsprodukt hauptsächlich aus Dienstleistungen").
229 Die Lehrkraft gab an, im Anschluss an die Unterrichtseinheit „zur Versöhnung" mit der Kontrollgruppe ein Planspiel durchgeführt zu haben.

gewesen. Die Lehrkraft sah den Vorteil der Experimente im Vergleich zu Planspielen darin, dass diese leichter zu integrieren seien und im Unterricht „kein großer Zeitverlust" entstünde. Insgesamt seien die Unterrichtseinheiten „leicht durchführbar", da „gute Beschreibungen" vorgelegen hätten. Der Unterricht sei für beide Gruppen ungewohnt gewesen, da ihr Unterrichtsstil von dem vorgegebenen in der Regel abweiche (weniger schriftliche Fixierung, mehr Diskussionen).

Insgesamt lässt sich zusammenfassen, dass beide Klassen eine vergleichbare Ausgangssituation hatten. Die Einschätzungen der Lehrkraft bezüglich des Motivationsniveaus beider Klassen konnte durch die Befragung bestätigt werden: die Experimentalgruppe war etwas „motivationsstärker" als die Kontrollgruppe. In beiden Klassen verringerte sich nach der Unterrichtseinheit die Einschätzung bzgl. der Anwendung des gelernten Unterrichtsstoffes auf aktuelle Beispiele, was in Anbetracht der Tatsache, dass es sich um ein sehr theoretisches Unterrichtsthema handelte, nicht weiter verwunderlich war. Die Experimentalgruppe schnitt insgesamt in der Lernzielkontrolle etwas schlechter als die Kontrollgruppe ab. Auffallend war eine größere Differenzierung zwischen den Schülern. Das Interesse und die Motivation der Experimentalgruppe blieb auf einem vergleichbar hohen Stand wie vor der Unterrichtseinheit, was vermutlich darauf zurückzuführen war, dass die Schüler eine unterrichtsmethodische Gestaltung des Unterrichts vergleichbar mit diesem gewohnt waren. Motivation und Interesse der Kontrollgruppe sanken im Vergleich dazu merklich.

Einzelbetrachtung der Ergebnisse – Gymnasium 3

Die Schüler beider Gruppen waren im Schnitt 15 Jahre alt und ausschließlich deutscher Muttersprache (vgl. Tab. 22). Das Geschlechterverhältnis war in der Experimentalgruppe mit neun Jungen und 13 Mädchen relativ ausgeglichen, wohingegen in der Kontrollgruppe von insgesamt 19 Schülern nur vier Jungen waren. Das Leistungsniveau, gemessen an den Schulnoten beider Gruppen, war auf vergleichbarem Niveau. Die durchschnittliche Note betrug im Fach Mathematik und auch im Fach Wirtschaft die Note 3.

Tab. 22: Deskriptive Statistik, Gymnasium 3 von n=41

	Experimentalgruppe, n=22				Kontrollgruppe, n=19			
	Mw	Max	Min	Sw	Mw	Max	Min	Sw
Alter	15	16	14	1	15	15	14	0
Note in Mathe	2,9	4	2	1	2,8	4	1	1
Note in Wirtschaft	2,8	4	1	1	2,9	4	1	1

n: Anzahl Schüler pro Gruppe
Mw: Mittelwert
Sw: Standardabweichung

	Experimentalgruppe		Kontrollgruppe	
	n	% von n	n	% von n
Geschlecht männlich	9	41%	4	21%
Geschlecht weiblich	13	59%	15	79%
Muttersprache Deutsch	22	100%	19	100%
andere Sprachen	0	0	0	0

n: Anzahl Schüler pro Gruppe

Quelle: Eigene Darstellung

Die Lehrkraft unterrichtete die Kontrollgruppe seit Beginn des Schuljahres, d.h. zum Untersuchungszeitraum bereits ein ¾ Jahr, die Experimentalgruppe erst seit Beginn des Halbjahres. Das Leistungsniveau beider Klassen sowie die Motivation der Schüler schätzte die Lehrkraft gleich gut ein. Bei dem Vergleich der beiden Gruppen zu Beginn der Unterrichtseinheit zeigte sich, dass die Kontrollgruppe sich etwas schlechter in Bezug auf das Verstehen der Zusammenhänge im Unterricht und der Anwendung des Gelernten auf aktuelle Beispiele einschätzte (vgl. Abb. 41a und 41c). Während sechs Schüler (31,6%) der Kontrollgruppe der Meinung waren, öfter Zusammenhänge nicht verstanden zu haben, waren dies in der Experimentalgruppe lediglich zwei Schüler (9,1%). Entsprechend waren von der Kontrollgruppe nur zwölf von 19 (63,2%) der Meinung, den Unterrichtsstoff auf aktuelle Beispiele anwenden zu können. In der Experimentalgruppewaren 18 von 22 Schülern (81,8%) dieser Meinung.

Nach der Unterrichtseinheit waren 21 von 22 Schülern (95,5%) der Experimentalgruppe und 16 von 19 Schülern (84,2%) der Kontrollgruppe der Meinung, die wichtigsten Zusammenhänge erkannt zu haben. In Bezug auf die Anwendung des Gelernten auf aktuelle Beispiele schätzte sich die Experi-

Abb. 41: Antworten auf Fragen zum selbst eingeschätzten Lernzuwachs aus Fragebogen I und II nach Gruppen, Gymnasium 3

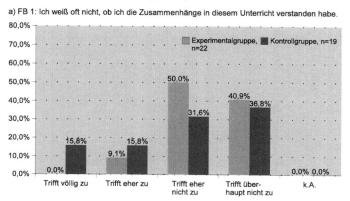

b) FB 2: Ich bin mir sicher, die wichtigsten Zusammenhänge erkannt zu haben.

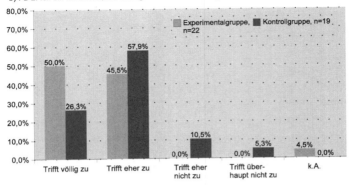

c) FB 1: Ich kann den Unterrichtsstoff auch auf aktuelle Beispiele anwenden.

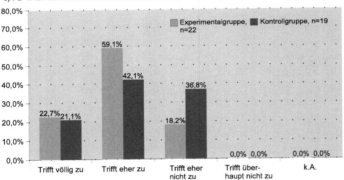

d) FB 2: Ich kann den Unterrichtsstoff auch auf aktuelle Beispiele anwenden.

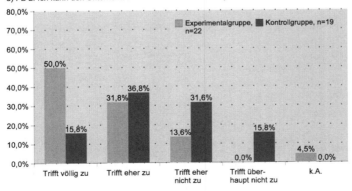

Quelle: Eigene Darstellung

mentalgruppe weiterhin als überdurchschnittlich gut ein. Nur die Hälfte der Schüler der Kontrollgruppe glaubten, das Gelernte anwenden zu können (vgl. Abb. 41d). Im Vergleich der tatsächlichen Lernzielergebnisse erreichten sowohl Experimental- als auch Kontrollgruppe vergleichbar hohe Ergebnisse (EX: 82%; KG: 79% der max. möglichen Punkte). Der Vergleich der Lernzielkontrollergebnisse zwischen den Untersuchungsgruppen zeigte, dass die Experimentalgruppe in allen drei Fragegruppen durchschnittlich geringfügig besser abschnitt (vgl. Tab. 23). Die Standardabweichungen um den Mittelwert waren durchgängig größer[230]. Das ließ darauf schließen, dass innerhalb der Klasse ein größerer Leistungsunterschied zwischen den Schülern herrschte. Innerhalb der wiederholten Lernzielkontrolle erreichten beide Gruppen, wie schon in der vorangegangenen Befragung, eine vergleichbar hohe Punktzahl. Die Lernzielkontrolle der Befragung III zeigte, dass hier die Kontrollgruppe geringfügig besser abschnitt als die Experimentalgruppe (EX: 84%; KG: 88% der max. möglichen Punktzahl). Beide Klassen beantworteten durchschnittlich acht von neun Fragen zu deklarativem Wissen und zwei von drei Fragen zum Anwendungswissen richtig (vgl. Tab. 23).

Tab. 23: Anzahl der richtigen Antworten der Lernzielkontrolle I aus Fragebogen II, Gymnasium 3 von n=41

	Experimentalgruppe			Kontrollgruppe		
	n	Mw	Sw	n	Mw	Sw
Lernzielkontrolle 1-14	22	11,5	2,7	19	11,0	1,6
Lernzielkontrolle 1-9	22	7,6	1,8	19	7,4	1,3
Lernzielkontrolle 10-14	22	3,8	1,2	19	3,7	0,7

Quelle: Eigene Darstellung

n: Anzahl Schüler pro Gruppe
Mw: Mittelwert
Sw: Standardabweichung

Tab. 24: Anzahl der richtigen Antworten der Lernzielkontrolle II aus Fragebogen III, Gymnasium 3 von n=41

	Experimentalgruppe			Kontrollgruppe		
	n	Mw	Sw	n	Mw	Sw
Lernzielkontrolle 1-11	19	9,2	1,3	18	9,7	1,2
Lernzielkontrolle 1-9	19	7,5	1,0	18	7,9	1,1
Lernzielkontrolle 10-11	19	1,6	0,6	18	1,8	0,4

Quelle: Eigene Darstellung

n: Anzahl Schüler pro Gruppe
Mw: Mittelwert
Sw: Standardabweichung

---

230 Hierbei ist allerdings zu beachten, dass die unterschiedliche Gruppengröße (Experimentalgruppe n=22 und Kontrollgruppe n=19) einen Einfluss haben kann.

Dem überwiegenden Teil der Schüler beider Klassen war es zu Beginn der Unterrichtseinheit wichtig, etwas über die „Wirtschaft" zu erfahren (18 Schüler der Experimentalgruppe und 15 Schüler der Kontrollgruppe, vgl. Abb. 42c). Entsprechend war den Schülern nicht egal, was im Unterricht behandelt wird (vgl. Abb. 42a). Nach der Unterrichtseinheit fiel die Bewertung dieser Aussage in der Experimentalgruppe weiterhin sehr positiv aus. In der Kontrollgruppe waren jedoch vermehrt Schüler der Meinung, es sei ihnen egal, was im Unterricht behandelt wurde. Dabei wurde das Thema „Markt" von einer größeren Anzahl der Schüler der Experimentalgruppe als „interessant" eingestuft (KG: 14 Schüler; EX: 19 Schüler, vgl. Abb. 42e). Soweit, mehr über dieses Thema erfahren zu wollen, gingen jedoch wenige Schüler. Die beiden Gruppen unterschieden sich hierbei nicht nennenswert.

Abb. 42: Antworten auf Fragen zum Interesse aus Fragebogen I und II nach Gruppen, Gymnasium 3

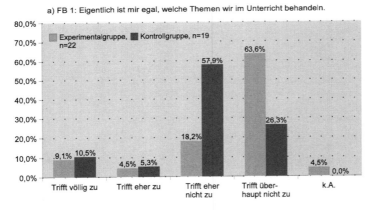

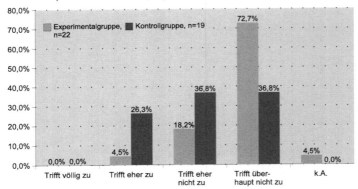

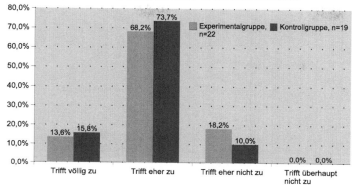

c) FB 1: Es ist mir wichtig, etwas über "die Wirtschaft" zu erfahren.

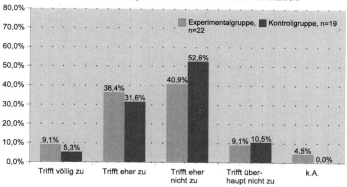

d) FB 2: Es ist mir wichtig, mehr über das Thema "Markt" zu erfahren.

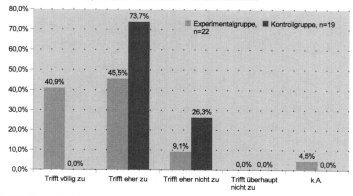

e) FB 2: Das Thema "Markt" war sehr interessant.

Quelle: Eigene Darstellung

Der mehrheitliche Teil beider Klassen möchte nicht mehr über das Thema erfahren.

Abb. 43: Antworten auf Fragen zur Motivation aus Fragebogen II nach Gruppen, Gymnasium 3

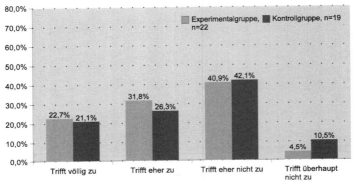

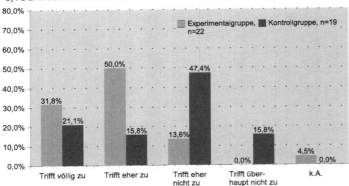

Zu Beginn der Unterrichtseinheit machten beide Klassen vergleichbare Angaben zu ihrer Motivation für den Unterricht; zwölf Schüler der Experimental- (54,4%) und neun Schüler der Kontrollgruppe (47,7%) gaben an, dass das Fach ihnen Spaß mache. Nach der Unterrichtseinheit änderte sich das Bild vollständig. Während 18 von 22 Schülern der Experimentalgruppe angaben, der Unterricht habe Spaß gemacht (vgl. Abb. 43b) und 21 (95,4%) zudem die Aussage trafen, sie hätten gerne öfter einen solchen Unterricht, war die Hälfte der Kontrollgruppe demotiviert. So gaben zwölf von 19 Schülern (63,2%) an, der Unterricht habe keinen Spaß gemacht.

c) FB 2: Solche Unterrichtsstunden hätte ich gerne öfters.

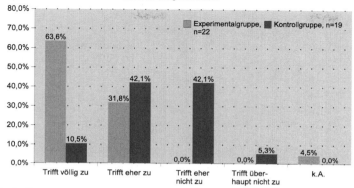

Quelle: Eigene Darstellung

Ein etwas geringerer Anteil der Schüler (neun, 47,7%) mochte einen solchen Unterricht nicht wieder.

Die abschließende Befragung der Lehrkraft ergab, dass der zeitliche Rahmen für beide Unterrichtseinheiten hinreichend konzipiert wurde[231]. Der Schwierigkeitsgrad der Unterrichtseinheit sei für beide Gruppen zu leicht gewesen. Die Anschaulichkeit der Inhalte durch die Experimente wäre sehr hoch und innerhalb der Kontrollgruppe überdurchschnittlich gering gewesen. Dabei halte die Lehrkraft generell einen Methodenmix für sehr sinnvoll. Die Lehrkraft merkte allerdings an, dass die Experimente einer sehr gründlichen Vorbereitung bedürften[232]. Die Unterrichtsbeobachtung zeigte, dass die Lehrkraft hervorragend auf die Unterrichtseinheit vorbereitet war und die notwendigen Vorbereitungen für die Experimente getroffen hatte. Zwischenrufe und Unterrichtsstörungen traten in keiner der beiden Gruppen über einen längeren Zeitraum auf. Beide Klassen waren ruhig und diszipliniert.

Insgesamt zeigte sich, dass vergleichbar mit den Schülergruppen in Gymnasium 2, die Verteilung der Schüler in dieser Schule ähnlich homogen war. Die Experimentalgruppe schätzte ihren Lernzuwachs durch den Fachunterricht vor der Unterrichtseinheit geringfügig besser ein als die Kontrollgruppe. Nach der Unterrichtseinheit verbesserte sich diese Einschätzung in beiden Gruppen, jedoch in der Experimentalgruppe wesentlich stärker. Die Schüler der Kontrollgruppe glaubten weniger, das Gelernte anwenden zu

---

231 Allerdings sei es nicht möglich gewesen, den Fragebogen II innerhalb der vierten Unterrichtsstunde ausfüllen zu lassen. Aus diesem Grund habe die Lehrkraft den letzten Unterrichtsabschnitt beider Gruppen mit in die 5. Stunde einbezogen und dann im Anschluss die Befragung durchgeführt.
232 Zudem habe er die Experimente in einem Oberstufenkurs zur Modellkritik an ökonomischen Modellen eingesetzt.

können, was sich mit der Einschätzung der Lehrkraft deckte. In der ersten Lernzielkontrolle erreichte die Experimental-, in der zweiten Lernzielkontrolle die Kontrollgruppe ein besseres Ergebnis. Jedoch führten die Experimente scheinbar zu einer größeren Differenzierung zwischen den Schülern der Experimentalgruppe. Das Interesse und die Motivation beider Gruppen waren vor der Unterrichtseinheit vergleichbar hoch. Während die Motivation der Experimentalgruppe durch die Unterrichtseinheit gesteigert werden konnte, sank diese, ebenso wie das Interesse, in der Kontrollgruppe ab, was angesichts des traditionellen Frontalunterrichts zu erwarten war.

3.5 Schlussfolgerungen

Das Ziel der eigenen Untersuchung war es, zum einen eine Studie vorzulegen, die mit den aus dem Hochschulbereich bereits vorliegenden vergleichbar ist, ergänzt um qualitative Untersuchungsverfahren. Zum anderen sollte die Bewertung der Classroom Experiments als Methode für den Schulunterricht um die Perspektive der Lehrkräfte als Experten für unterrichtliche Lehr-Lernprozesse durch eine separate Befragung erweitert werden. Wie sind die nun vorliegenden Ergebnisse zu bewerten?

Die Expertenbefragung konnte m.E. bestätigen, dass Classroom Experiments für alle Schularten, vor allem aber für Haupt-, Berufs- und Realschule sowie Gymnasium, eine mit naturwissenschaftlichen Experimenten vergleichbar gute Eignung als Methode für Wirtschaftsunterricht an Schulen haben. Dabei gingen die Lehrkräfte insgesamt davon aus, dass Classroom Experiments vor allem die Anschaulichkeit wirtschaftswissenschaftlicher Zusammenhänge, die Fähigkeit zur Hypothesenbildung und das Verstehen von Gesetzmäßigkeiten fördern. Einen besonderen Vorteil sahen sie zudem in der flexiblen Integrierbarkeit in den Fachunterricht und die Förderung der sozialen Interaktion der Schüler. Obschon diese Vorteile angenommen wurden, konnte diese Untersuchung allerdings nicht klären, ob und wenn ja unter welchen Voraussetzungen, Lehrkräfte langfristig bereit wären, Experimente in den Wirtschaftsunterricht zu integrieren[233].

Innerhalb der Schulversuche traten, obwohl es sich bei allen betrachteten Einzelfällen um Schulen mit jeweils unterschiedlichen Voraussetzungen in Bezug auf die Schulart, Klassenstruktur, aber auch u.a. Leistungsstand und Motivation der Schüler handelte, in der Zusammenschau Regelmäßigkeiten auf, die eine Aussage zur Eignung von Classroom Experiments als Unterrichtsmethode für Schulen zulassen. Die vorab aufgestellten Hypothesen konnten insgesamt an den fünf untersuchten Fällen bestätigt werden: Lern-

---

[233] Die Schulversuche zeigten jedoch, dass die Lehrkräfte, welche die Experimente in ihren Unterricht integrierten, dies mit großer Begeisterung taten.

ziele können vergleichbar gut mit Classroom Experiments wie mit Frontalunterricht erreicht werden. Dabei schätzten, wie anhand der Ergebnisse der Studien aus dem Hochschulbereich zu erwarten war, die Schüler der Experimentalgruppen ihren eigenen Lernzuwachs größer ein als die Schüler, die am traditionellen Frontalunterricht teilnahmen. Im Vergleich mit diesem wirkten sich Classroom Experiments insgesamt im Unterricht motivierender aus und steigern das Interesse der Schüler an mikroökonomischen Inhalten.

Im Einzelnen erreichten die Schüler innerhalb der Lernzielkontrolle, entsprechend der schulartbedingten Leistungsunterschiede, ein weitestgehend zu erwartendes Ergebnis (vgl. Tab. 25). Betrachtet man die Ergebnisse der Lernzielkontrolle und der Vornoten im Fach Wirtschaft der einzelnen Klassen in der Übersicht wird deutlich, dass die Vornoten keine generelle Prognose hinsichtlich des Abschneidens innerhalb der Lernzielkontrolle nach der Unterrichtseinheit zuließen. So schnitten in zwei Fällen (Realschule und Gymnasium 3) die Experimentalgruppen vergleichbar gut oder besser als die Kontrollgruppen ab. In drei Fällen (Regionale Schule, Gymnasium 1 und 2) fielen die Ergebnisse der Experimentalgruppen schlechter aus. Vielmehr ist nach den Ergebnissen der Unterrichtsbeobachtungen und der abschließenden Befragung der Lehrkräfte zu vermuten, dass die jeweilige spezifische Unterrichtssituation und die Unterrichtsbedingungen den Ver-

Tab. 25: Durchschnittlich erreichte Ergebnisse der Lernzielkontrollen in allen Schulen nach Experimental- und Kontrollgruppe

Schule	Leistungsniveau der Klassen (Mittelwert der Zeugnisnoten im Fach Wirtschaft)	Lernzielkontrolle I (Durchschnittliche Anzahl der richtigen Antworten in % von 15)	Lernzielkontrolle II (Durchschnittliche Anzahl der richtigen Antworten in % von 11)
Gymnasium 1	Experimentalgruppe leistungsstärker EX: 2,9; KG: 3,4	EX: 74% KG: 84%	EX: 80% KG: 87%
Realschule	Experimentalgruppe leistungsstärker EX: 2,7; KG: 3,3	EX: 66% KG: 67%	EX: 77% KG 82%
Regionale Schule	Beide Gruppen vergleichbare Durchschnittsnote EX: 2,6; KG: 2,4	EX: 52% KG: 72%	EX: 61% KG: 72%
Gymnasium 2	Nach Einschätzung der Lehrkraft schwächeres Leistungsniveau der Experimentalgruppe; Zeugnisnoten lagen nicht vor	EX: 64% KG: 73%	EX: 83% KG: 74%
Gymnasium 3	Beide Gruppen vergleichbare Durchschnittsnote EX: 2,8; KG: 2,9	EX: 82% KG: 79%	EX: 84% KG: 88%

Quelle: Eigene Darstellung

lauf des Unterrichts und somit den Lernerfolg der Schüler bestimmten. Im Gymnasium 1 traten beispielsweise Probleme bei der Durchführung bzw. Auswertung der Experimente auf, was sich nach Auswertung der Unterrichtsbeobachtung als entscheidender Benachteiligungsfaktor für die Experimentalgruppe herausstellte.

Die Ergebnisse der teilnehmenden Unterrichtsbeobachtungen und der abschließenden Befragung der Lehrkräfte legte weiterhin nahe, das bessere Abschneiden der Kontrollgruppen durch mehrere Sachverhalte zu begründen: Die Konzeption der Unterrichtseinheit (Inhalt, zeitlicher Rahmen), die Definition der Lernziele und die Vorbereitung der Lehrkräfte (Expertenworkshop). So ergab die Befragung der Lehrkräfte, dass die für die Kontrollgruppe entwickelte Unterrichtseinheit als „zu einfach" konzipiert wurde[234] und für die Auswertung der Experimente Zeit „gefehlt" habe. Aus diesem Grund ist von einem Vorteil der Kontrollgruppe bei der Beantwortung der Lernzielkontrollfragen auszugehen. Innerhalb der ersten Lernzielkontrolle trat zudem in vier von fünf Schulen (in den Gymnasien und der Realschule) innerhalb der Experimentalgruppe eine wesentlich größere Standardabweichung auf. Dies deutet darauf hin, dass die Durchführung der Experimente zu einer größeren Leistungsdifferenzierung innerhalb der Klassen führte. Möglicherweise wurde diese durch die weniger intensive Auswertung der Experimente hervorgerufen[235]. Was insgesamt zudem deutlich wurde ist m.E. vor allem nach Auswertung der Befragung der Lehrkräfte und der begleitenden Unterrichtsbeobachtungen, dass Experimente nur dann zu einem Lernerfolg führen können, wenn sie „glatt" verlaufen und sorgfältig ausgewertet werden. Dies setzt nicht nur eine fachmethodische und fachinhaltlich sehr kompetente, sondern auch eine gut auf den Unterricht vorbereitete Lehrkraft voraus[236].

Auch nach Ablauf von drei Wochen konnten sich die Schüler der Experimentalgruppen an die Inhalte erinnern. Der Vergleich zeigte hier, dass beide Gruppen durchweg aller Schulen ihre Lernzielkontrollergebnisse verbessern

---

234 Dies kritisierten vor allem die Gymnasiallehrkräfte und die Lehrkraft an der Regionalen Schule. Die Unterrichtseinheit habe nach deren Kritik u.a. zu viele Wiederholungen enthalten. Die Unterrichtseinheit der Kontrollgruppe wurde an dem vorliegenden Schulbuch für Realschulen orientiert, während die Unterrichtseinheit der Experimentalgruppe auf diese Lernziele „zugeschnitten" werden musste.

235 In der Unterrichtseinheit konnte aus Gründen der Vergleichbarkeit zwischen den Untersuchungsgruppen kein zusätzlicher Zeitrahmen für die Experimente vorgesehen werden.

236 Insgesamt gehe ich aber davon aus, dass bei einem veränderten Untersuchungsdesign, welches diese Punkte berücksichtigt und „aus den Experimenten heraus" konzipiert wird, die Experimentalgruppe besser abschneiden würde als die Kontrollgruppe. Dazu müsste beispielsweise ein größerer Zeitrahmen vorgesehen und im Unterrichtsverlauf wiederholt auf die Ergebnisse der Experimente Bezug genommen werden.

konnten. Vor allem waren dies die Experimentalgruppen der Realschule und des Gymnasiums 2. Der Abstand des Leistungsniveaus zwischen Experimental- und Kontrollgruppe verringerte sich in drei von fünf Schulen (Gymnasium1, Regionale Schule und Gymnasium 2), in zwei Fällen vergrößerte er sich (Realschule und Gymnasium 3). Insgesamt ist die zweite Lernzielkontrolle jedoch unter Vorbehalt zu betrachten, da die Anzahl der teilnehmenden Schüler geringer war als in der ersten Befragung. Möglicherweise blieben hier besonders die leistungsschwächeren Schüler dem Unterricht fern. Das insgesamt bessere Abschneiden beider Gruppen erklärt sich zudem möglicherweise durch die reduzierte Anzahl der Anwendungsfragen innerhalb der zweiten Lernzielkontrolle[237]. Weiterhin scheint es, dass schwächere Schüler Schwierigkeiten haben, die Experimentalergebnisse auf die Praxis zu übertragen. So traten in vier der untersuchten Schulen in der Experimentalgruppe nach Durchführung der Experimente bei Beantwortung der Lernzielkontrolle größere Differenzen zwischen leistungsschwächeren und -stärkeren Schülern auf. Möglicherweise „polarisieren" Experimente stärker in „gute" und „schlechte" Schüler. Dieser Effekt wäre in weiteren Untersuchungen zu prüfen[238].

In Bezug auf selbsteingeschätzten Lernzuwachs, Interesse und Motivation konnten insgesamt die Ergebnisse der bereits vorliegenden Studien aus dem Hochschulbereich auch für den Schulbereich bestätigt werden. So zeigten die Befragungsergebnisse, dass sich in allen untersuchten Schulen die Experimentalgruppen nach der Unterrichtseinheit besser in Bezug auf das Verstehen und Anwenden der Unterrichtsinhalte einschätzten als zuvor. Bei paralleler Betrachtung der Ergebnisse der Kontrollgruppe zeigte sich in dieser zumeist ein Rückgang der Einschätzung, die Unterrichtsinhalte sowohl verstanden zu haben als auch anwenden zu können. Das Ergebnis der Kontrollgruppe war insofern zu erwarten, da es sich bei dem behandelten Unterrichtsthema um ein sehr „trockenes", wenig anschauliches Thema handelte. Die unterrichtsmethodischen Anregungen, die für die Kontrollgruppe aus dem vorliegenden Schulbuch entnommen wurden, waren weniger „aktivierend" für die Schüler, sie zielten eher auf die passive Rezeption des Stoffes.

In Bezug auf die Motivation und das Interesse der Schüler konnten die Befragungsergebnisse zusammenfassend folgende Effekte zeigen:

---

237 Die Anwendungsfragen wurden in der zweiten Lernzielkontrolle von fünf auf zwei Fragen gekürzt.
238 Nachfolgende Untersuchungen sollten diesen Zusammenhang auch deshalb genauer prüfen, da generell davon auszugehen ist, dass die Anwendung wirtschaftswissenschaftlicher Modelle Schülern, aber auch Lehrkräften, Schwierigkeiten bereitet.

- Der Unterricht in der Experimentalgruppe führte in allen betrachteten Fällen, sogar bei zuvor eher demotivierten Klassen, zu einer Steigerung der Motivation und einem höheren Interesse an den Inhalten.
- Der Unterricht in der Kontrollgruppe führte gleichzeitig in allen betrachteten Fällen zu gleichbleibenden oder schlechteren Ergebnissen, d.h. zu einer Demotivierung der Schüler und einem geringeren Interesse an den Inhalten.
- Bei durchgängig hoch motivierten Klassen schien es zudem so zu sein, dass die Schüler der Experimentalgruppe zumindest durch die „trockenen" Inhalte nicht demotiviert wurden, was im Gegensatz dazu in der Kontrollgruppe der Fall zu sein schien (vgl. Gymnasium 2).

Insgesamt betrachtet traten in der durchgeführten Untersuchung die aus den Untersuchungen aus dem Hochschulbereich zu erwartenden Effekte auf[239]. Gleichzeitig wurde jedoch deutlich, dass es sich bei Unterrichtssituationen in Schulen um ein wesentlich komplexeres Untersuchungsfeld handelt als dies an Hochschulen der Fall ist. Dies erstreckt sich über die zu beachtenden Regelungen bezüglich der Durchführung von Studien und der Notwendigkeit der Berücksichtigung knapper Stundenkontingente etc. bis zur Freiwilligkeit an der Teilnahme am Unterricht, welche bei Schülern im Vergleich zu Hochschülern nicht gegeben ist. Es ist nach den Ergebnissen dieser Untersuchung zu erwarten, dass aus Perspektive der Schüler und der Lehrkräfte, Classroom Experiments als Methode für Wirtschaftsunterricht an allgemeinbildenden Schulen einen wichtigen Beitrag zum Gelingen von Unterricht leisten könnten.

3.6 Kritische Betrachtung der eigenen Erhebung

Sowohl die Expertenbefragung als auch die Schulversuche konnten einige wichtige Hinweise zur Eignung von Classroom Experiments als Methode für Wirtschaftsunterricht an deutschen Schulen geben. Allerdings mussten sowohl einige Fragen offen bleiben als auch, aufgrund der besonderen Situation in der Schulpraxis, methodische Zugeständnisse gemacht werden, die sich möglicherweise auf die Aussagekraft der Ergebnisse auswirkten. So konnte, obschon die Befragung der Lehrkräfte innerhalb der Expertenbefragung zeigte, dass diese eine vergleichbare Eignung wie bei naturwissenschaftlichen Experimenten annehmen, die zweite Befragung nach Ablauf eines Jahres nicht klären, warum die Experimente zunächst positiv eingeschätzt, aber dann nicht in den Unterricht integriert wurden, obwohl die

---

239 Diese auftretenden Effekte können m.E. deshalb auf die verschiedenen Unterrichtsmethoden zurückgeführt werden, da die Lehrkraft in Experimental- und Kontrollgruppe identisch war.

notwendigen Materialien bereits vorlagen. Nachfolgende Untersuchungen sollten m.E. hier stärker qualitative Erhebungsmethoden, z.B. offene Interviews, einsetzen, um die Gründe hierzu in Erfahrung zu bringen. Denkbar ist, dass der Schulalltag aus Sicht der Lehrkräfte nicht ausreichend „Raum" für die Experimente gibt, da die Stundenausstattung relativ knapp bemessen ist. Denkbar ist aber auch, dass auch fachliche Unsicherheit durch ein fehlendes Fachstudium von der „Arbeit mit ökonomischen Modellen" abschreckt. Möglicherweise halten sich Lehrkräfte deshalb in der Unterrichtspraxis eher an „Altbewährtes".

Im Bereich der Schulversuche wurden in dieser Untersuchung die quantitativen Untersuchungsdesigns der bereits vorliegenden Studien aus dem Hochschulbereich durch die qualitativen Erhebungselemente der teilnehmenden Unterrichtsbeobachtung und des offenen Interviews ergänzt. Obschon die methodischen Empfehlungen aus den vorliegenden Untersuchungen weitestgehend umgesetzt werden konnten, mussten bedingt durch die Unterrichts- bzw. Schulpraxis einige „Abstriche" gemacht werden. Denn das Experimental-Kontrollgruppen-Design stellte einen erheblichen Eingriff in den Unterrichtsablauf innerhalb der Klassen dar. Da eine enge Zusammenarbeit mit Lehrkräften und Schulleitung notwendig war, die nur schwer auf Basis von schriftlichen und telefonischen Kontakten aufgebaut werden konnte, musste auf eine Zufallsauswahl der Schulen verzichtet werden[240]. Insgesamt kam es weiterhin durch die Berücksichtigung der Gegebenheiten „vor Ort" zu folgenden Änderungen:
- Verkürzung des Zeitraumes zwischen den beiden Posttests von sechs auf drei Wochen
- Verzicht auf eine Erhebung des Vorwissens
- Durchführung der teilnehmenden Unterrichtsbeobachtung nur in der Hälfte der beteiligten Klassen
- Keine zufällige Zuteilung der Schüler zu Experimental- und Kontrollgruppe

Da es sich bei den Änderungen um aus der Unterrichtspraxis entstandene, notwendige Anpassungen handelte, sollten nachfolgende Studien weniger versuchen, durch ein noch stärker quantitativ ausgerichtetes Untersuchungsdesign hier entgegen zu wirken, sondern auf eher qualitativ ausgerichtete Erhebungsmethoden setzen. Möglicherweise ist es sinnvoll, in nachfolgenden Studien weniger das Erreichen von Faktenwissen zu prüfen, sondern stärker

---

240 Viele Schulen sind zudem meist weniger interessiert an Untersuchungen, die direkt in das Unterrichtsgeschehen eingreifen. Oftmals wird dies ausgelöst durch den Druck der Eltern. Bei einer Zufallsauswahl der Schulen und einem Anschreiben an die Schulleitung wäre ein sehr geringer Rücklauf, und dadurch bedingt eine erhebliche Verzögerung des Gesamtverlaufes, zu erwarten gewesen.

zu betrachten, dass die Durchführung eines Experiments mehr „leisten" kann, als nur einen bekannten Lerninhalt anders als im Frontalunterricht zu vermitteln. Denn einerseits können im Experiment „risikofrei" Erfahrungen gemacht werden, die sonst nicht gemacht werden könnten (ähnlich wie im Planspiel), andererseits kann exemplarisch der Umgang mit komplexen Systemen (ökonomischen Modellen) eingeübt werden. So kann u.U. die Handlungskompetenz in komplexen Problemumfeldern gewonnen und zukunftsorientiertes Möglichkeitsdenken geschult werden[241].

Weiterhin muss beachtet werden, dass das aus Gründen der Vergleichbarkeit übernommene quantitative Meßverfahren in der Schul- und Unterrichtsforschung durchaus umstritten ist. Autoren dieser Fachrichtung kritisieren, dass insgesamt unklar sei, „auf welcher Ebene (Schüler und Lehrer, Unterricht, Schule, Schulsystem), mit welchen Verfahren (quantitativ vs. qualitativ; intern vs. extern), anhand welcher Bewertungsmaßstäbe und Erwartungen (ökonomische vs. pädagogische) reliable und valide Aussagen über die schulische Qualität oder Grade der Zielerreichung getroffen werden können." (Ditton 2000, S. 75) Dies gilt ebenso für die Unterrichtsmethodenforschung, hier wird die externe Validität aufgrund der verwendeten experimentellen Designs als eher niedrig angesehen, da die institutionellen und strukturellen Bedingungen des Unterrichtens nicht berücksichtigt werden könnten (Lüders/Rauin 2004, S. 707). So liegen bislang im deutschsprachigen Raum keine Studien vor, welche explizit die Wirkung bzw. Effizienz von Unterrichtsmethoden untersuchen (ebd., S. 709).

Die Gründe für die methodischen Probleme der Evaluation werden vor allem in der Unvereinbarkeit der Anforderungen eines klassischen Experiments mit der tatsächlichen Schulsituation gesehen (Seiffge-Krenke 1981, S. 38; Seel 2002, S. 430). Seiffge-Krenke sieht die Gründe hierfür darin, dass sich bei Schulversuchen die Bedingungen eines Forschungsexperiments (Willkürlichkeit, Wiederholbarkeit und isolierte Bedingungs-variation) nur teilweise realisieren lassen (Seiffge-Krenke 1981, S. 38). Die Bedingungen im Klassenraum unterliegen Veränderungen, wodurch ein wesentlicher Teil der Nachprüfbarkeit nicht gewährleistet sei[242]. Böhm-Kasper/Weishaupt erweitern dies um das Argument, eine optimale Bedingungskontrolle sei aus forschungspraktischen und ethischen Gründen an Schulen nicht erreichbar (Böhm-Kasper/Weishaupt 2004, S. 98).

241 Dies hat deshalb so große Bedeutung, da Wissen immer schneller veraltet. Das Wissen um den methodischen Zugang einer Wissenschaft ermöglicht eigenständiges „Weiterdenken" und „Forschen".
242 Sie identifiziert die Problembereiche Zeit, Effekte wiederholter Testung, Fehlen von Kontrollgruppen, Selektivität von Stichproben, Limitierung der Erfassungsmethoden, Probleme lernzielorientierter Testverfahren und Rollentrennung zwischen Lehrkräften und Evaluatoren (Seiffge-Krenke 1981, S. 38).

Für nachfolgende Studien sollten deshalb mehrere Experimente über einen längeren Zeitraum in den Unterricht integriert werden, welcher gleichzeitig Raum und Zeit für Diskussionen und die intensive Auseinandersetzung mit dem Lerngegenstand ermöglicht[243]. Die Ergebnisse dieser Studie geben Hinweise darauf, dass diese positiven Effekte im Unterricht mit Classroom Experiments zu erwarten sind[244]. Die Kombination qualitativer und quantitativer Erhebungsverfahren halte ich aus den Erfahrungen dieser Untersuchung für sehr ratsam. Möglicherweise stärker als in dieser Untersuchung sollte jedoch Sorge getragen werden, dass die an den Untersuchungen teilnehmenden Lehrkräfte Routine in der Durchführung von Classroom Experiments haben, um Unsicherheiten während der Durchführung zu verhindern. Ein „Austauschen" der Lehrkräfte durch externes Lehrpersonal für den Zeitraum der Untersuchung halte ich dagegen aus Gründen der dadurch auftretenden Unruhe in den Klassen für wenig sinnvoll. Zudem ist die Einschätzung der Klassen durch die Lehrkräfte eine wichtige Datenquelle zur Interpretation von Ergebnissen, auf die nicht verzichtet werden sollte.

---

243 Der thematisch interessierte Schüler beschäftigt sich aus Eigeninteresse mit einem Lerngegenstand. Ein höheres fachliches Interesse hat besonders im Kontext lebenslangen Lernens eine Bedeutung.
244 Zudem bislang unberücksichtigt geblieben ist auch der Begriff der Emotion, der u.a. im Bereich der neueren Ergebnisse der Gehirnforschung eine Rolle spielt. Demnach wirkt sich eine positive emotionale Unterrichtsbeteiligung sehr positiv auf die Lernprozesse aus, da emotionales Wohlbefinden mit positiver Einstellung zum Lerngegenstand in einer Lernsituation korreliert (Spitzer 2000, S. 159).

4 Zusammenfassung und Ausblick

Seit den 60er Jahren haben die Wirtschaftswissenschaften ihre Forschungsmethoden um den Bereich der experimentellen Methode erweitert. Die Leistung dieser Entwicklung wird aus Sicht der Forschung darin gesehen, dass die aus ökonomischen Modellen abgeleiteten Aussagen unter kontrollierten Bedingungen untersucht werden können. Experimentelle Ergebnisse belegen heute zum einen die Leistungsfähigkeit ökonomischer Modelle, führten aber auch in den letzten Jahren zum anderen zu einer Korrektur des Menschenbildes der Ökonomik zugunsten eines Menschenbildes mit beschränkter Rationalität (vgl. Kap. 2.3.4).

Im Bereich der Hochschullehre wurde dies aufgegriffen und Forschungsexperimente, sog. Laboratory Experiments, für den Einsatz in der Lehre zu Demonstrationszwecken „umfunktioniert" (vgl. Kap. 2.4.1). Die so entstandenen Lehrexperimente, sog. Classroom Experiments, waren in den vergangenen fünfzehn Jahren im Bereich der Hochschullehre wiederholt Untersuchungsgegenstand von Studien, die den Lernerfolg und den positiven Einfluss auf Motivation und Interesse der Studierenden belegen konnten (vgl. Kap. 2.4.5). Es wurde auf Grundlage von Ergebnissen aus Unterrichtsbeobachtungen und Praxistests angenommen, dass für den Schulbereich von einer vergleichbaren Eignung auszugehen sei, was diese Untersuchung auch auf empirischer Datenbasis bestätigen konnte.

Allerdings sprechen im Schulbereich zusätzliche Argumente für den Einsatz. Denn für den Schulunterricht ist es relevant, dass Classroom Experiments sowohl Unterrichtsmethode der Lehrkraft als auch (abgeleitete) Forschungsmethode der Wissenschaft zugleich sind. Denn jede Fachwissenschaft nutzt fachspezifische (Forschungs-)Methoden, welche ihren Gegenstand konstituieren. Die Auswahl der Forschungsmethoden legt folglich eine ganz „spezielle" Sicht dieser Wissenschaft auf die Realität nahe. Aufgrund der schnellen Veralterung neuzeitlichen Wissens gehen Autoren davon aus, dass Schüler den Weg der wissenschaftlichen Erkenntnisgewinnung nachvollziehen können müssen, um sich Dinge und Wissen selbst erschließen und hinterfragen zu können, denn Unterricht hat den Auftrag, Schüler zu ermutigen, die Welt selbst zu denken (Ladenthin 2005, S. 92ff). Aus diesem Grund sollte der Fachunterricht auch in die Forschungsmethoden der jeweiligen Wissenschaften einführen. Im Bereich der Didaktik spricht man hier von dem Unterrichtsprinzip der Wissenschaftsorientierung. Umgesetzt wird dieses Prinzip beispielsweise bei der Durchführung von Experimenten im Fach Chemie.

Classroom Experiments sind vergleichbar mit Experimenten im naturwissenschaftlichen Unterricht und weisen doch über sie hinaus. Denn anders als in den Naturwissenschaften kann in den Wirtschaftswissenschaften nicht auf gleiche Weise von kausalen Gesetzmäßigkeiten ausgegangen werden, die generelle Gültigkeit beanspruchen können. Wirtschaftswissenschaftliche Erkenntnisse unterliegen vielmehr historischen und gesellschaftlichen Entwicklungen und nicht zuletzt menschlichen Entscheidungen. Aus diesem Grund sollten Classroom Experiments Bestandteil des Wirtschaftsunterrichts sein, ermöglichen sie doch sowohl die Demonstration der Leistung ökonomischer Modelle als auch, und das ist möglicherweise der weitaus wichtigere Aspekt, ihrer Grenzen. Sie sollten aber auch deshalb Anwendung finden, da im Bereich der theoretischen Auseinandersetzung mit den Modellen der Wirtschaftswissenschaften für den Unterricht adäquate Methoden fehlen. Ergebnisse der Expertenbefragung innerhalb dieser Untersuchung konnten zeigen, dass Lehrkräfte aus unterrichtsmethodischer Sicht von einer vergleichbaren Eignung wie bei naturwissenschaftlichen Experimenten ausgehen. Besondere Stärken sahen die Fachlehrkräfte vor allem in der Steigerung der Anschaulichkeit wirtschaftswissenschaftlicher Zusammenhänge, der Förderung zur Hypothesenbildung und des Verstehens von Gesetzmäßigkeiten sowie der Förderung der sozialen Interaktion im Unterricht.

Zu Classroom Experiments als Unterrichtsmethode konnte diese Untersuchung insgesamt die Ergebnisse aus dem Bereich der Hochschule auch für den Schulbereich bestätigen. Allerdings ist zu beachten, dass diese Untersuchung (da sie am quantitativ ausgerichteten Untersuchungsdesign der bereits vorliegenden Studien orientiert wurde) implizit nach der Effektivität und Effizienz von Classroom Experiments gefragt hat. Effektivität bezieht sich generell auf die Wirksamkeit einer Maßnahme. Es muss also geprüft werden, inwiefern ein zuvor gesetztes Unterrichtsziel durch eine Methode tatsächlich erreicht werden konnte. Das Unterrichtsziel kann sich sowohl auf das Erreichen von Lernzielen zu einem bestimmten Inhaltsbereich eines Faches, als auch z.B. auf die Förderung des Sozialverhaltens beziehen. Was diese Untersuchung in Bezug auf die Effektivität zeigen konnte ist m.E., dass ein über Lernziele definiertes Unterrichtsziel durchaus mit Classroom Experiments ebenso wie mit Frontalunterricht erreicht werden kann. Ist das Unterrichtsziel dagegen ein motivierender und ein das Interesse der Schüler aktivierender Unterricht, kann man dieses Ziel eher mit Classroom Experiments als durch traditionellen Frontalunterricht erreichen. Dies würde bedeuten, Classroom Experiments wären eine zum Erreichen von Lernzielen vergleichbar effektive Unterrichtsmethode und zum Erreichen von Motivation und Interesse die effektivere Methode. Der Effizienzbegriff umfasst dagegen die Frage nach der Zweckmäßigkeit einer Maßnahme. In- und Output werden zueinander in Beziehung gesetzt. Könnte man also mit

179

einer Unterrichtsmethode A, die geringeren Einsatz von Ressourcen wie Zeit und Geld erfordert als eine andere Methode B, die gleichen Ergebnisse erzielen, wäre Methode A die effizientere. In Bezug auf die Effizienz wären Classroom Experiments, da der Einsatz der Ressourcen der Lehrkraft (Zeit und Arbeitskraft durch Vorbereitungs- und Durchführungsaufwand) bei der Verwendung von Classroom Experiments ungleich höher ist als bei traditionellem Unterricht (nach Schulbuchvorlage), die aus ökonomischer Sicht weniger effiziente, also weniger empfehlenswerte Methode.

Aus pädagogischer Sicht ist aber vor allem der Effizienzbegriff mit Vorsicht zu betrachten. So ist Schule als ein komplexes System von Beziehungen und Bedingungsfaktoren anzusehen, dass nach Ansicht von Kritikern nicht durch Input-Output Relationen zu bewerten ist. Diese weisen darauf hin, dass die Gefahr eines „vordergründig ökonomischen Denkens" bestehe, was „nur den isolierten Zweck und nicht das ganze Feld von Bedingungen und Folgen sieht" (Lompscher 2006, S. 398). Vielmehr sei davon auszugehen, dass „Unterrichtsmethoden nicht den Lernerfolg der Schüler determinieren, sondern vielmehr ihre bewusste und situationsadäquate Einsetzung eine wichtige Bedingung für den Lernprozess des Schülers darstellen." (ebd.) Deshalb kann es aus didaktischer Sicht „sehr unökonomisch sein, um jeden Preis Zeit sparen zu wollen, und es kann sehr rationell sein, im richtigen Zeitpunkt zu verweilen und scheinbar Zeit zu verlieren." (Glöckel 2003, S. 307) Dieser Meinung schienen auch die in dieser Untersuchung befragten Fachlehrkräfte zu sein, denn sie gaben an, sich mehr Zeit für die Durchführung und Auswertung der Experimente gewünscht zu haben. Die Expertenbefragung bestätigte die Vorteile, dass Classroom Experiments flexibel in den Unterricht integrierbar seien und der Vorbereitungsaufwand vergleichbar mit dem regulärer Stunden sei. Zudem zeigten sich die Lehrkräfte bereit, Classroom Experiments tatsächlich im Unterricht einzusetzen[245].

Classroom Experiments, als eine Form entdeckenden Lernens, fordern allerdings die Fähigkeit der Lehrkraft, das „Entdeckenlassen" zuzulassen. Dies ist eine ungleich größere Anforderung an Lehrkräfte als traditioneller Frontalunterricht (Lompscher 2006, S. 396). Der bewusste und situationsadäquate Einsatz von Classroom Experiments setzt zudem eine Fachkompetenz voraus, die bei der überwiegenden Anzahl der Fachlehrkräfte in Rheinland-Pfalz aufgrund eines (Hochschul-)System bedingten fehlenden Fachstudiums nicht an jeder Schule vorausgesetzt werden kann. Vielleicht sollte deshalb in Zukunft gefragt werden, ob es sich eine Gesellschaft er-

---

245 Leider konnte die Frage aufgrund des geringen Fragenbogenrücklaufes nicht abschließend geklärt werden, warum nach Ablauf einen Jahres die Befragten die Experimente nur zu einem geringen Prozentsatz selbst durchgeführt hatten, obschon sie vorher angaben, die Motivation dazu zu haben.

lauben kann, Fachlehrkräfte gerade auf ein so komplexes Wissensgebiet wie die Wirtschaftswissenschaften nicht umfassend vorzubereiten. Denn Wirtschaftsunterricht ist eine fachliche Herausforderung, die nur durch ein Studium des Faches gelingen kann, da von generalisierbarem Wissen in den Wirtschaftswissenschaften nicht in gleicher Weise wie im Fach Mathematik, Physik oder Chemie ausgegangen werden kann (vgl. Kap. 2.2). Dazu müsste man m.E. allerdings auch im Bereich der Wirtschaftswissenschaft und ihrer Didaktik stärker als bislang dafür Sorge tragen, dass ein Austausch mit der Schulpraxis darüber stattfindet, wie und mit welcher Aussage, unter welchen Vorannahmen und mit welchem Gültigkeitsbereich wirtschaftswissenschaftliche Modelle Aussagen über die Realität zulassen.

Dass dies bislang nur unzureichend stattfindet, belegt die Verwendung des Modells des Wirtschaftskreislaufs, das in Schulbüchern „zweckentfremdet" als einführendes Erklärungsmodell für „die Wirtschaft" dient. In seiner einfachsten Form zeigt das Modell die Institutionen Unternehmen, Staat und Haushalt und suggeriert durch die Anordnung der Institutionen eine klare Rollenverteilung zwischen den Unternehmen in ihrer Funktion als Produzenten und den Haushalten in ihrer Funktion als Konsumenten[246]. Ohne eine fachkundige Begleitung kann es im Unterricht zu einer Fehlinterpretation des Modells kommen: der Verlagerung des „Wirtschaftens" aus dem Aufgabengebiet des Individuums. Das „Wirtschaften" wird nunmehr als primäre Aufgabe der Unternehmen gesehen, denn das Modell zeigt an, dass diese produzieren; Aufgabe des Haushalts und des Einzelnen ist hingegen der Konsum und das zur Verfügung stellen von Arbeitskraft für den externen Produktionsprozess innerhalb der Unternehmen.

Dass diese Aufteilung in der Realität nicht angenommen werden kann, ist eindeutig. Denn wirtschaftliches Denken und Handeln betrifft jeden Menschen von Beginn seines Lebens an und beginnt nicht erst mit dem Eintritt in die Rolle des Erwerbstätigen. Menschen wirtschaften, ob in einem bewussten oder unbewussten Prozess, mit den ihnen zur Verfügung stehenden primären Ressourcen Zeit und Arbeitskraft. Dies tun sie unter den Aspekten der Knappheit dieser Ressourcen und der Ungewissheit bezüglich zukünftiger Entwicklungen. Somit ist jeder Mensch ein „wirtschaftender Unternehmer": im Privatleben (als Familienmitglied, Vereinsmitglied, als Privatperson) und im Arbeitsleben (als Arbeitnehmer, als Arbeitgeber). Immer gilt es über den Einsatz knapper Ressourcen zu entscheiden. Kinder und Jugendliche verfügen gleichermaßen wie Erwachsene über diese primäre Ressourcen und setzen sie ein, z.B. tauschen sie Spielzeug gegeneinander

---

246 Diese Vereinfachung ist für den eigentlichen „Modellzweck" ausreichend und sinnvoll.

aus oder verbringen lieber ihre Zeit mit Fußball spielen, als ein Instrument zu erlernen[247].

Wenn jeder Mensch wirtschaftet, dann stellt sich m.E. nicht die Frage, ob Wirtschaftsunterricht in die Schule gehört oder nicht. Kinder sollten und müssen darauf vorbereitet werden, ihren Ressourceneinsatz selbst bewerten zu können, damit aus einem unbewussten ein bewusster Prozess wird. Die Wirtschaftswissenschaften halten für Entscheidungsprozesse Erklärungsmodelle bereit, die auf einen, aus ökonomischer Sicht, sinnvollen Ressourceneinsatz zielen. Schülern sollte diese Bewertungsmöglichkeit ihres eigenen Handelns nicht vorenthalten werden, bestimmt diese doch ihren Alltag und den Erfolg ihrer Zukunftsgestaltung.

Wenn wirtschaftswissenschaftliche Modelle immer in ihrem Verwertungskontext und unter Berücksichtigung der Ceteribus-Paribus-Bedingung gesehen und interpretiert werden können, dann stellt sich weiterhin nicht die Frage: Ist dies ein „richtiges" oder ein „falsches" Modell? Sondern es muss vielmehr gefragt werden: Eignet sich genau dieses oder jenes Modell für den zu veranschaulichenden Sachverhalt? Und weiter: Werden die Grundannahmen des Modells, seine Reichweite und Restriktionen ausreichend im Unterricht thematisiert? Classroom Experiments bieten für den Schulunterricht deshalb einen entscheidenden Vorteil da sie die Erfahrung der Tragfähigkeit als auch der Grenzen ökonomischer Erklärungsmodelle ermöglichen. Dabei tun sie dies in einer motivierenden Form.

Jeder Erwachsene, der als Schüler ein Schulfach mit großer Abneigung absolvierte, weiß, wie schwer es im Erwachsenenalter ist, sich diesem Fach mit Interesse und Motivation erneut zu nähern und sich Inhalte dieses Faches zu verinnerlichen, wenn im Jugendalter bereits eine „Blockade" angelegt wurde. Neue Untersuchungen aus dem Bereich der Gehirnforschung kommen zu dem Ergebnis, dass es keine unmotivierten Menschen (folglich auch keine unmotivierten Schüler) gibt. Motivation lässt sich, nach Ansicht einer der bekanntesten Gehirnforscher, nicht mit der ein oder anderen Methode „erzeugen". Nach Spitzer kann man nicht fragen „Wie kann ich jemanden motivieren?" Vielmehr solle die Frage gestellt werden, wie man Demotivation vermeiden könne (Spitzer 2002, S. 193f). Hierbei geht Spitzer von dem Ansatz aus, dass Interesse und Motivation an Inhalten und Umwelt angeboren seien, und dass die Frage nach diesen den Kindern in der Schule und im Elternhaus buchstäblich „abgewöhnt" werde[248]. Seiner Mei-

---

247 Geld als Einsatzfaktor wird allzu oft als die wichtigste Ressource angesehen und somit „überbewertet", handelt es sich doch lediglich um die monetäre Bewertung des Ressourceneinsatzes.

248 Wenn es die Aufgabe von Unterricht ist, Demotivation zu vermeiden, so stellt sich m.E. generell die Frage, warum man zu traditionellem Frontalunterricht greift, wenn

nung nach kann die Aufgabe der Lehrkraft nur sein, ihr Fach mit Begeisterung im Unterricht zu vertreten. Die Persönlichkeit der Lehrkraft trete in den Vordergrund, die Art und Weise der Vermittlung (Unterrichtsmethode und Medien, ebenso wie die Wahl der Sozialform) seien von nachrangiger Bedeutung (ebd., S. 412f). Der Unterrichtserfolg sei maßgeblich von der Fachkompetenz der Lehrkraft und von deren Fähigkeit, alle gleichermaßen zu loben und zu ermuntern, abhängig.

Die Fachkompetenz der Lehrkräfte wird im Wirtschaftsunterricht in besonderem Maße gefordert, denn die Auswahl und Thematisierung wirtschaftswissenschaftlicher Modelle muss immer unter Berücksichtigung ihres Begründungszusammenhangs, ihrer Vorannahmen und Reichweite erfolgen. In diesem Sinne sollten wir unsere Lehrkräfte „fit" machen, damit sie ihren Beruf fachkompetent und mit Begeisterung ausüben können. Wenn Wissenschaft sinnvolle und begründete Vorschläge für die Unterrichtspraxis machen soll, dann kann dies nicht ohne die Beachtung der Perspektive der Lehrkräfte und ihrer Motivation, Neuerungen umzusetzen, erfolgen. Letztendlich müssen sonst auch die Ergebnisse dieser Arbeit „im Sande verlaufen", wenn sie nicht in der Praxis umgesetzt werden. Diese Perspektive sollte nicht zuletzt auch deshalb Beachtung finden, da nicht nur Schüler motiviert am Unterricht teilnehmen sollten, sondern auch die Lehrkräfte.

Mit welcher Begeisterung und Motivation fachkompetente Lehrkräfte sich engagieren und einsetzen, durfte ich während der gesamten Dauer meiner Arbeit erfahren. Ich danke allen Lehrkräften an dieser Stelle noch einmal ausdrücklich für ihre Unterstützung und ihren großartigen Einsatz sowie das in mich gesetzte Vertrauen während der Begleitung ihres Unterrichts. Es war mir eine große Freude und Bereicherung mit ihnen arbeiten zu dürfen!

---

es motivierende Alternativen gibt: Classroom Experiments. Aber diese Frage konnte ich leider nicht zufrieden stellend beantworten.

Literaturverzeichnis

Abriß, W./Baumann, H./Metzler, D. et al. (2003). Wirtschafts- und Sozialkunde für Realschulen in Rheinland-Pfalz und dem Saarland, 3. Aufl., Troisdorf.

Albert, H. (1964). Der Marktmechanismus im sozialen Kräftefeld. In: Kloten, N./Krelle, W./Müller, H. et al. Systeme und Methoden in den Wirtschafts- und Sozialwissenschaften, Tübingen, S. 83-105.

Albert, H. (1978). Nationalökonomie als sozialwissenschaftliches Erkenntnisprogramm. In: Albert, H./Kemp, C./Krelle, W. et al. Ökonometrische Modelle und sozialwissen-schaftliche Erkenntnisprogramme. Beiträge zu einem Symposium anlässlich des 90. Geburtstages von W. G. Waffenschmidt, Mannheim, S. 49-71.

Albert, H. (2006). Die ökonomische Tradition und die Verfassung der Wissenschaft. In: Perspektiven der Wirtschaftspolitik, 7/2006 (Special Issue), Oxford, S. 113-131.

Albert, H./Stapf, K. (1979) (Hg.). Theorie und Erfahrung. Beiträge zur Grundlagenproblematik der Sozialwissenschaften, Stuttgart.

Albert, M. (2004). Methodologie und die Verfassung der Wissenschaft – Eine instutionalistische Perspektive. In: Held, M. (Hg.). Ökonomik des Wissens, Marburg.

Angrist, J. D. (2003). Randomized Trials and Quasi Experiments in Education Research, NBER Reporter – National Bureau of Economic Research, Cambridge, MA, Ausgabe Summer 2003, S. 11-14.

Aschersleben, K. (1974). Einführung in die Unterrichtsmethodik, 5. Aufl., Stuttgart.

Askildsen, J. E. (2003). Adam Smith und die „Unsichtbare Hand": Der Marktmechanismus. In: Larsen, St. U./Zimmermann, E. (2003) (Hg.). Theorien und Methoden in den Sozialwissenschaften, Wiesbaden, S. 147-160.

Becker, G. (1993). Der ökonomische Ansatz zur Erklärung menschlichen Verhaltens, 2. Aufl., Tübingen.

Becker, W. E./Watts, M. (1995). Teaching methods in undergraduate economics, Economic Inquiry 33 (October), S. 692-700.

Becker, W. E./Watts, M. (2000). Teaching Economics: What Was, Is, and Could Be. In: Becker, W. E./Watts, M. (Hg.). Teaching economics to undergraduates: alternatives to chalk and talk, Northampton, S. 1-10.

Beinke, L. (2006). Ökonomische Bildung für Lehrer allgemein bildender Schulen als notwendige Basis für eine orientierende Berufswahlhilfe. In: Weitz, B. (Hg.). Kompetenzentwicklung, -förderung und -prüfung in der ökonomischen Bildung. Wirtschafts- und Berufspädagogische Schriften, Band 33. Bergisch Gladbach, S. 145-158.

Berg, H./Rott, A. (2000). Ökonomische Experimente: Eine neue Lehrmethode in der Volkswirtschaftslehre, Nr. 102, Dortmund.

Bergstrom, T. C./Miller, J. H. (1997). Experiments with Economic Principles, New York.

Berninghaus, S./Ehrhart, K.-M./Kirstein, A. et al. (2002). Spieltheorie und experimentelle Ökonomie. In: Zimmermann, K. F. Neue Entwicklungen in der Wirtschaftswissenschaft, Heidelberg, S. 439-494.

Berninghaus, S./Hagemann, H./Hauser, R. et al. (2002). Zusammenfassung und Empfehlungen. In: Zimmermann, K. F. Neue Entwicklungen in der Wirtschafts-wissenschaft, Heidelberg, S. 495-548.

Blätte, A./Herz, D. (2000). Einleitung. In: Ders. Simulation und Planspiel in den Sozialwissenschaften. Eine Bestandsaufnahme der internationalen Diskussion, Münster, S. 1-14.

Blaug, M. (1992). The methodology of economics: or how economists explain. Cambridge.

Blume, A./Gneezy, U. (1998), An Experimental Investigation of Optimal Learning in Coordination Games, Discussion papers, ISSN Nr. 0722-6748, Wissenschaftszentrum Berlin für Sozialforschung: Berlin.

Böhm-Kasper, O./Weishaupt, H. (2004). Quantitative Ansätze und Methoden in der Schulforschung. In: Helsper, W./Böhme, J. (Hg.). Handbuch der Schulforschung. Wiesbaden, S. 93-126.

Bruner, J. S. (1961). The act of discovery. Harvard Educational Review, 31. S. 21-32.

Bruner, J. S. (1970). Der Prozess der Erziehung, Düsseldorf.

Butler/Hey (1987). Experimental Economics: An Introduction. Empirica 14, S. 157-186.

Camerer, C. (2003). Behavioral Game Theory – Experiments in Strategic Interaction, Princeton.

Cardell, N. S./Fort, R./Joerding, W. et al. (1996). Laboratory-Based Experimental and Demonstration Initiatives in Teaching Undergraduate Economics. American Economic Review Papers and Proceedings, 86, S. 454-459.

Chalmers, A. F. (2001). Wege der Wissenschaft: Einführung in die Wissenschaftstheorie. In: Bergemann, N./Altstötter-Gleich, C. (Hg.). 5. völlig überarbeitete und erweiterte Aufl., Berlin u.a.

Chamberlain, E. (1948). An Experimental Imperfect Market. Journal of Political Economy, Vol. 56, No. 2, S. 95-108.

Danner, H. (1998). Methoden geisteswissenschaftlicher Pädagogik, 4. Aufl., München.

Davidson, R./Smith, V./Wiley, J. (1962). Economics: An Analytical Approach, Homewood.

Davis, D./Holt, C. A. (1993). Experimental Economics, Princeton.

Delemeester, G./Neral, J. (1995). Classroom Experiments. To Accompany Taylor's Economics: A User Guide, Boston.

Deutsch, M./Kotik, P. (1978). Altruism and Bargaining. In: Sauermann, H. (1978) (Hg). Bargaining Behavior. Tübingen, S. 20-40.

DeYoung, R. (1993). Market Experiments: The Laboratory versus the Classroom, Journal of Economic Education, 24, S. 335-353.

Dickie, M. (2000). Experimenting on Classroom Experiments: Do They Increase Learning in Introductory Microeconomics? Journal of Economic Education, 2006, Vol. 37, 3, S. 267-288.

Ditton, H. (2000). Qualitätskontrolle und Qualitätssicherung in Schule und Unterricht – Ein Überblick zum Stand der empirischen Forschung. In: Helmke,

A./Hornstein, W./ Terhart, E. (Hg.). Zeitschrift für Pädagogik, 41. Beiheft, Qualität und Qualitätssicherung im Bildungsbereich: Schule, Sozialpädagogik, Hochschule. Weinheim, S. 73-92.

Dixit, A./Skeath, S. (1999). Games of strategy, New York.

Edling, H. (2006). Volkswirtschaftslehre, Heidelberg.

Eichberger, J. (2004). Grundzüge der Mikroökonomik, Tübingen.

Eichhorn, W. (1979). Die Begriffe Modell und Theorie in den Wirtschaftswissenschaften. In: Raffée, H./Abel, B. Wissenschaftstheoretische Grundfragen der Wirtschafts-wissenschaften, Nördlingen, S. 60-104.

Einsiedler, W. (1976). Lehrstrategien und Lernerfolg. Eine Untersuchung zur lehrziel- und schülerorientierten Unterrichtsforschung, Weinheim.

Engelkamp, P./Sell, F. (2005). Einführung in die Volkswirtschaftslehre, 3. verbesserte Aufl., Berlin.

Falk, A./Fehr, E. (2003). „Why labor market experiments?", Labour Economics, 10, S. 399-406, http://www.iza.org/en/papers/Falk/whylabourmEx.pdf, Stand: 16.05.2008.

Fraas, J. (1981). Simulation Gaming or Lecture Discussion for an Economics Survey Course: An Experiment. In: Assessment on Evaluation in Higher Education, Vol. 6, No. 3 S. 196-205.

Frank, B. (1997a). The Impact of Classroom Experiments on the Learning of Economics: An Empirical Investigation, Economic Inquiry, 35, S. 763-769.

Frank, B. (1997b). Der Einsatz von Experimenten in der Lehre. In: Homo Oeconomicus. Band XIV (4), München, S. 489-503.

Frank, B./Haus, A. (2003). Introducing Classroom Experiments to future Secondary School Teachers – concept and evaluation. Landauer Wirtschaftswissenschaftliche Diskussionsbeiträge, 2003-02.

Frey, B. (1990). Ökonomie ist Sozialwissenschaft, München.

Friedman, D./Cassar, A. (2004a). Markets. In: Ders. Economics Lab – An intensive course in Experimental Economics, New York, S. 82-91.

Friedman, D./Cassar, A. (2004b). Economists go to the laboratory. Who, what, when, and why. In: Ders. Economics Lab – An intensive course in Experimental Economics, New York, S. 12-22.

Friedman, D./Sunders, S. (1994). Experimental Methods – A Primer for Economists, Cambridge.

Geisenberger, S. (2001). Experimentelles Lernen. In: May (Hg.). Lexikon der ökonomischen Bildung, 4. Aufl., München, S. 195-197.

Geisenberger, S./Nagel, W. (2002). Aktivierung in der ökonomischen Bildung, Norderstedt.

Geißler, H. (1977). Modelle der Unterrichtsmethode, Stuttgart.

Geuting, M. (1992). Planspiel und soziale Simulation im Bildungsbereich, Studien zur Pädagogik, Andragogik und Gerontagogik, Band 10, Frankfurt.

Glöckel, H. (1990). Vom Unterricht, Bad Heilbrunn.

Glöckel, H. (2003). Vom Unterricht, 4. durchgesehene und ergänzte Aufl., Bad Heilbrunn.

Gremmen, H./Potters, J. (1997). Assessing the Efficacy of Gaming in Economics Education, Journal of Economic Education, 28, S. 291-303.

Gruber, H. (2006). Expertise. In: Rost, D. H. (Hg.). Handwörterbuch Pädagogische Psychologie, Weinheim.

Gruber, H./Prenzel, M. et al. (2001). Spielräume für Veränderung durch Erziehung. In: Krapp, A./Weidenmann, B. (Hg.). Pädagogische Psychologie, 4. vollständig überarbeitete Aufl., München, S. 99-136.

Güth, W./Schmidt, C./Sutter, M. (2002). Bargaining Outside The Lab – A Newspaper Experiment Of A Three Person-Ultimatum Game. Working Paper, March 25, Max-Planck-Institut Jena.

Gulbrandsen, O. (2003). Die Tragödie der Allmende: Gemeinschaftliche Ressourcen und individuelle Interessen. In: Larsen, St. U./Zimmermann, E. (Hg.) (2003). Theorien und Methoden in den Sozialwissenschaften, Darmstadt, S. 201-219.

Hage, K. (1985). Das Methodenrepertoire von Lehrern. Eine Untersuchung zum Schulalltag der Sekundarstufe I, Opladen.

Harbaugh, W. T./Krause, K./Liday, S. (2002). Children's Bargaining Behavior, mimeo, http://harbaugh.uoregon.edu/Papers/KidBargaining.pdf, Stand: 16.05.2008.

Harbaugh, W./Krause, K./Liday, S. (2003). Bargaining by Children. Working Paper, University of Oregon.

Harrison, G. W./List, J. A. (2004). Field Experiments, In: Journal of Economic Literature, Vol. XLII, S. 1009-1055.

Hazlett, D. (2000). Teaching Economics with Experiments: 1. Double Oral Auction, EcoNZ@otago 5, S. 9-12, http://www.business.otago.ac.nz/econ/econz, Stand: November 2003.

Hazlett, D. (2001a). Teaching Economics with Experiments: 2. Applications of the Double Oral Auction, EcoNZ@otago 6, S. 12-15, http://www.business.otago.ac.nz/econ/econz, Stand: November 2003.

Hazlett, D. (2001b). Teaching Economics with Experiments: 3. Property Rights and Renewable Resources, EcoNZ@otago 7, S. 11-14, http://www.business.otago.ac. nz/econ/econz, Stand: November 2003.

Hedges, L./Konstantopoulos, Sp. /Nye, B. (2003). How large are teacher effects?, Working Paper 9987943, Chicago State University.

Heinen, E. (1968). Einführung in die Betriebswirtschaftslehre, Wiesbaden.

Held, M./Kubon-Gilke, G./Sturn, R. (2003) (Hg.). Normative und institutionelle Grundfragen der Ökonomik – Jahrbuch 2: Experimente in der Ökonomik, Marburg.

Helsper, W./Böhme, J. (2004) (Hg.). Handbuch der Schulforschung. Wiesbaden.

Hertwig, R. (1998). Psychologie, experimentelle Ökonomie und die Frage, was gutes Experimentieren ist. Zeitschrift für Experimentelle Psychologie, 45, 1, S. 2-19.

Hertwig, R./Ortmann, A. (2001). Experimental practices in economics: a challenge for psychologist?, Behavioral and Brain Sciences, 24, S. 383-403.

Hertwig, R./Ortmann, A. (2003). Economists' and Psychologists' Experimental

Practices: How They Differ, Why They Differ, And How They Could Converge, Oxford, S. 253-277.

Hintz, D./Pöppel, G./Rekus, J. (2001). Neues schulpädagogisches Wörterbuch, 3., überarbeitete Aufl., Weinheim und München.

Holt, Ch. A. (1996). Classroom Games: Trading in a Pit Market, In: Journal of Economic Perspectives, 10, S. 193-203.

Holt, Ch. A. (1999). Teaching Economics with Classroom Experiments, Southern Economic Journal, 65, S. 603-610.

Holt, Ch. A. (2007). Markets, Games & Strategic Behavior. University of Virginia.

Holt, Ch. A./McDaniel, T. (1996). Experimental Economics in the Classroom, Teaching Undergraduate Economics: A Handbook for Instructors, http://people.virginia.edu /~cah2k/clasextr.pdf, Stand: 09.08.2007

Hopf, C. (2006). Ökonomische Bildung zwischen Allgemeinbildungsanspruch und Schulbuchwirklichkeit. In: pädforum: unterrichten - erziehen, Heft 6/2006, S. 354-360.

Jost, P.-J./Renner, E. (2000). Experimentelle Didaktik in wirtschaftswissenschaftlichen Studiengängen, Zeitschrift für Betriebswirtschaft, ZfB-Ergänzungsheft 3/2000, S. 179-190.

Kagel, J. H./Roth, A. (1995). The Handbook of Experimental Economics, Princeton.

Kahneman, D./Tversky, A. (1984). Choices, values and frames. American Psychologist, 39, S. 341-350.

Kaiser, F.-J./Kaminski, H. (1999). Methodik des Ökonomie-Unterrichts, Grundlagen eines handlungsorientierten Lernkonzepts mit Beispielen, Bad Heilbrunn.

Kaminski, H. (1977). Grundlegende Elemente einer Didaktik der Wirtschaftserziehung. Wissenschaftstheoretische Voraussetzungen, Probleme der Curriculumentwicklung, Strategien zur unterrichtlichen Realisation, Bad Heilbrunn.

King, H. (1999). A Neophyte's Cost-Benefit Analysis of the Use of Classroom Experiments and Simulations in Introductory Economics, mimeo, University of Regina: http://www.econ.uregina.ca/research/papers/079.pdf, Stand: 03.02.2008

Kirsch, W. (1979). Die verhaltenswissenschaftliche Fundierung der Betriebswirtschaftslehre. In: Raffée, H./Abel, B.. Wissenschaftstheoretische Grundfragen der Wirtschaftswissenschaften, Nördlingen, S. 105-120.

Kirchler, E. M. (2003). Wirtschaftspsychologie – Grundlagen und Anwendungsfelder der Ökonomischen Psychologie, 3. unveränderte Aufl., Göttingen.

Kirstein, R./Schmidtchen D. (2002). Eigennutz als Triebfeder des Wohlstands – die invisible hand im Hörsaal-Experiment sichtbar gemacht. In: ORDO – Jahrbuch für die Ordnung von Wirtschaft und Gesellschaft, Band 53, Stuttgart, S. 227-240.

Koisol, E. (1968). Einführung in die Betriebswirtschaftslehre, Wiesbaden.

Krapp, A. (2006). Interesse. In: Rost, D. (Hg.). Handwörterbuch Pädagogische Psychologie, 3. überarbeitete und erweiterte Auflage, Weinheim, S. 280-290.

Krol, G.-J. (2003). Ökonomische Verhaltenstheorie. In: May, H. (2003) (Hg.), Handbuch zur ökonomischen Bildung, 7. Aufl., München, S. 15-31.

Kromphardt, J. (1982). Wissenschaftstheorie der Erfahrungswissenschaft. In: Handwörterbuch der Wirtschaftswissenschaft (HdWW). Zugleich Neuauflage des Handwörterbuchs der Sozialwissenschaften, 9. Band, Wirtschaft und Politik bis Zölle, Stuttgart, S. 904-936.

Kromphardt, J./Clever, P. et al. (1979). Methoden der Wirtschafts- und Sozialwissenschaften, Wiesbaden.

Kron, F. W. (1999). Wissenschaftstheorie für Pädagogen, München.

Kruber, K.-P. (1998). Lehrerbildung für den Bereich Ökonomie an allgemeinbildenden Schulen – ein Überblick. In: Weiss, R. (Hg.). Wirtschaft im Unterricht – Anspruch und Realität Ökonomischer Bildung, Kölner Texte & Thesen, Institut der Deutschen Wirtschaft, Köln, S. 215-257.

Krüger, H.-H./Helsper, W. (2002) (Hg.). Einführung in die Grundbegriffe und Grundfragen der Erziehungswissenschaft, 5. durchgesehene Aufl., Opladen, S. 93-102.

Küstner, T. (1998). Ökonomische Bildung in den Lehrplänen allgemeinbildender Schulen – Vergleichende Analyse in vier Bundesländern. In: Weiss, R. (Hg.). Wirtschaft im Unterricht – Anspruch und Realität Ökonomischer Bildung. Kölner Texte & Thesen. Institut der Deutschen Wirtschaft, Köln, S. 9-44.

Kunter, M./Schümer, G./Artelt, C. et al. (2003). Pisa 2000 – Dokumentation der Erhebungsinstrumente, Berlin: MPI für Bildungsforschung, ISBN 3-87985-086-0. S. 124-164.

Ladenthin, V. (2005). Wie man richtig in der Schule lernt. In: Dezernat Schule und Hochschule im Bischöflichen Ordinariat Limburg (Hg). INFO – Informationen für Religionslehrerinnen und Religionslehrer Bistum Limburg, 2/2005, 34. Jahrgang, Frankfurt, S. 90-98.

Ladenthin, V. (2006). Die Ökonomie muss als Teil des schulischen Bildungsauftrags neu interpretiert werden. Orientierungen zur Wirtschafts- und Gesellschaftspolitik, 107 (1/2006), S. 41-46.

Leijonhufvud, A. (2004). The Trento Summer School, Adaptive economic dynamics. In: Lersch, R. (1985). Unterrichtsmethodik. Perspektiven einer Theorie pädagogischen Handelns in der Schule. In: Baumgart, F. et al. (Hg.). Emendation rerum humanarum. Erziehung für eine demokratische Gesellschaft. Festschrift für K. Schaller, Frankfurt und Bern, S. 253-274.

Lompscher, J. (2006). Lehrstrategien. In: Rost, D. (Hg.). Handwörterbuch Pädagogische Psychologie, 3. überarbeitete und erweiterte Aufl., Weinheim, S. 392-399.

Lüders, M./Rauin, U. (2004). Unterrichts- und Lehr-Lernforschung. In: Helsper, W./Böhme, J. (Hg.), Handbuch der Schulforschung, Wiesbaden, S. 692-719.

Mankiw, N. G. (1998). Principles of Economics, Fort Worth.

Martial, I. v. (2002). Einführung in didaktische Modelle, 2. Aufl., Baltmannsweiler.

Mattes, W. (2002). Methoden für den Unterricht, Paderborn.

May, H. (1999). Ökonomie für Pädagogen, Oldenbourgs Lehr- und Handbücher der Wirtschafts- und Sozialwissenschaften, München.

May, H. (2001). Lexikon der ökonomischen Bildung, 4. völlig überarbeitete, aktualisierte und erweiterte Aufl., München.
Meyer, H. (1994a). Unterrichtsmethoden, I: Theorieband, Berlin.
Meyer, H. (1994b). Unterrichtsmethoden, II: Praxisband, Berlin.
Meyer, H. (2004). Was ist guter Unterricht? Berlin.
Meyer, W. (1979). Die Methodologie des Kritischen Rationalismus. In: Raffée, H./Abel, B. (Hg.). Wissenschaftstheoretische Grundfragen der Wirtschaftswissenschaften, Mannheim, S. 28-59.
Ministerium für Bildung, Frauen und Jugend in Rheinland-Pfalz (2003) (Hg.). Richtlinien zur Ökonomischen Bildung an allgemeinbildenden Schulen.
Ministerium für Bildung, Wissenschaft und Weiterbildung (1999) (Hg.). Lehrpläne Lernbereich Gesellschaftswissenschaften. Erdkunde, Geschichte, Sozialkunde für Hauptschule, Realschule, Regionale Schule und Gymnasium, Klassen 7-9/10. http://bildung-rp.de/lehrplaene/alleplaene/Sozialkunde7-10.pdf, Stand: Juni 2004.
Ministerium für Bildung, Wissenschaft und Weiterbildung (2000) (Hg.). Lehrplan Arbeitslehre für die Klassen 7-9/10 Hauptschule, Grünstadt.
Moser, K./Wolff, H.-G./Kraft, A. (2002). Eskalierendes Commitment von Entscheidern: Methodologische Probleme. In: Zimmermann, K. F. (2002). Neue Entwicklungen in der Wirtschaftswissenschaft, Heidelberg, S. 241-265.
Möller, H. (1982). Volkswirtschaftslehre. In: Handwörterbuch der Wirtschaftswissenschaft (HdWW). Zugleich Neuauflage des Handwörterbuchs der Sozialwissenschaften, 9. Band, Wirtschaft und Politik bis Zölle, Nachtrag, Stuttgart, S. 872-888.
Mullin, D./Sohan, B. (1999). Benefit Assessment of Classroom Experimental Economics, Working Paper, United States Air Force Academy.
Nagel, W. (2006). Experimentelles Lernen in der ökonomischen Bildung der Sekundarstufe I – Theoretische Analyse und empirische Tests in der Hauptschule, Aachen.
Neber, H. (2006). Entdeckendes Lernen. In: Rost, D. (Hg.) (2006). Handwörterbuch der Pädagogischen Psychologie, 3. überarbeitete und erweiterte Aufl., Weinheim, S. 115-120.
Noussair, C./Walker, J. (1999). Student Decision Making as Active Learning: Experimental Economics in the Classroom. In: Becker, W./Watts, M. (Hg.). Teaching economics to undergraduates: alternatives to chalk and talk, Northampton, S. 49-77.
Novarese, M. (2003), Toward a cognitive experimental economics, http://econ-wpa.wastl.edu:8089/eps/papers/ 0211/0211002.pdf, Stand: 14.06.2003.
Ortmann, A./Colander, D. C. (1995). Experiments in teaching and in understanding economics, to accompagny "Economics", 2nd Edition by D. C. Colander, Chicago.
Ortmann, A./Scroggins, A. (1996). The ordinary Business of Students` Lives, or, Business as Usual? In: Aslanbeigui, N./Naples, M. I. Rethinking Economic Principles, Critical Essays on Introductory Textbooks, Irwin. S. 92-106.

Pelzmann, L. (2000). Wirtschaftspsychologie, Behavioral Economics, Behavioral Finance, Arbeitswelt, Wien.

Peterßen, W. H. (1991). Handbuch Unterrichtsplanung. Grundfragen, Modelle, Stufen, Dimensionen, München.

Pfeiffer, D. K./Püttmann, C. (2006). Methoden empirischer Forschung in der Erziehungswissenschaft, Baltmannsweiler.

Pickhardt, M. (2001). On Teaching Public Goods Theory with a Classroom Game, FISK Diskussionsbeitrag Nr. 21b, März 2001.

Piorkowsky, M.-B. (2006). Wirtschaften als fundamentale Kompetenz. In: pädforum: unterrichten - erziehen, Heft 6/2006, S. 342-349.

Raffée, H./Abel, B. (1979). Wissenschaftstheoretische Grundfragen der Wirtschaftswissenschaften, Nördlingen.

Robbins, L. (1935). An essay on the Nature & Significance of Economic Science, London.

Roth, Alvin E. (1988). „Laboratory Experimentation in Economics: A Methodological Overview", Economic Journal, Vol. 98, 974-1031.

Rott, A. (1999a). Empirische Ermittlung von Nachfragefunktionen, Basiswissen VWL, WISU – Das Wirtschaftsstudium, Ausgabe 7/99, Düsseldorf, S. 940-943.

Rott, A. (1999b). Die Nachfragefunktion: Ein ökonomisches Experiment für die Lehre, Dortmunder Diskussionsbeiträge zur Wirtschaftspolitik, Nr. 92, Dortmund.

Rott, A. (2000). Individuelle Präferenzen, Marktnachfrage und Preisdifferenzierung: Ein ökonomisches Experiment für die Lehre, Dortmunder Diskussionsbeiträge zur Wirtschaftspolitik, Nr. 96, Dortmund.

Rott, A. (2001a). Zur Wirksamkeit ökonomischer Experimente in der Hochschullehre, Dortmunder Diskussionsbeiträge zur Wirtschaftspolitik, Nr. 108, Dortmund.

Rott, A. (2001b). Ökonomische Experimente, WiST Wirtschaftswissenschaftliches Studium, Heft 2/2001, S. 113-116.

Rubinstein, A. (1999). Experiments from a Course in Game Theory: Pre and Post-class Problem Sets as a Didactic Device, Games and Economic Behavior, 28, S. 155-170.

Ruhloff, J. (1995). Lernen. In: Görres-Gesellschaft (Hg.). Staatslexikon in 5 Bänden. Recht. Wirtschaft. Gesellschaft, Band III, Freiburg, S. 907-916.

Schmitt, P. M. (2004). On Perceptions of Fairness: The Role of Valuations, Outside Options, and Information in Ultimatum Bargaining Games. In: Experimental Economics, 7, S. 49-73.

Schneider, E. (1965). Einführung in die Wirtschaftstheorie, IV. Teil, ausgewählte Kapitel der Wirtschaftstheorie, 1. Band, 2. Aufl., Tübingen.

Schneider, H. (1978). Hypothese, Experiment, Theorie: zum Selbstverständnis der Naturwissenschaften, 1. Aufl., Berlin.

Schnell, R./Hill, P./Esser, E. (1995). Methoden der empirischen Sozialforschung, München.

Schuhen, M. (2005). Ökonomische Experimente (Classroom Experiments), sowi-online-Methodenlexikon, http://www.sowi-online.de/methoden/lexikon/experimente_schuhen.htm Stand: 29.03.2006.

Schulz, T./Muthig, K.-P./Koeppler, K. (1981). Theorie, Experiment und Versuchsplanung in der Psychologie, Stuttgart.

Seel, N. (2002). Quantitative Bildungsforschung. In: Tippelt, R. (Hg.). Handbuch Bildungsforschung, Opladen, S. 427-440.

Seiffge-Krenke, I. (1981). Handbuch Psychologieunterricht, Band 2, Erprobung und Anwendung, Düsseldorf.

Siebert, H. (2004). Methoden für die Bildungsarbeit. Leitfaden für aktivierendes Lernen, Bielefeld.

Siegfried, J. J./Fels, R. (1979). Research on teaching college economics: A survey. Journal of Economic Literature, 17 (September), S. 923-269.

Slembeck, T. (1999), Learning in Economics: Where do we stand? A Behavioral View on Learning in Theory, Practice and Experiments, Discussion Paper No. 9907.

Smith, V. (1989). Theory, Experiment and Economics, Journal of Economic Perspectives, Volume 3, Number 1, Winter 1989, S. 151-169.

Spitzer, M. (2002). Lernen – Gehirnforschung und die Schule des Lebens, Heidelberg.

Stackelberg, H. v. (1951), Grundlagen der theoretischen Volkswirtschaftslehre, Berlin, Tübingen.

Stark, R./Hinkofer, L./Mandl, H. (2001). Konstruktion, Implementation und Evaluation beispielbasierten Lernens zur Förderung des Erwerbs anwendbaren Wissens im kaufmännischen Berufsschulunterricht. Forschungsberichte Lehrstuhl für Empirische Pädagogik und Pädagogische Psychologie 139, München.

Steinmann, B./Weber, B. (1995) (Hg.). Handlungsorientierte Methoden in der Ökonomie, Neusäß.

Terhart, E. (2005). Lehr-Lern-Methoden. Eine Einführung in Probleme der methodischen Organisation von Lehren und Lernen, 4. ergänzte Aufl., München.

Treml, A. T. (2002). Lernen. In: Krüger, H.-H./Helsper, W. (Hg.). Einführung in die Grundbegriffe und Grundfragen der Erziehungswissenschaft, 5. durchgesehene Aufl., Opladen, S. 93-102.

van Suntum, U. (2005). Die unsichtbare Hand: Ökonomisches Denken gestern und heute. Berlin.

Varian, H. R. (1999). Grundzüge der Mikroökonomik, 4. Aufl., München.

Wagner, M. (1979). Ökonomische Modelltheorie, Frankfurt.

Weber, B. (1995). Handlungsorientierte Methoden. In: Steinmann, B./Weber, B. (Hg.). Handlungsorientierte Methoden in der Ökonomie, Neusäß, S. 17-45.

Weidenaar, D. J. (1972). A Classroom Experiment Demonstrating the Generation of a Market Demand Function and the Determination of Equilibrium Price, Journal of Economic Education, 3, S. 94-100.

Weise, P./Brandes, W. et al. (2002). Neue Mikroökonomie, 4. vollständig überarbeitete Aufl., Heidelberg.

Weiss, R. (1998) (Hg.). Wirtschaft im Unterricht – Anspruch und Realität

Ökonomischer Bildung, Kölner Texte & Thesen, Institut der Deutschen Wirtschaft, Köln.

Wiater, W. (2001). Unterrichtsprinzipien, Donauwörth.

Wöhe, G. (1978). Allgemeine Betriebswirtschaftslehre, 13. Aufl., München.

Wolf, A. (1981). Prinzipien des Unterrichts. In: Twellmann, W. Handbuch Schule und Unterricht, Band 4.1., Düsseldorf, S. 328-343.

Anhang

Anhang 1: Instrumentarium

Fragebogen der Expertenbefragung I

1. Waren die im Vortrag beschriebenen Experimente für Sie eine neue Unterrichtsmethode? ❏ ja ❏ nein
2. Kennen Sie Experimente aus anderen Fächern?
   (Bitte Zutreffendes ankreuzen)
   ❏ Biologie ❏ Chemie ❏ Erdkunde ❏ Physik
3. Für wie geeignet halten Sie diese Methode in denen Ihnen bekannten Fächern (ausgenommen Wirtschaftswissenschaften)?
   ❏ Sehr geeignet ❏ Gut geeignet ❏ Eher weniger geeignet ❏ ungeeignet
4. Für welche Schulformen halten Sie wirtschaftswissenschaftliche Experimente als Lehrmethode geeignet?
   a) Grundschule
   ❏ Sehr geeignet ❏ Gut geeignet ❏ Eher weniger geeignet ❏ ungeeignet
   b) Hauptschule
   ❏ Sehr geeignet ❏ Gut geeignet ❏ Eher weniger geeignet ❏ ungeeignet
   c) Realschule
   ❏ Sehr geeignet ❏ Gut geeignet ❏ Eher weniger geeignet ❏ ungeeignet
   d) Gymnasium, 5.–9. Klasse
   ❏ Sehr geeignet ❏ Gut geeignet ❏ Eher weniger geeignet ❏ ungeeignet
   e) Gymnasium, 10.–13. Klasse
   ❏ Sehr geeignet ❏ Gut geeignet ❏ Eher weniger geeignet ❏ ungeeignet
   f) Sonderschule
   ❏ Sehr geeignet ❏ Gut geeignet ❏ Eher weniger geeignet ❏ ungeeignet
   g) Berufsschule
   ❏ Sehr geeignet ❏ Gut geeignet ❏ Eher weniger geeignet ❏ ungeeignet
6. Welche anderen Methoden halten Sie zur Vermittlung theoretischer Inhalte im Fach Wirtschaft für „sehr geeignet" oder „gut geeignet"?

7. Wie stehen Sie nach den im Rahmen dieser Veranstaltung durchgeführten Experimenten zu folgenden Aussagen?

Das Experiment „Angebot und Nachfrage" ...	Stimme voll und ganz zu	Stimme zu	Stimme eher nicht zu	Stimme auf keinen Fall zu
... steigert die Anschaulichkeit wirtschaftswissenschaftlicher Zusammenhänge.				
... trägt zur Förderung der sozialen Interaktion bei.				
... fördert die Fähigkeit zur Hypothesenbildung.				
... fördert das Verstehen von Gesetzmäßigkeiten.				
... ermöglicht den Erwerb der Fachsprache.				
... ist flexibel in den Unterricht integrierbar.				
Die Ü-Ei-Auktion ...				
... steigert die Anschaulichkeit wirtschaftswissenschaftlicher Zusammenhänge.				
... trägt zur Förderung der sozialen Interaktion bei.				
... fördert die Fähigkeit zur Hypothesenbildung.				
... fördert das Verstehen von Gesetzmäßigkeiten.				
... ermöglicht den Erwerb der Fachsprache.				
... ist flexibel in den Unterricht integrierbar.				
Ökonomische Experimente insgesamt ...				
... steigert die Anschaulichkeit wirtschaftswissenschaftlicher Zusammenhänge.				
... trägt zur Förderung der sozialen Interaktion bei.				
... fördert die Fähigkeit zur Hypothesenbildung.				
... fördert das Verstehen von Gesetzmäßigkeiten.				
... ermöglicht den Erwerb der Fachsprache.				
... ist flexibel in den Unterricht integrierbar.				

8. Wenn Sie die beiden Experimente unterschiedlich bewertet haben, auf welche Faktoren geht Ihre Bewertung zurück?
9. Würden Sie selbst diese Experimente als Unterrichtsmethode für das Fach Arbeitslehre verwenden bzw. weiter empfehlen?
   a) Angebot und Nachfrage
   ☐ In jedem Fall! ☐ Unter Umständen ☐ Eher nicht ☐ Auf keinen Fall!
   b) Auktionen
   ☐ In jedem Fall! ☐ Unter Umständen ☐ Eher nicht ☐ Auf keinen Fall!
   c) Andere wirtschaftswissenschaftliche Experimente
   ☐ In jedem Fall! ☐ Unter Umständen ☐ Eher nicht ☐ Auf keinen Fall!
10. Welche Methoden nutzen Sie in Ihrem Unterricht?
    ☐ Simulationen ☐ Planspiele ☐ Betriebsbesichtigungen ☐ Projektarbeit
    ☐ Sonstige
11. Unabhängig von der Eignung der Experimente für den Unterricht: Wie haben Ihnen persönlich die Experimente gefallen? Bitte bewerten Sie jeweils mit einer ganzen Zahl zwischen 1 (= hat sehr viel Spaß gemacht / sehr interessant) und 6 (= hat kein keinen Spaß gemacht / völlig uninteressant).
    Angebot und Nachfrage _____ Auktion _____

Fragebogen der Expertenbefragung II

1. Haben Sie innerhalb des letzten Jahres ökonomische Experimente in Ihrem Unterricht eingesetzt?
   - ☐ ja (wenn „ja" bitte weiter mit Frage 2)
   - ☐ nein (wenn „nein" bitte weiter mit Frage 8)

   Bitte geben Sie an dieser Stelle Ihre Gründe hierfür an: ....
2. Welche ökonomischen Experimente haben Sie in Ihrem Unterricht durchgeführt? (Bitte zutreffendes ankreuzen)
   - ☐ „Ü-Ei-Auktion" ☐ „Angebot und Nachfrage"
   - ☐ andere ökonomische Experimente, nämlich ....
3. In welcher Schulart und welcher Klassenstufe haben Sie die Experimente durchgeführt?

Schulart	Klasse	Schulart	Klasse
☐ Grundschule		☐ Hauptschule	
☐ Realschule		☐ Integrierte Gesamtschule	
☐ Gymnasium		☐ Berufsschule	
☐ Regionale Schule		☐ Duale Oberschule	

4. Bitte machen Sie an dieser Stelle einige kurze Angaben zu der Art des Einsatzes der Experimente.

   a) Wie oft haben Sie die Experimente pro Klasse zur Wissensvermittlung eingesetzt?

   b) Zu welchem Unterrichtsthema haben Sie die jeweiligen Experimente durchgeführt und welche Faktoren haben Sie mit Ihnen veranschaulicht?

   c) Haben Sie die Experimente innerhalb einer Unterrichtseinheit mit anderen Unterrichtsmethoden kombiniert? Wenn ja, bitte beschreiben Sie kurz auf welche Weise.
6. Hat sich nach der Durchführung Ihre Meinung über die Eignung der Experimente für den Wirtschaftunterricht geändert? Wenn ja, bitte teilen Sie mir Ihre Beweggründe hierzu mit. _____

7. Wie stehen Sie, nachdem Sie die Experimente als Unterrichtsmethode genutzt haben, zu folgenden Aussagen?

Ökonomische Experimente ...	Stimme voll und ganz zu	Stimme zu	Stimme eher nicht zu	Stimme auf keinen Fall zu
... steigern die Anschaulichkeit wirtschaftswissenschaftlicher Zusammenhänge.				
... tragen zur Förderung der sozialen Interaktion bei.				
... fördern die Fähigkeit zur Hypothesenbildung.				
... fördern das Verstehen von Gesetzmäßigkeiten.				
... ermöglichen den Erwerb der Fachsprache.				
... sind flexibel in den Unterricht integrierbar.				

8. Würden Sie selbst diese Experimente als Unterrichtsmethode für den Wirtschaftsunterricht weiter verwenden bzw. weiter empfehlen?
   a) Angebot und Nachfrage
   ☐ In jedem Fall! ☐ Unter Umständen ☐ Eher nicht ☐ Auf keinen Fall!
   ☐ weiß nicht
   b) Auktionen
   ☐ In jedem Fall! ☐ Unter Umständen ☐ Eher nicht ☐ Auf keinen Fall!
   ☐ weiß nicht
   c) Andere wirtschaftswissenschaftliche Experimente
   ☐ In jedem Fall! ☐ Unter Umständen ☐ Eher nicht ☐ Auf keinen Fall!
   ☐ weiß nicht
9. Welche Methoden haben sie im letzten Jahr (2004) in Ihrem Unterricht genutzt?
   ☐ Simulationen ☐ Planspiele ☐ Betriebsbesichtigungen ☐ Projektarbeit
   ☐ Sonstige
10. Falls Sie weitere ökonomische Experimente im Unterricht durchführen möchten, auf welche Literatur würden Sie zur Vorbereitung zurückgreifen?
    a) Fachwissenschaftliche Literatur in englischer Sprache
    ☐ In jedem Fall! ☐ Unter Umständen ☐ Eher nicht ☐ Auf keinen Fall!
    b) Fachwissenschaftliche Literatur in deutscher Sprache
    ☐ In jedem Fall! ☐ Unter Umständen ☐ Eher nicht ☐ Auf keinen Fall!
    c) Bücher mit für den Schulunterricht vereinfachten Experimentbeschreibungen
    ☐ In jedem Fall! ☐ Unter Umständen ☐ Eher nicht ☐ Auf keinen Fall!
    d) Bücher mit für den Schulunterricht vereinfachten Experimentbeschreibungen und Kopiervorlagen
    ☐ In jedem Fall! ☐ Unter Umständen ☐ Eher nicht ☐ Auf keinen Fall!

Fragebogen zur Lernzielkontrolle I aus den Schulversuchen

1. Nenne drei verschiedene Marktformen, die du im Unterricht kennen gelernt hast.
2. Bitte kreuze die richtige Antwort an (nur eine Antwort ist richtig!).
   a) „An einem Markt ....
   - O ... treffen Anbieter und Nachfrager zusammen."
   - O ... werden Fische verliehen."
   - O ... treffen sich Menschen zum Reden."
   - O ... können Käufer und Verkäufer immer Geschäfte abschließen."

   b) „Bei einer Auktion....
   - O ... werden nur Waren versteigert."
   - O ... werden nur Dienstleitungen versteigert."
   - O ... können Waren und Dienstleistungen versteigert werden."
3. Handelt es sich bei der im Folgenden dargestellten Kurve um...
   - O ... eine Angebotskurve
   - O ... eine Nachfragekurve

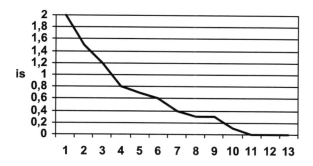

4. Wenn der Preis für eine Ware steigt, dann...
   - O ... steigt auch die Nachfrage.   O ... sinkt die Nachfrage.
   - O ... bleibt die Nachfrage gleich.   O ... gibt es keine Nachfrage mehr.
5. Ein Preis ist der Gegenwert für
   - O Güter   O Dienstleistungen   O Güter und Dienstleistungen
   - O keins von beidem
6. Welcher Begriff ist ein Beispiel für ein „Gut"?
   - O Reifen wechseln   O Opel Corsa   O Auto waschen   O Autoversicherung
7. Was ist ein Beispiel für eine Dienstleistung?
   - O Diktate schreiben   O Schulbücher drucken   O Nachhilfe geben
   - O Erdbeerkuchen essen

9. In der folgenden Graphik siehst Du den Punkt P. In diesem Preis-Mengen-Diagramm bezeichnet dieser Punkt den ...
   - ○ ... Definitionspreis
   - ○ ... Angebotspreis
   - ○ ... Gleichgewichtspreis
   - ○ ... Nachfragepreis

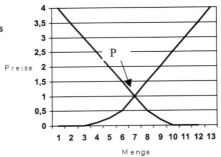

10. Warum ist der Wettbewerb zwischen den Erzeugern von Gummibärchen für euch als Esser von Gummibärchen so günstig?
    - ○ ... weil viele Anbieter konkurrieren und ein großes Angebot zu einem niedrigen Preis führt.
    - ○ ... weil viele Erzeuger viel Werbung machen, die man sich ansehen kann.
    - ○ ... weil viele Anbieter konkurrieren und so das Angebot und der Preis geringer werden.

11. Warum ist der Preis für Obst und Gemüse auf dem Wochenmarkt im Sommer geringer als im Winter?
    - ○ Im Winter ist das Angebot geringer.
    - ○ Im Sommer wollen mehr Leute Obst und Gemüse kaufen.
    - ○ Im Sommer sind die Händler freundlicher zu ihren Kunden.

12. In Landau/Pfalz wird ein riesiges Erdölvorkommen entdeckt. Wie wirkt sich dies auf die Angebotskurve für Erdöl aus?
    - ○ Die Angebotskurve verschiebt sich nach rechts.
    - ○ Die Angebotskurve verschiebt sich nach links.
    - ○ Die Angebotskurve bleibt gleich.

13. Was passiert mit dem Preis für Video Kassetten, wenn das Angebot an DVDs steigt?
    - ○ Der Preis für Videokassetten sinkt.
    - ○ Der Preis für Video Kassetten steigt ebenfalls.
    - ○ Der Preis für Videokassetten bleibt gleich.

14. Es wird eine revolutionäre Methode entdeckt, den Benzinverbrauch der Autos zu reduzieren. Anstelle von 8 Litern/ 100km braucht ein Auto nur noch 1 Liter/ 100 km. Wie wirkt sich dies langfristig auf den Mineralölpreis aus?
    - ○ Der Preis für Mineralöl sinkt.
    - ○ Der Preis für Mineralöl steigt.
    - ○ Der Preis für Mineralöl bleibt gleich.

Fragebogen zur Lernzielkontrolle II aus den Schulversuchen

1. Nenne drei verschiedene Marktformen, die ihr im Unterricht kennen gelernt habt.
2. Bitte kreuze die richtige Antwort an (nur eine Antwort ist richtig!).
   a) „An einem Markt....
   ○ ... treffen Anbieter und Nachfrager zusammen."
   ○ ... werden Fische verliehen."
   ○ ... treffen sich Menschen zum Reden."
   ○ ... können Käufer und Verkäufer immer Geschäfte abschließen."
   b) „Bei einer Auktion....
   ○ ... erhält den Zuschlag der meistbietende Käufer."
   ○ ... erhält den Zuschlag der meistbietende Verkäufer."
   ○ ... gewinnen alle."
3. Handelt es sich bei der im Folgenden dargestellten Kurve um...
   ○ ... eine Angebotskurve
   ○ ... eine Nachfragekurve

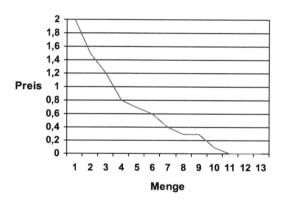

4. Wenn der Preis für eine Ware hoch ist, dann...
   ○ ... ist die Nachfrage auch hoch.   ○ ... ist die Nachfrage niedrig.
   ○ ... will keiner kaufen.
5. Ein Preis ist der Gegenwert für
   ○ Güter m Dienstleistungen   ○ Güter und Dienstleistungen
   ○ keins von beidem
6. Welcher Begriff ist ein Beispiel für ein „Gut"?
   ○ Reifen wechseln   ○ Auto   ○ Auto waschen   ○ Autoversicherung
7. Was ist ein Beispiel für eine Dienstleistung?
   ○ Kuchen essen   ○ Kuchen backen   ○ Kuchen kaufen   ○ Erdbeerkuchen

9. In der folgenden Graphik siehst Du den Punkt P. In diesem Preis-Mengen-Diagramm bezeichnet dieser Punkt den ...
   - ○ ... Marktpreis
   - ○ ... Angebotspreis
   - ○ ... Gleichgewichtspreis
   - ○ ... Nachfragepreis

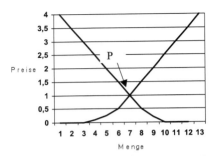

10. Warum ist der Wettbewerb zwischen den Erzeugern von Gummibärchen für euch als Esser von Gummibärchen so günstig?
    - ○ ... weil viele Anbieter konkurrieren und ein großes Angebot zu einem niedrigen Preis führt.
    - ○ ...weil viele Erzeuger viel Werbung machen, die man sich ansehen kann.
    - ○ ...weil viele Anbieter konkurrieren und so das Angebot und der Preis geringer werden.

11. Warum ist der Preis für Obst und Gemüse auf dem Wochenmarkt im Sommer geringer als im Winter?
    - ○ Im Winter ist das Angebot geringer.
    - ○ Im Sommer wollen mehr Leute Obst und Gemüse kaufen.
    - ○ Im Sommer sind die Händler freundlicher zu ihren Kunden.

12. In Landau/Pfalz wird ein riesiges Erdölvorkommen entdeckt. Wie wirkt sich dies auf die Angebotskurve für Erdöl aus?
    - ○ Die Angebotskurve verschiebt sich nach rechts.
    - ○ Die Angebotskurve verschiebt sich nach links.
    - ○ Die Angebotskurve bleibt gleich.

13. Was passiert mit dem Preis für Video Kassetten, wenn das Angebot an DVDs steigt?
    - ○ Der Preis für Videokassetten sinkt.
    - ○ Der Preis für Video Kassetten steigt ebenfalls.
    - ○ Der Preis für Videokassetten bleibt gleich.

14. Es wird eine revolutionäre Methode entdeckt, den Benzinverbrauch der Autos zu reduzieren. Anstelle von 8 Litern/100km braucht ein Auto nur noch 1 Liter/100 km. Wie wirkt sich dies langfristig auf den Mineralölpreis aus?
    - ○ Der Preis für Mineralöl sinkt.
    - ○ Der Preis für Mineralöl steigt.
    - ○ Der Preis für Mineralöl bleibt gleich.

Interviewleitfaden zur Befragung der Lehrkräfte aus den Schulversuchen

1. Auswahl der Klassen
1.1 Auf welcher Basis erfolgte die Zuordnung der Klassen? Wie viele Schüler sind in den jeweiligen Klassen? Wie heißt das Fach, in dem Ökonomische Inhalte unterrichtet werden?
1.2 Wie schätzen sie die einzelnen Klassen ein bzgl. Ihres Leistungsniveaus und Motivationsniveaus?
1.3 Auf welcher Basis erfolgte die Fachauswahl der Schüler? Welche alternativen Wahlmöglichkeiten zum Fach Wirtschaftslehre hatten sie?
1.4 Waren Vorkenntnisse auf Seiten der Schüler vorhanden? Wenn ja, welche? Gab es hierin Unterschiede zwischen den Klassen?
1.5 Seit wann kennen Sie die Schüler? Wie viele Stunden die Woche unterrichten Sie diese Klasse?

2. Einschätzung der UE
2.1 Wie war der zeitliche Rahmen?
2.2 Wie waren die Inhalte (Schwierigkeitsgrad, Anschaulichkeit)?
2.3 Wie schätzen Sie die gewählten Methoden ein?
2.4 Wie gut/wie schlecht kamen Sie mit der Durchführung der Experimente zurecht?

Anhang 2: Unterrichtsmaterialien

Checkliste für die Lehrkräfte zur Unterrichtsvorbereitung – beide Gruppen

1. Ausrüstung: Overhead-Projektor (OHP) • Overhead-Projektor-Folien (OHPF) (unbeschrieben) • Folienschreiber • Tafel, Kreide (weiß/ rot/ grün) • Stundenverlaufspläne
2. Speziell für die Kontrollgruppe: Kopien der Arbeitsblätter
3. Speziell für die Experimentalgruppe: Wortkarten (3 Stück) • Rollenkarten • Kopien der Rollenbeschreibungen für die Schüler • Schokobons und Mohrenköpfe • Schuhe und Kleingeld • Startsignal (z.B. ein Gong)

Beispiel zu Unterrichtsverlaufsplänen

Erläuterung: Mittels der Stundenverlaufspläne wurde den Lehrkräften eine Orientierung zu den Unterrichtsphasen, den zu behandelnden Lerninhalten und der zu verwendenden Medien gegeben. Zusätzlich wurden Tafelanschriebe (TA) vorgegeben, die der schriftlichen Fixierung der Inhalte in beiden Gruppen dienten. Als Arbeitserleichterung waren die Folien für den Overhead-Projektor und die Arbeitsblätter für die Lehrkräfte vorbereitet.

Beispielseite: Deckblatt zur Unterrichtseinheit
„Markt und Preisbildung"
- Experimentalgruppe

Schule: _____
Klasse: _____
Lehrer: _____
Datum: _____
Stunde: _____

Unterrichtseinheit: Markt und Preisbildung

Thema der Stunde: Der Markt als Treffpunkt von Angebot und Nachfrage

Ziel: Die Schüler sollen den Kennzeichen des Marktes und verschiedene Marktformen - im Speziellen die Auktion- kennen lernen. Sie sollen die Begriffe Preis, Angebot und Nachfrage definieren und deren Zusammenhang verstehen können.

- Experimentalgruppe

Legende:
- Arbeitsblatt
- S. übertragen Inhalte in ihr Arbeitsheft
- TA - Tafelanschrieb
- OHF - Overhead-Folie

Beispielseite: Inhalt zur Unterrichtseinheit „Markt und Preisbildung" - Experimentalgruppe

Stundenverlaufsplan

Zeit	Phasen	Lerninhalte/ Leitfragen		Aktionsformen/ Medien	Didaktische Kommentare
		Geplantes Lehrerverhalten	Erwartetes Schülerverhalten		
10	Einstieg	Welche Marktformen gibt es? Zuordnung von Marktformen nach sachlichen und räumlich-zeitlichen Gesichtspunkten sowie deren Aufgaben			
	LZ1: S. sollen verschiedene Marktformen nennen können.	L. zeigt eine Folie mit Zitaten.	S. lesen die Folie leise und äußern sich spontan dazu.	L-S-Gespräch Folie 1, OHP	Stummer Impuls
		L.: 'Wie nennt man den Ort, wo jemand der etwas zu verkaufen hat, auf einen anderen trifft, der etwas kaufen möchte?'	S. Antwort: Markt		Begriff „Markt" ist auf der Folie gegeben.
	LZ 2: ...verschiedene Marktformen nach sachlichen, räumlich-zeitlichen Gesichtspunkten und deren Aufgaben unterscheiden, indem sie passende Oberbegriffe zuordnen.	L.: 'Welche Marktformen kennt ihr außerdem?'	S. nennen verschiedene Marktarten, u. U. auch die Auktion	Frontal	Wenn S. die „Auktion" nicht nennen, Hinführung durch Beispiel „EBay" an einer konkreten Frage „Welche Marktform ist...?"
		L. sammelt die Begriffe an der Tafel und teilt sie nach **sachlichen, räumlich-zeitlichen Gesichtspunkten** und nach den **Aufgaben** von Märkten jedoch zunächst ohne Überschrift.		TA1	Wenn die Tabellenüberschriften für die Schüler nicht klar sind, dann mit Fragen, wie z. B. Was bedeutet denn überhaupt Import und Export? Und was beinhalten diese Begriffe? Mögliche Antwort S. Aufgaben der Absatz und Beschaffungsmärkte.
8	Erarbeitung I	Definition „Markt"			
	LZ 3: ...den Begriff Markt definieren, als Ort, an dem Anbieter und Nachfrager aufeinandertreffen.	L. klappt Tafel auf, an der Wortkarten mit Überschriften der Spalten hängen.	S. ordnen die Überschriften der Tabelle zu und begründen ihre Auswahl.	Wortkarten L-S-Gespräch TA 1	Falls Schwierigkeiten mit der Zuordnung auftreten, gibt L. Tipps (z. B: Wann finden Wochen- und Jahrmärkte statt?)
		L. greift noch einmal die S. Definition zu Markt auf und definiert (TA): 'Unter einem Markt versteht man den Ort des regelmäßigen Zusammentreffens von Angebot und Nachfrage'. L. fordert die S. auf, die Tabelle mit den Überschriften abzuzeichnen	S. übernehmen Tabelle in ihr Heft		

205

Beispiel zu Tafelanschrieben

Beispiel Tafelanschrieb (TA):
TA 4: „Koordinatensystem mit Ergebnissen der Schuh-Putz-Auktion,
   Unterrichtseinheit „Markt und Preisbildung"
   - Experimentalgruppe

Überschrift:	Auktion „Saubere Schuhe"
Teilnehmende:	Lehrkraft – Nachfrager nach sauberen Schuhen
	Schüler – Anbieter von Dienstleistung „Schuhe putzen"
Ablauf:	Lehrer sucht jemanden, der seine Schuhe putzt. Den Zuschlag erhält der Anbieter (Schüler), der zu dem niedrigsten Betrag bereit ist, die Schuhe zu putzen.

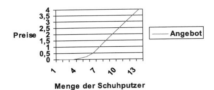

Nachfrage nach sauberen Schuhen

Ergebnisse:
1. Folgerung: Je höher der Preis für eine Dienstleistung (Schuhe putzen) ist, desto mehr Anbieter (Schuhputzbereite Schüler) gibt es.

3. Folgerung: Sind weniger Nachfrager (Lehrer mit dreckigen Schuhen) als Anbieter (Schuhputzbereite Schüler) da, dann kann der Nachfrager das für ihn günstigste Angebot wählen.

Beispiel zu Folien

Beispiel Folie:
Folie 4: „Tabelle zur Erläuterung des Gleichgewichtspreises"
- Kontrollgruppe, aus Abriß/Baumann/Metzler (2003, S. 156)

Nachfrage		Angebot	
Preis (p)	Menge (x)	Preis (p)	Menge (x)
8	2	8	30
7	9	7	26
6	20	6	20
5	35	5	4
Gleichgewichtspreis		Angebot entspricht der Nachfrage	

Beispiel zu Arbeitsblättern

Beispiel Arbeitsblatt:

Arbeitsblatt 5: „Einführung in Marktformen"
- Kontrollgruppe, Quelle: Abriß/Baumann/Metzler (2003, S. 153)

Beispiel zu Arbeitsblättern

Beispiel Arbeitsblatt:

Arbeitsblatt 5: „Einführung in Marktformen"

- Kontrollgruppe, Quelle: Abriß/Baumann/Metzler (2003, S. 153)

Arbeitsblatt – Arbeitsaufgaben und Anregungen zum Handeln

1. In einer Volkswirtschaft gibt es die unterschiedlichsten Märkte:

1 Arbeitsmarkt (Stellenmarkt)

Kommunikationselektroniker sucht neuen Wirkungskreis Angebote unter Nr. 1028 an die Geschäftsstelle	**2.** Suche **2-Zimmer-Wohnung** Stadtmitte, mit Garage, eilt! Angebote unter Nr. 920 an die Geschäftsstelle
3. **Bauplätze** in Neustadt, Maikammer und Edenkoben	
4. **Mercedes Jahreswagen** zu verkaufen. Telefon (07234) 878990	**5.** Witwer sucht **Zweisamkeit** Bin 72/170 groß. Sie soll Charakter haben, ehrlich und beweglich sein. Zuschriften unter Nr. 1051 an die Geschäftsstelle

a) Nenne, wie in Beispiel 1, den jeweiligen Marktnamen.

b) **Wer ist jeweils Anbieter und wer ist Nachfrager? Gib jeweils eine kurze Erklärung.**

2. **Worin besteht das Hauptkennzeichen eines Marktes?**

WOCHEN SCHAU VERLAG
... ein Begriff für politische Bildung

ÖKONOMIE UNTERRICHTEN

Andrea Haus

Classroom Experiments

Markt und Preisbildung –
Ein Unterrichtseinheit

Classroom Experiments sind bekannt, seitdem Chamberlin (1948) mit seinen Studenten Marktexperimente simulierte. Ziel war, auch eine kleine Anzahl von Marktteilnehmern zu ähnlichen Ergebnissen und Erkenntnissen kommen zu lassen, wie sie in der realen Wirtschaft entstehen. Neu daran war, das direkte Erfahren und Erleben wirtschaftlichen Handelns.
Der Text basiert auf den wissenschaftlichen Forschungsergebnissen der Autorin, die den positiven Einfluss von Classroom Experiments auf Lernen und Motivation der Schüler aufzeigt. Das vorliegende Praxisbeispiel beschäftigt sich mit Markt und Preisbildung. Es ist eine Unterrichtseinheit, die sowohl Stundenvorschläge als auch Materialien enthält und die Methode des Classroom Experiments am Beispiel verdeutlicht.

ISBN 978-3-89974568-9 DIN-A 4, € 19,80

www.wochenschau-verlag.de

Adolf-Damaschke-Str. 10, 65824 Schwalbach/Ts., Tel.: 06196 / 8 60 65, Fax: 06196 / 8 60 60, E-Mail: info@wochenschau-verlag.de